Brian Coe: Farbphotographie und ihre Verfahren

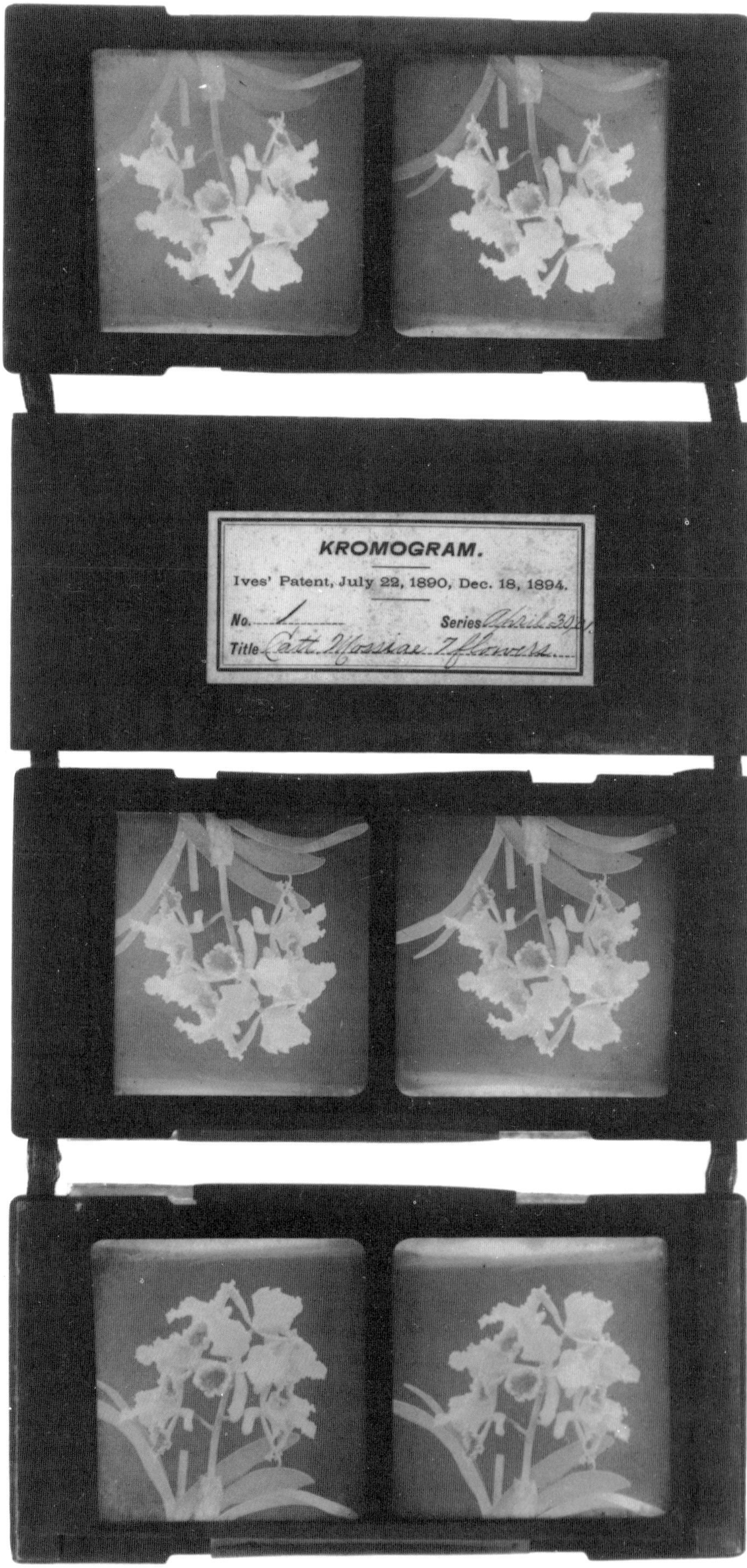
KROMOGRAM.
Ives' Patent, July 22, 1890, Dec. 18, 1894.
No. 1
Series April 30
Title Catt. Mossiae 7 flowers

Brian Coe

Farbphotographie und ihre Verfahren

Die ersten hundert Jahre in natürlichen Farben 1840–1940

Gondrom

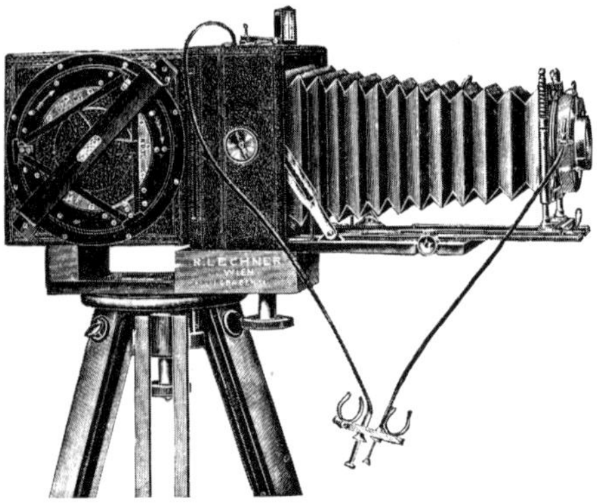

Sonderausgabe für den
Gondrom Verlag, Bindlach, 1986

Übersetzung aus dem Englischen: Gert Koshofer.
Titel der englischen Originalausgabe:
«Colour Photography»

ISBN 3-8112-0482-3

Inhalt

Einführung

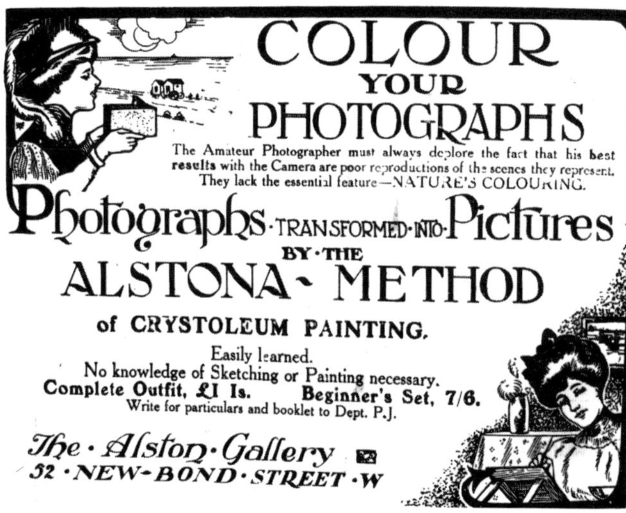

Anzeige für Materialien für das Crystoleum Kolorierverfahren aus dem Jahre 1907

In den Jahren seit 1861, als die erste Farbaufnahme gemacht wurde, ist in die Suche nach einem einfachen, kommerziell verwertbaren Verfahren für die Farbphotographie sehr viel Geld investiert worden (obwohl wenig Gewinn gemacht worden ist). Dieses Buch zeichnet die wichtigsten Entwicklungen, welche zu den heutigen Farbverfahren geführt haben auf. Wir wollen die Geschichte der Farbphotographie bis in die vierziger Jahre betrachten, bis in eine Zeit also, in der die Grundlagen für alle modernen Verfahren gelegt worden sind. Es soll daher nicht die Aufgabe dieses Buches sein, über die große Ausbreitung der kommerziellen Verfahren in den Nachkriegsjahren zu sprechen; es ist fast überflüssig zu sagen, daß keines dieser Verfahren auf Grundlagen beruhen würde, die sich stark von den Verfahren unterscheiden, die im Kapitel 5 beschrieben werden. Ferner können Aufnahmetechniken, Entwicklungsprozesse und -vorschriften ebenso wie neuere physikalische und chemische Techniken nur insoweit hier im einzelnen beschrieben werden, als es nötig ist, die wesentlichen Unterschiede zu den Materialien hervorzuheben, welche schließlich den Markt erreichten. Solche Einzelheiten müssen ebenso wie Informationen über die vielen erfolglosen Verfahren aus den Literaturquellen entnommen werden, die im Anhang dieses Buches aufgeführt sind. Von den vielen Farbverfahren, die für den farbigen Kinofilm entwickelt worden sind, sollen nur diejenigen hier erörtert werden, die auch in der Photographie benutzt wurden.

Es ist nötig, einleitend auch etwas über die auf dem Gebiet der Farbe üblichen Begriffe zu sagen, weil diese zu Mißverständnissen führen können. Traditionell gesehen sind die Grundfarben in der Malerei Rot, Blau und Gelb, Farben also, die in der Mischung auf einer Palette zu jedem anderen Farbton führen können. Die photographischen Grundfarben andererseits sind Rot, Grün und Blau. Der Unterschied liegt nur in den Bezeichnungen. Rot, Grün und Blau sind die reinen Grundfarben, die schon Newton bei einem klassischen Experiment fand, als er weißes Licht durch ein Prisma passieren ließ, um ein Spektrum erscheinen zu lassen. Die Mischung von Lichtstrahlen dieser drei Farben erzeugt alle anderen Farben. In Wirklichkeit sind die «Grundfarben» der Malerei Mischfarben. «Rot» ist eigentlich die Sekundärfarbe Purpur auch Magenta genannt. «Blau» ist Blaugrün bzw. Cyan. «Gelb» ist ebenfalls eine Mischfarbe, nämlich bestehend aus roten und grünen Lichtstrahlen. Wenn daher ein Maler «seine» Farbtöne Blau (Cyan) und Rot (Magenta) mischt, erhält er eine blaue Farbe, ähnlich dem Blau des Spektrums, denn Blau liegt beiden Farbtönen zugrunde. Gelb und Blau (Cyan) erzeugen zusammen Grün, die Farbe also, die in ihnen beiden enthalten ist, während Gelb und «Rot» (Magenta) zusammen die Grundfarbe Rot ergeben. Diese Farbmischungen sind, wie wir noch sehen werden, die Grundlage vieler farbphotographischer Systeme. Es gibt keine Eigengesetzlichkeit der Farbe für die Künstler und eine andere für die Wissenschaftler oder Photographen; es existiert nur ein Unterschied in den Bezeichnungen. In diesem Buch wird die wissenschaftliche Bezeichnung benutzt werden, ausgenommen natürlich, wo Originalquellen zitiert werden, in denen die traditionellen Ausdrücke verwendet werden.

Kaufpreisangaben erfolgen in der ursprünglichen Währung. Wegen der inflationären Entwicklung und wechselnden Geldkurse können diese alten Preise nicht ohne weiteres in die heutigen Währungen umgerechnet werden. Das gilt vor allem auch für die alten englischen Pfund-Sterling-Angaben aus der Zeit vor Einführung des Dezimalsystems (daher sind heute 6 d = $2\,^{1}/_{2}$ Pence; 2 Schillinge = 10 Pence; 1 Guinea = £ 1,05). Nur als Anhalt sei gesagt, daß gegen Ende des 19. Jahrhunderts der Tageslohn eines ungelernten Arbeiters in England ungefähr bei einem Schilling lag, während ein Fachphotograph in einem Londoner Studio wohl etwa 10 Schilling pro Tag verdient haben wird.

Der Verfasser möchte sich bei dieser Gelegenheit noch für die Unterstützung bedanken, die folgende Persönlichkeiten ihm gewährt haben: Mr. John Ward vom Science Museum, London, für die Auswahl aus der dortigen Farbphoto-Sammlung; Mr. Ray Causer vom Forschungslabor der Kodak Limited für seine Hilfe bei der Anfertigung von Microaufnahmen alter Rasterplatten; Mr. Roger Flint, ebenfalls vom Kodak Forschungslabor, für Elektronenmikroskop-Aufnahmen und Mr. Peter O'Connor, Kollege des Verfassers im Kodak Museum, für seine Arbeit bei der Aufbereitung der Bildvorlagen.

Außerdem möchte ich mich bei folgenden Stellen und Personen für die Einräumung von Veröffentlichungsrechten an Bildern aus ihrem Besitz bedanken:

The Science Museum, London, 54 *(rechts)*, 58 *(oben)*, 59 *(oben)*, 62, 70/71, 75 *(unten)*, 78 *(oben, unten links)*, 88.
Gert Koshofer, Deutsche Gesellschaft Photographie, 122 *(unten)*.
Mr. C. Wills, 93.
Dr. R. W. G. Hunt, Kodak Forschungslabor, 24/25.
Alle übrigen Abbildungen stammen aus der Sammlung des Kodak Museums in Harrow (England).
Die Diagramme fertigte Andrew Farmer an.

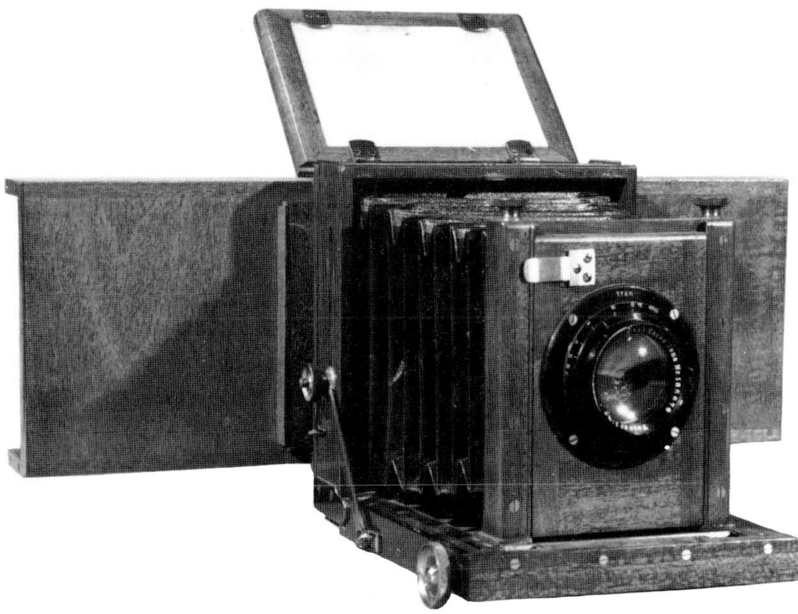

Die Sanger-Shepherd Klappkamera von 1905

Auf der Suche nach der Farbe

PORTRAITS COLOURED

IN

OIL AND WATER,

IN A VERY SUPERIOR MANNER,

At the following charges :—

	Full coloured. s.	d.		Very highly finished. s.	d.		Ditto in Oil. s.	d
8½ by 6½	12	0	...	16	0	...	20	0
6½ „ 4¾	7	6	...	10	6	...	15	0
5 „ 4	6	6	...	9	0	...	12	0
4¼ „ 3¼ and under	5	0	...	7	0	...	10	6

EDGAR COX, WEYMOUTH.

Eine Anzeige für einen Kolorierdienst für Photographen aus dem «British Journal of Photography Almanac 1861». Rechts: Die Photokolorierfarben von Newman wurden häufig benutzt, um Daguerreotypien und Albumin-Papierbilder zu kolorieren. Eine handkolorierte Stereo-Daguerreotypie ist auf Seite 18 zu sehen. Diese Anzeige stammt aus dem Jahre 1859.

Seit der Einführung des ersten photographischen Verfahrens im Jahre 1839 hat sich in die von vielen beim Anblick dieser neuen «Lichtzeichnungen» empfundene Bewunderung eine Enttäuschung darüber eingeschlichen, daß die Farben der Natur nicht wiedergegeben wurden. Als ein Versuch, diesen Mißstand zu beheben, pflegte man bald schon den schwarzweißen Aufnahmen Farbtöne hinzuzufügen. Von den beiden photographischen Verfahren, die 1839 angekündigt wurden, war das von dem Engländer William Henry Fox Talbot beschriebene das am einfachsten zu kolorierende. Talbots «Photogenic drawing»-Prozeß (Photogramme) benutzte lichtempfindlich gemachte Papierblätter, die nach einer lange dauernden Belichtung in der Kamera negative Bilder erzeugten, welche dann auf ein ähnliches Papier kopiert werden konnten, um positive Bilder zu erhalten. Solche Bilder und besonders die nach Talbots verbesserten Calotypie-Prozeß von 1840 hergestellten, konnten recht einfach mit Wasserfarben oder mit einem durchsichtigen Ölanstrich koloriert werden. Von 1843 an verkaufte sein Assistent Nicholas Hennemann in Talbots Photounternehmen in Reading und im Londoner Studio in der Regent Street farbige Portrait- und Landschafts-Aufnahmen als kolorierte Calotypien. Er verlangte dabei für farbige Kopien nur 3 Schilling und 6 Pence, das war weniger als die Hälfte der Kosten der monochromen Originalaufnahmen. Talbot jedoch war von den Ergebnissen nicht begeistert!

Das unbeschichtete Salzpapier mit matter Oberfläche, das zum Kopieren der Calotypie-Negative benutzt wurde, nahm die Farbstoffe sehr leicht an. Der konkurrierende Daguerreotypie-Prozeß war andererseits für das Kolorieren weniger gut geeignet. Hergestellt auf der silber glänzenden Oberfläche einer Kupferplatte, bestand das Daguerreotypiebild aus vielen Partikeln einer Quecksilbermischung, die von der Oberfläche der Platte leicht weggewischt werden konnte. Daher war es ausgeschlossen, dieses kostbare Bild auf dem üblichen Wege zu übermalen, obwohl der kalte, graumetallische Charakter des Bildtons mehr nach Farbe verlangte als

NEWMAN'S PHOTOGRAPHIC COLORS,

For the Silvered Plate—Glass—and Paper.

These Colors are *prepared by a peculiar process*, meeting every want of the Photographer. They adhere with ease and fulness to the Plate; while, from their transparency, they *colour without hiding* the Photograph, giving a pure, brilliant, and *life-like* effect.

THE FOLLOWING ARE SOME OF THE PRINCIPAL COLORS.

Flesh, Fair, 1 2	3 Complexions	4 Greens
Ditto, Dark, 1 2	Carmine	3 Browns
Lips	4 Yellows	Permanent Scarlet
Lavender	Golden Yellow	Carnation
Black	Orange	3 Greys
Crimson	Puce	Silver Grey
Pink	Rose	Violet
Horizon	Distance	Puce
White	Satin White	White (Solarization)
Damask	Plum	Claret
Backgrounds	Mauve	&c. &c.

In Bottles, sealed and tied over, Price 1s. each.

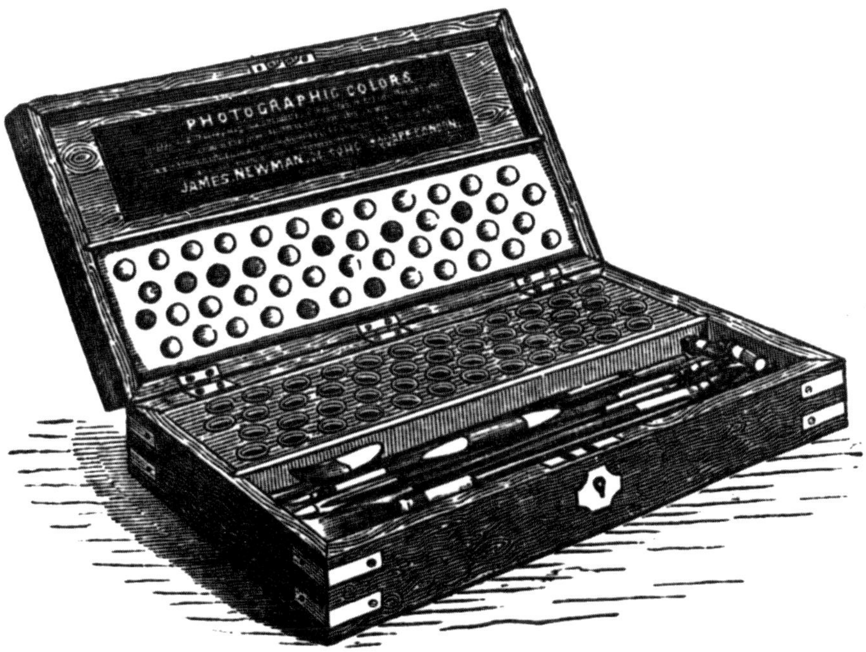

	£	s.	d.
Lock Mahogany Box, with Velvet Palette, Brushes, Stumps, Shells, &c., and 36 Colors	2	2	0
Ditto ditto with 24 Colors	1	11	6
Ditto ditto with 18 „	1	5	0
Ditto ditto with 12 „	1	0	0
Mahogany Box, with Brushes, &c., 9 Colors	0	10	6
Slide Boxes, containing any number of Colors, with Brushes, Stumps, Shells, &c.			
Albata and Brass-bound Dove-tailed Mahogany Boxes, with extra reserve of Colors, Brushes, Stumps, &c., for hot climates, from	2	2	0

THE

PRINCIPLES AND PRACTICE

OF

HARMONIOUS COLOURING,

IN

OIL, WATER, AND PHOTOGRAPHIC COLOURS,

ESPECIALLY AS

APPLIED TO PHOTOGRAPHS

ON

PAPER, GLASS, AND SILVER-PLATE.

BY

AN ARTIST-PHOTOGRAPHER.

SECOND EDITION.

LONDON:
W. KENT & CO., 51 & 52, PATERNOSTER ROW;
AND
JAMES NEWMAN, 24, SOHO SQUARE, W.

1859.

Titelseite eines beliebten Buches über die Handkolorier-techniken für Photos aus dem Jahre 1859

der warmbraune Charakter der Calotypien. Blackwood's Magazine berichtete 1842: «Die Ähnlichkeiten, die (mit Mitteln der Photographie, der Übersetzer) geschaffen werden ... sind so schrecklich, daß wenig Hoffnung besteht, jemals etwas Annehmbares von irgend-einer Maschine zu sehen. Es bedarf der Farbe ... und die beste Ähnlichkeit kann nur von einer starren Büste oder Skulptur hervorgerufen werden». Im selben Jahr ließ sich Richard Beard, der für London eine Lizenz von Daguerres englischem Patent genommen hatte, Verfahren zum Kolorieren von Daguerreotypien schützen. Er schlug vor, Schablonen zu präparieren, indem aus Pauspapier die jeweils in bestimmten Farben zu kolorierenden Partien herausgeschnitten werden: «Die trockenen Farbstoffe werden in Form eines sehr feinen Pulvers einer Lösung von Gummi Arabikum oder einem anderen Bindemittel beigegeben; sie werden dann getrocknet und gesiebt; ihre Anwendung liegt darin, daß sie von einem geeigneten Behälter auf das teilweise abgedeckte Bild gestreut werden, die Abdeckung wird weggezogen ... der Farbstoff wird von den Schattenpartien mit Hilfe eines Blasebalgs entfernt und der Rest durch Anhauchen an der Platte fixiert.» Er schlug ferner vor, daß die Unterseite des Schutzglases mit einer Mischung aus Lasurfarbe, Wasser und Gummi koloriert werden könnte. Seine dritte Methode war schließlich die am weitesten angewandte: «Trockene Farbstoffe werden mit einem Kamelhaarpinsel auf die verschiedenen Stellen des Bildes getupft, wobei jeweils unterschiedliche Farben benutzt werden. Die Farben werden schließlich zur Erhärtung gebracht, indem sie angehaucht werden.»

W. H. Thornethwaite's «A Guide to Photography» aus dem Jahre 1852 beschreibt die übliche Methode zum Kolorieren von Daguerreotypien:

> «Das Bild muß sorgfältig mit Goldstaub abgedeckt werden (d. h., vergoldet werden, um es weniger zerbrechlich zu machen) und der Farbstoff muß mit einem feinen Kamelhaarpinsel aufgetragen werden, indem jeweils nur sehr wenig Farbstoff gebraucht wird und der überflüssige mit Hilfe einer Kautschukflasche weggeblasen wird; wenn der gewünschte Farbton hergestellt ist, läßt ein Anhauchen der Platte die Farbe haften. Mr. Claudet's Methode beruht darauf, etwas Farbstoff mit Branntwein zu vermengen, dann mit einem Kamelhaarpinsel auf die Platte aufzutragen. Wenn der Farbton dann noch nicht stark genug ist, wird etwas Puderfarbe daraufgestäubt. Es gilt grundsätzlich, daß die Farben sehr vorsichtig aufgetragen werden, denn es ist sehr schwierig, sie wieder von der Platte zu entfernen. Die besten Kolorierfarben sind Karminrot, Chromgelb und Ultramarinblau, die in Mischungen jeden gewünschten Farbton ergeben.»

Kolorierausrüstungen wurden von verschiedenen Firmen angeboten. Zum Beispiel bot 1852 J. Griffin and Company an:

«Farben zum Bemalen von Daguerreotypien.
22. Schachtel mit zehn Farbstoffen in Fläschchen mit einem Behälter Silber, einem Behälter Gold und einem Satz von Pinseln, Preis: los. 6 d.
23. Einzelne Farben in Tuben für je 1 s.
23. Behälter mit Silber, 6 d.
25. Behälter mit Gold, 8 d.»

Eine bedeutende Anzahl noch erhaltener Daguerreotypien zeigt einige Anzeichen von Kolorierungen. Normalerweise sind die Farben zart und gedämpft: Oft wurde nur eine Verschönerung mit Goldfarbe benutzt, um Ringe und anderen Schmuck hervorzuheben. Die Schrift «*Harmonious Colouring as Applied to Photographs*» von «einem Kunstphotographen» und herausgegeben von James Newman aus dem Jahre 1859 übte an vielen Koloriererergebnissen Kritik:

> «. . . Die Zubereitung der Farbstoffe war so unvollkommen und die Anwendungstechnik so unwirksam, daß viele Jahre lang die Bilder eher beeinträchtigt als verbessert wurden. Die verkauften Farbstoffe waren oft ziemlich wertlos, und die Gebrauchsanleitungen, die wir mehr als einmal lasen, beschränkten sich auf die Angabe, die Farbstoffe über das Bild zu stäuben!»

Kein Wunder, daß die von Newman selbst hergestellten Kolorierfarben «ganz wunderbare Ergebnisse» erzeugten. Das Buch hob hervor, daß «eine elastische indische Gummiflasche mit einer Düse benötigt wird, um die überflüssige Farbe wegzublasen, da man nie mit dem Munde blasen darf, weil dann die Gefahr besteht, das Bild mit Speichel zu bedecken».

Das Jahr 1859 erlebte ein kräftiges Anwachsen der Photographie, als Frederic Scott Archer's 1851 veröffentlichtes nasses Kollodium-Verfahren die früheren Calotypie-Daguerreotypie-Prozesse verschwinden ließ. Eine Ausführungsform dieses Verfahrens ergab ein Positivbild auf Glas, das von hinten mit schwarzer Farbe oder einem anderen Material abgedeckt war. Diese Kollodiumpositive konnten sehr billig hergestellt werden und hatten eine sehr starke Ähnlichkeit mit den teureren Daguerreotypien. Sie konnten auch mit Staubfarben koloriert werden, und Newman's Buch enthielt den Vorschlag, nach Entfernen der überschüssigen Farbe mit Hilfe des Gummiflaschengebläses die Platte mit Lack zu überziehen, um die Farbe zu schützen. Nach dem Trocknen konnte zusätzliche Farbe auf der Lackschicht aufgetragen werden. Louis-Désiré Blanquart-Evrard schlug 1850 ein verbessertes Kopierpapier vor, das auf der Oberfläche mit einem dünnen Eiweißfilm (Albumin) beschichtet war. Es kam bald in den allgemeinen Gebrauch und ersetzte das matte Salzpapier in Talbots Prozeß. Das neue Papier hatte eine weiche, leicht glänzende Oberfläche, die, obwohl sie die Bildschärfe verbesserte, das Kolorieren schwieriger machte. «*The Dic-*

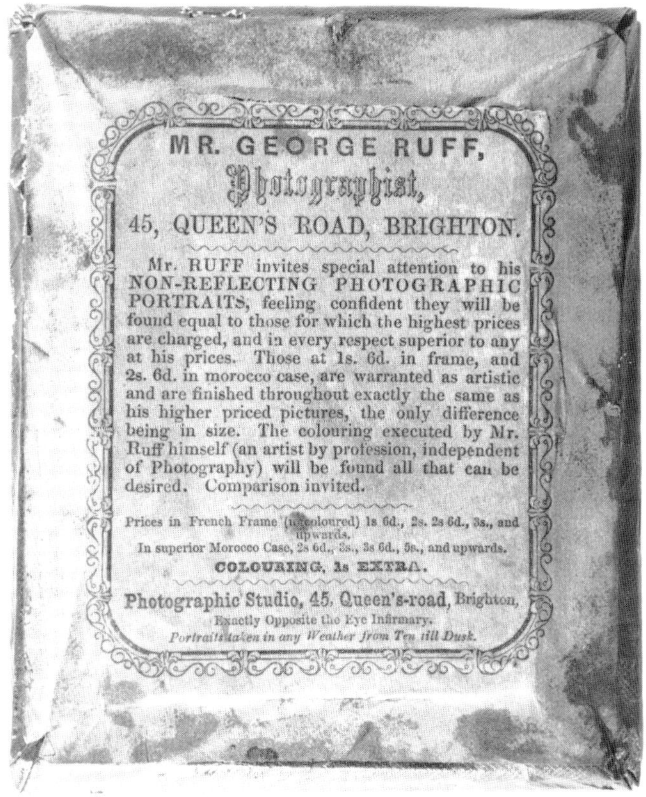

Anzeige auf der Rückseite eines Kollodium-Positivs (um 1856), mit der ein Service für künstlerisch kolorierte Photos angeboten wurde.

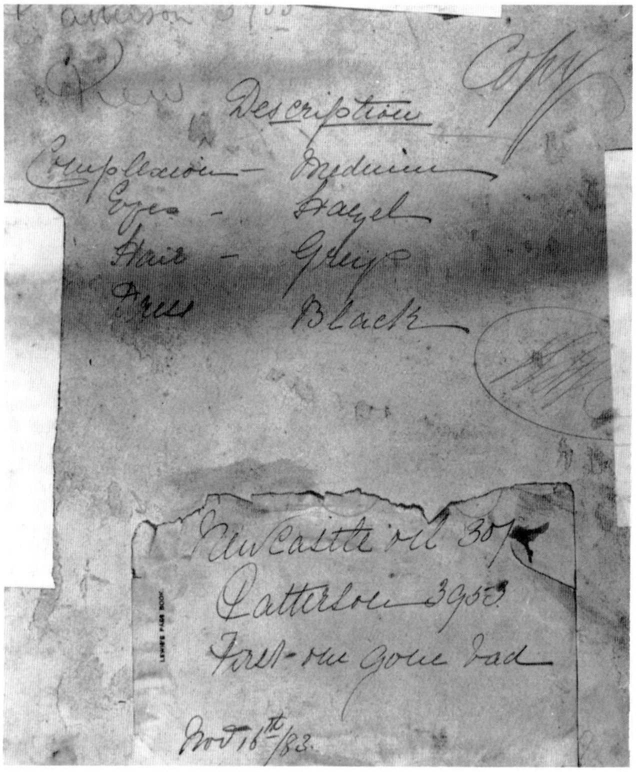

Anleitungen für einen Koloristen, die auf die Rückseite eines eingerahmten Albumin-Bildes aus dem Jahre 1883 geschrieben war. Unten befindet sich eine Preisangabe: Eine mit «Newcastle Ölfarben» ausgeführte Kolorierarbeit kostete 30 Schilling.

tionary of Photography (1890)» berichtete: «Wasserfarben haben einen entschiedenen Widerwillen, auf der glänzenden Oberfläche der Eiweißkopie zu haften, aber sie können unter Zusatz einer schwachen Lösung eingedickter und gereinigter Ochsengalle dazu gebracht werden.» Die Ochsengalle wirkte dabei als Netzmittel, das dem Farbstoff eine gleichmäßige Verteilung auf der Oberfläche der Kopie ermöglichte. Sowohl Wasserfarben, wie sie in der Miniaturenmalerei üblich waren, als auch Staubfarben oder Ölfarben konnten zum Kolorieren der Albuminpapierbilder benutzt werden. Newman's Buch beschrieb den Idealtyp eines zu kolorierenden Bildes so:

> «. . . Es ist eine Photographie von hervorragender Qualität erforderlich. Dabei ist es wichtig, daß die Licht- und Schattenverteilung im Bild wirkungsvoll und natürlich erscheint, daß es völlig scharf ist und eine klare, brillante und gut durchzeichnete Aufnahme darstellt . . . Für Wasserfarben ist der Bildton von besonderer Wichtigkeit. Eine warm-neutrale Färbung ist der beste Farbton zum Kolorieren. Schwere Schatten in Purpurbraun oder in einem tintenfarbigen Ton sind sehr unerwünscht.»

Weiter wird betont, daß

> «es im Anfang für den Amateur nötig ist, etwas von den Prinzipien zu kennen, auf denen die Malerei mit Wasserfarben beruht. Der mit diesen Grundsätzen unvertraute Photograph wird wahrscheinlich von der Feststellung überrascht werden, daß er durch ein bloßes Auftragen der zu dem gewünschten Farbton gemischten Farben lediglich ein kümmerlich mageres und unbefriedigendes Ergebnis erzielen wird. Der Effekt würde nur wenig besser sein als eine geschmacklose Imitation des Haufens kolorierter Bilder, von denen es in den Schreibwarenhandlungen um den 14. Februar herum wimmelt.»

Berufsphotographen boten gewöhnlich Portraitaufnahmen in Originalform oder koloriert an; z. B. offerierte 1855 die Photographic Institution in der New Bond Street in London:

«Portraitaufnahmen (unter der Lizenz von Mr. Fox Talbot).

Eingefaßt in einen einfachen Glasrahmen	£ 1.10
weitere Kopien, pro Stück	£ 0.50
getönte Gesichter und Hände	£ 3.30
kolorierte Portraits im besten Stil	£ 5.50
Gruppen oder großformatige Bilder, koloriert	ab £ 7.70»

Auf den Rückseiten der populären Carte de Visite-Photographien um 1860 und der Cabinet-Photographien um 1866 stand oft eine Anzeige, daß der Photograph auch Kopien anfertigen könne, welche mit Öl-, Wasserfarben oder Farbstiften koloriert seien. Die Stereo-Bildkarten, die in den 50er Jahren und 60er Jahren des vorigen Jahrhunderts sehr populär waren, wurden

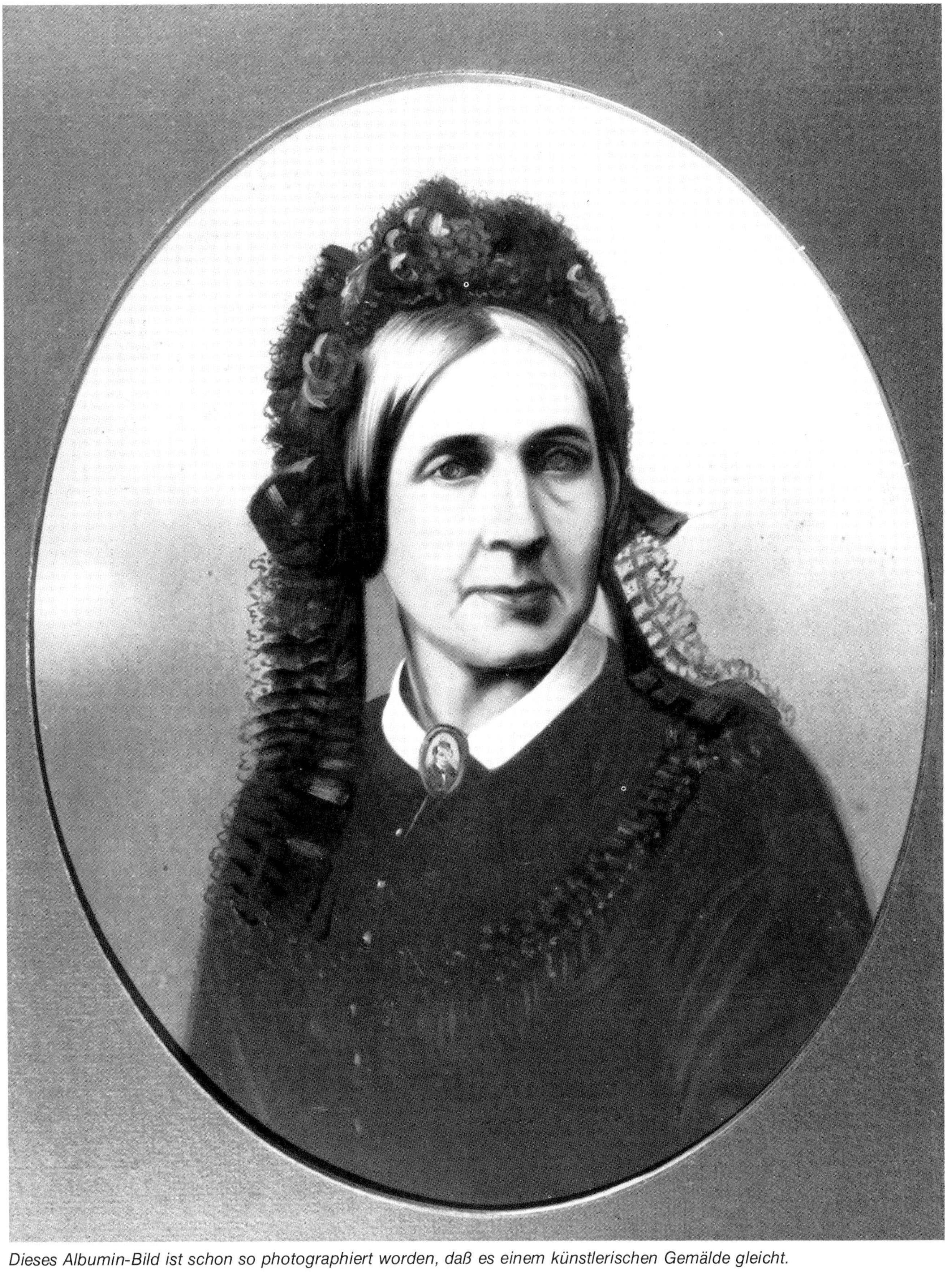

Dieses Albumin-Bild ist schon so photographiert worden, daß es einem künstlerischen Gemälde gleicht.

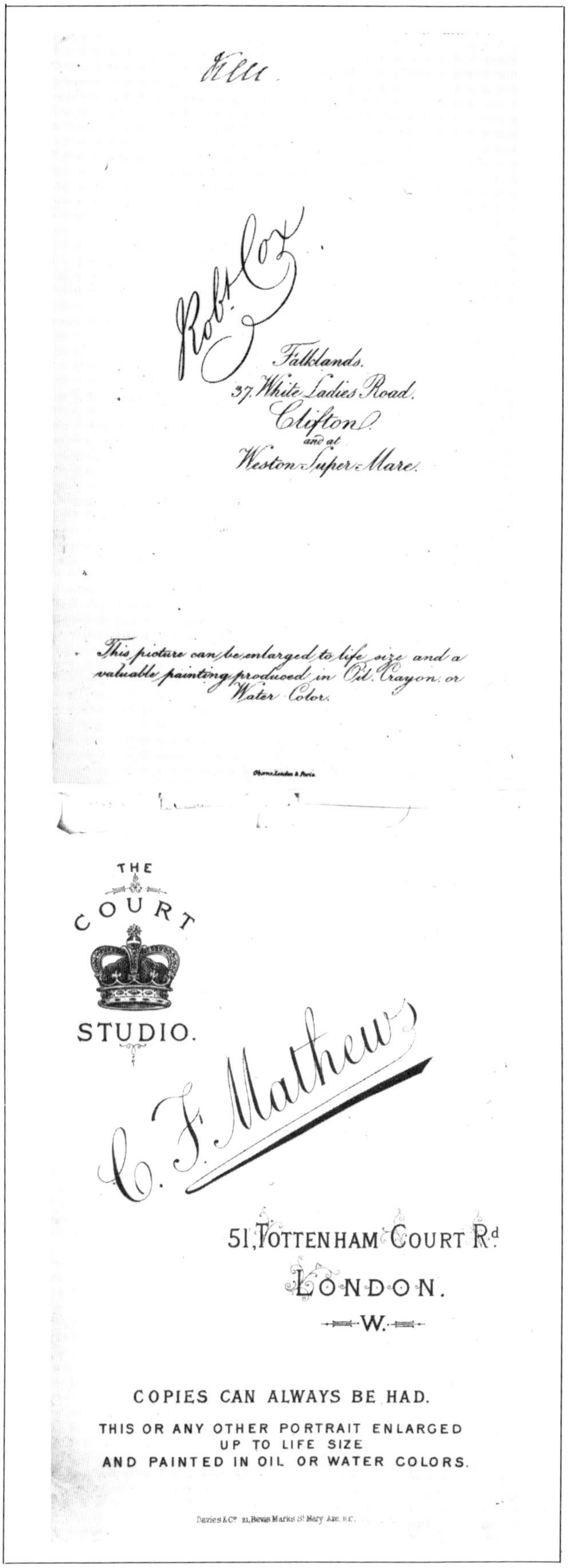

auch oft in kolorierten Ausführungen angeboten. Die Kolorierarbeiten wurden oft von Miniaturmalern ausgeführt, deren Geschäft durch das Erscheinen der Photographie ruiniert worden war. Von Mme. Una Howard wurde im amerikanischen «Humphrey's Journal» 1865 berichtet, daß sie den Vorschlag mache

> «ein gewisser durchschlagender Erfolg würde erzielt werden, mittellose Damen in der Kunst des Kolorierens von Photos zu unterrichten . . . in der wohlüberlegten Absicht, vielen jungen Damen Arbeit zu verschaffen, die in geordneten Verhältnissen durchaus, solange ihre natürlichen Beschützer lebten und es ihnen daher hätten ermöglichen können, Malunterricht erhalten hätten. Viele ehrenwerte und sehr ehrenwerte Damen haben gerne Vereinigungen gebildet, um die Beschäftigung jener anständigen, aber verwaisten Geschöpfe, zu ermöglichen.»

Neben dem einfachen Kolorieren von Photos auf ihrer Oberfläche, gab es verschiedene Methoden, das kolorierte Eiweißbild auf Glas zu befestigen. Das «Daguerreotype à l'huile»-Verfahren von Laloue um 1855 umfaßte das Übermalen eines Portraits auf Eiweißpapier mit Ölfarben, um das Bild dann mit einem Stück Glas, auf dem es mit einer Lackschicht befestigt wurde, abzudekken. Das Bild erhielt so eine hochglänzende Oberfläche, welche die Brillanz der Farben steigerte. Seit 1850 wurde eine Anzahl von Vorschlägen patentiert, Photographien von der Rückseite her zu kolorieren, nachdem das Papier durch Behandlung mit Wachs oder Lack durchsichtig geworden war. Eine weit verbreitete Methode ergab Bilder, die unter der Bezeichnung «Crystoleum» bekannt wurden. Diese Methode stammte von einer Technik des 18. Jahrhunderts ab, die als Mezzotint (Kupferstich in Schabmanier, der Übersetzer) bekannt war, wobei Kopien oder Vergrößerungen durch die Rückseite des Papiers koloriert wurden. Um ein «Crystoleum» anzufertigen, wurde ein Eiweißbild mit der Frontseite nach vorne von innen auf einer gebogenen Glasplatte befestigt, wobei Gummilösung oder Klebstoff benutzt wurde, um es vollkommen zu befestigen. Nach dem Antrocknen wurde das Papier mit Sandpapier heruntergerieben, bis nur eine dünne Schicht am Eiweißfilm übrigblieb. Langsam trocknendes Öl oder Wachs wurde dann benutzt, um die Kopie vollkommen transparent zu machen. Mit herkömmlichen Ölfarben wurden dann sehr feine Farbschattierungen auf der Rückseite des Bildes aufgetragen. Danach wurde eine zweite gebogene Glasplatte hinter der ersten befestigt und auf deren Rückseite die größeren Farbflächen aufgemalt. Schließlich wurde das Ganze auf eine weiße Kartonunterlage

◁ *Auf der Rückseite von «Carte de visite»-Photographien, die von ungefähr 1860 bis in die frühen Jahre dieses Jahrhunderts beliebt waren, wurde oft für einen Kolorierservice geworben.*

gebracht und eingerahmt. Die erforderlichen Glasplatten, Speziallösungen und Klebstoffe waren bis zum 1. Weltkrieg im Handel erhältlich. Die dünnen Papier-«Diapositive», die sehr häufig in den 60er Jahren des vorigen Jahrhunderts in Stereoskop-Betrachtern benutzt wurden, waren oft auf ihrer Rückseite koloriert, so daß, wenn die Richtung der Beleuchtung von vorne nach hinten wechselte, ein zunächst monochrom erscheinendes Bild in ein farbiges verwandelt wurde. Solche dioramenhafte Effekte stammten von den Guckkästen des späten 18. Jahrhunderts ab, in denen rückseitig kolorierte Stiche zu sehen waren, welche abwechselnd von hinten und vorne beleuchtet wurden.

Seit 1850 wurden Diapositive für die Laterna magica oft mit Lasurfarben koloriert, um die Wirkung auf der Leinwand zu erhöhen. Das brachte für die Koloriertechnik ernste Probleme mit sich. Die Bilder waren ja ziemlich klein und wurden dann auf der Leinwand sechsfach oder noch mehr vergrößert. Unter dem Eindruck, daß sehr viele kolorierte Dias nicht zufriedenstellend waren, hat Rev. F. C. Lambert in seinem Buch «*Lantern Slide Making*» (1901) eine Beschreibung der dabei auftretenden Probleme gegeben:

«*(a) Rohe und geschmacklose Farben* – diese letzten Farben sind regelmäßig viel zu lebhaft, glänzend, grob und bunt, wie z. B. ein preußisch-blauer Himmel mit karmesinroten Wolken. Es ist sehr viel besser, mit ruhigen Farbtönen zu untertreiben ... *(b) Maßlose Farbigkeit* – das ist wiederum ein verbreiteter Fehler. Es wird nicht nur die falsche, grobe Farbe benutzt, sondern zuviel davon aufgetragen ... *(c) Fehlerhafte Konturen* – hier mangelt es dagegen an Geschick oder Geduld. Die Konturen werden nicht sorgfältig beachtet, und so erhält man Schafe mit grünen Umrissen und ähnliches mehr ... Man beachte, daß ein feiner Strich, nicht dicker als ein Haar, auf der Leinwand wie der Ast eines Baumes erscheinen wird ...»

Die kommerziellen Händler von Laterna magica-Dias wurden von einem «Fachmann» in dem Buch »*The Art of Projection*» (1893) kritisiert:

«Schlecht kolorierte Photographien werden von Mädchen angefertigt, die miserabel bezahlt werden und keine Ahnung von richtiger Kunst und Farbharmonie haben. Die Art, wie diese Mädchen dazu gebracht werden, ihren Lebensunterhalt zu verdienen, ist ein Thema für eine Arbeitskommis-

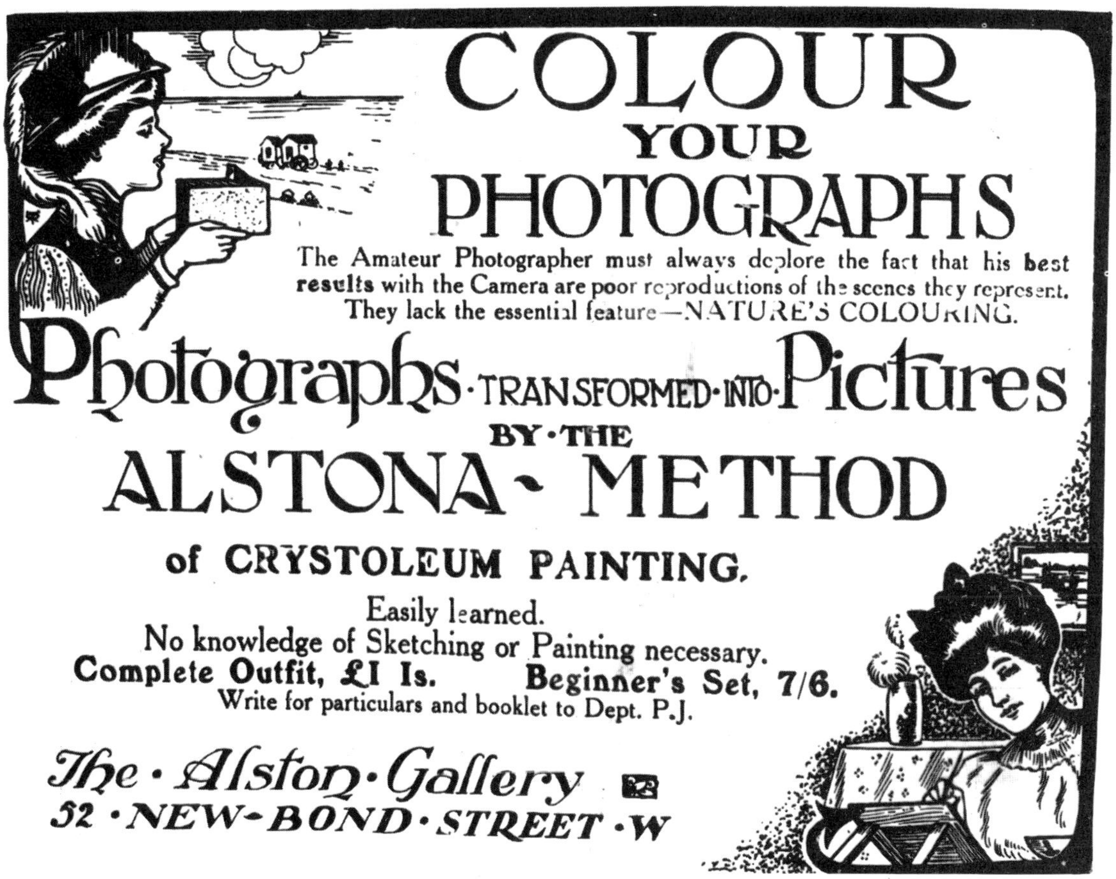

Eine 1907 erschienene Anzeige für die Crystoleum-Koloriertechnik, bei der die Aufnahmen von der Rückseite her koloriert wurden. Ein Beispiel ist auf Seite 23 zu sehen.

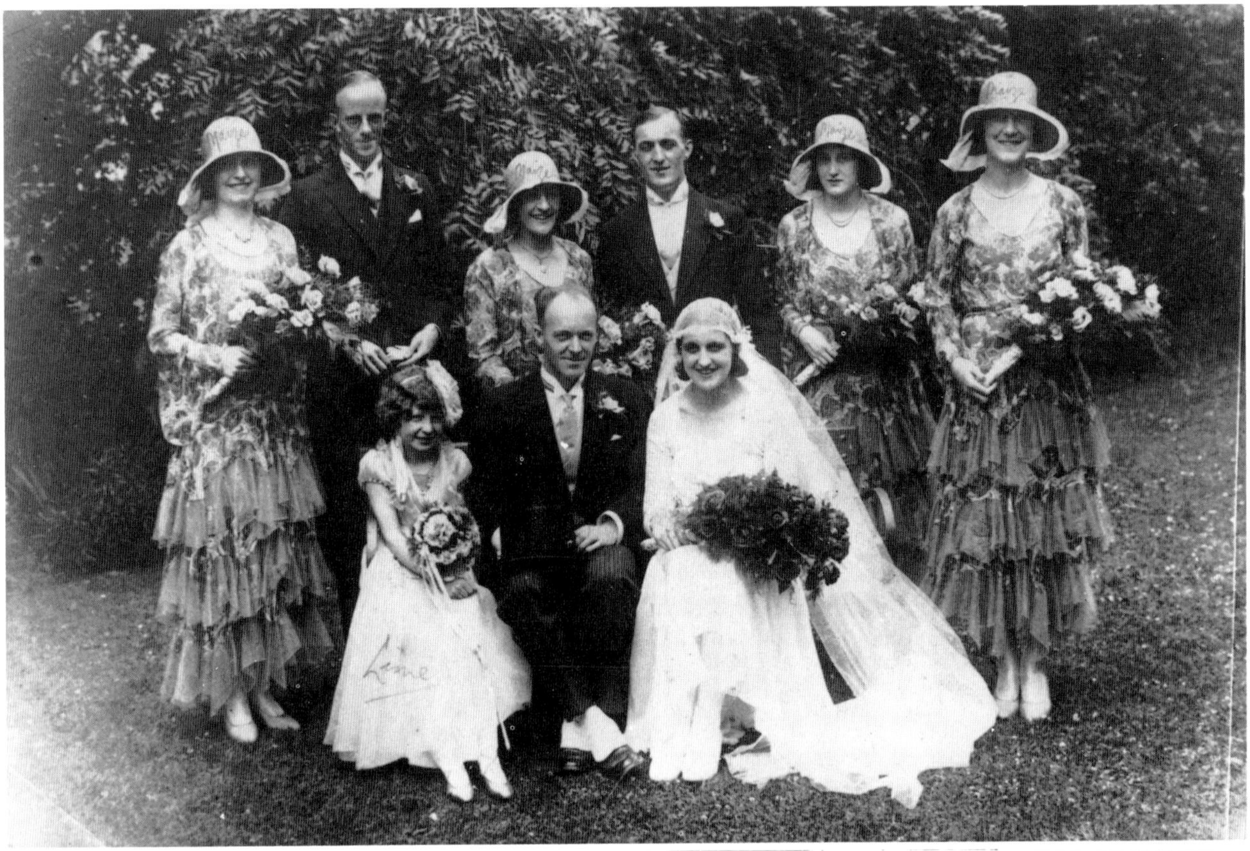

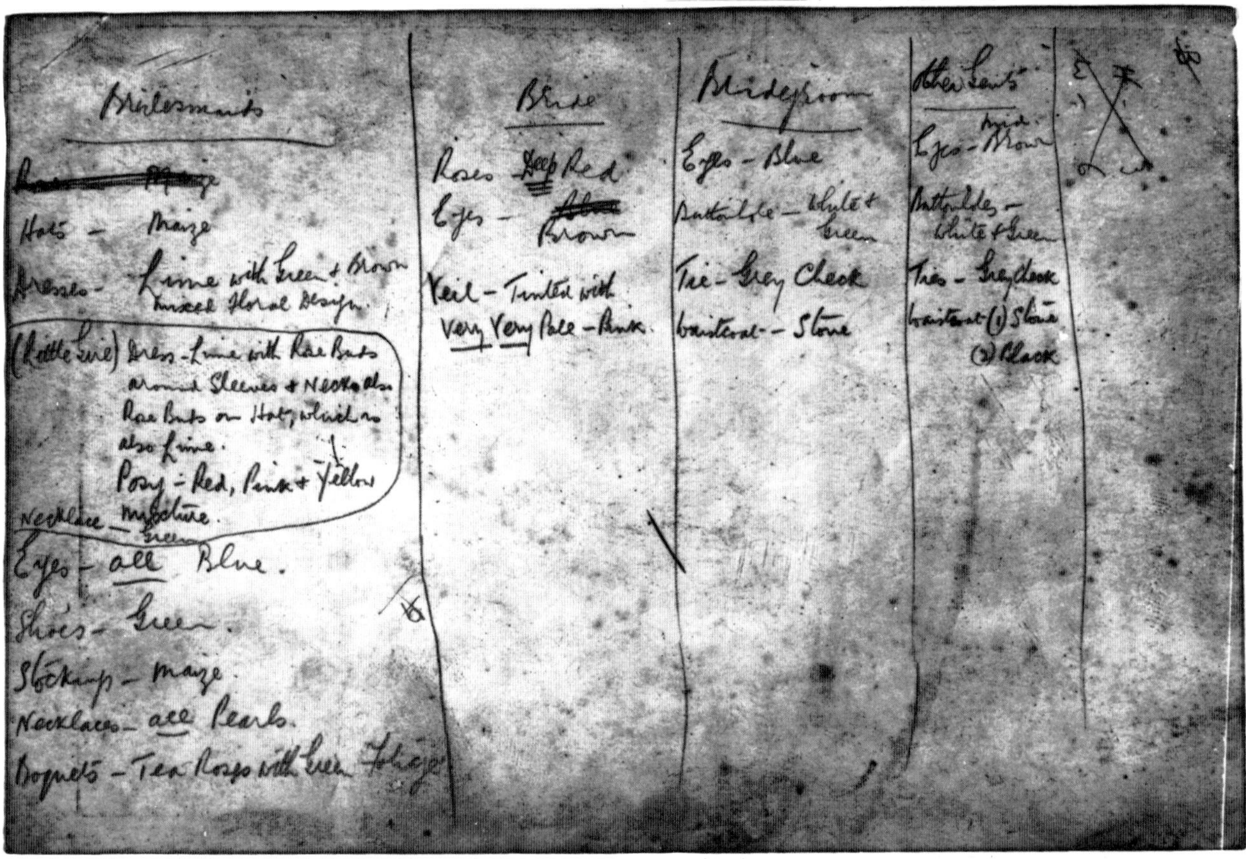

Eine Probevergrößerung einer Hochzeitsaufnahme um 1930. Detaillierte Angaben für das Kolorieren sind sowohl auf die Vorder- als auch auf die Rückseite des Bildes aufgeschrieben.

sion; das Wort Ausbeutung ist nicht hart genug, um das System zu beschreiben, unter welchem solche billigen Dias bemalt werden – wir sollten lieber sogar von Schmiererei sprechen. Ein koloriertes Dia besteht oft aus drei Farben: blauer Himmel, grüne Bäume und ein brauner Vordergrund, und das alles zusammen wird einschließlich der Photographie zwischen 1 Schilling und 1 Schilling 6 Pence pro Stück verkauft. Ein Dia herzustellen und zu kolorieren, wie es sein sollte, wird jedoch manchmal sogar für einen Künstler einen Tag dauern . . .»

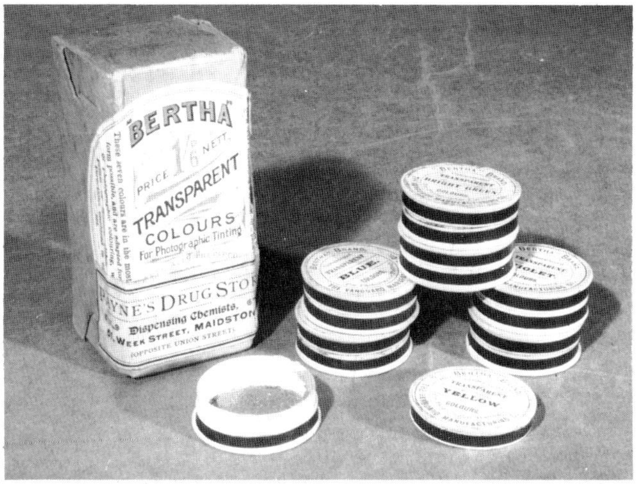

«Bertha» Pulverfarben für das Kolorieren von Photos, die ab 1905 in England auf dem Markt waren.

1893 konnte der führende Händler von Laterna magica-Dias, W. C. Hughes, «in erstklassiger Weise von Künstlern, die ihren Beruf verstehen, kolorierte Dias von 9 Pence bis 10 Schilling, 6 Pence» anbieten. Einer der besten Dia-Koloristen in England um 1900 war Graystorne Bird, ein Photograph aus Bath, dessen delikat kolorierten Dias so hervorragend ausgeführt waren, daß sie wirklichen Farbaufnahmen ähnelten.

Das Erscheinen der neuen Kopierpapiere auf Gelatineunterlage nach 1880 führte schnell zum Verschwinden der Albuminpapiere, die dann zu Beginn dieses Jahrhunderts ziemlich aus dem Gebrauch gekommen waren. Die neuen Papiere brachten dem Koloristen kein Problem; wässerige Anilin-Farbstoffe oder Wasserfarben wurden von der Gelatineschicht aufgesogen, die allgemein vor dem Bemalen angefeuchtet wurde, um das Auftragen der Farben zu ermöglichen. Kommerzielle Photopostkarten, welche in den Anfangsjahren dieses Jahrhunderts beliebt waren, waren oft koloriert. Diese großen Auflagen wurden durch Schablonen koloriert, die für jede Farbe besonders angefertigt waren, wie Beard es 60 Jahre zuvor vorgeschlagen hatte, so daß die Karten schnell von nicht besonders ausgebildeten Arbeitskräften angemalt werden konnten. Die meisten Berufsphotographen boten in der ersten Hälfte dieses Jahrhunderts kolorierte Aufnahmen als Teil ihrer Dienstleistungen an; die größeren Studios beschäftigten ein oder mehrere hauptamtliche Koloristen, während die kleineren Unternehmen diese Arbeit nach draußen vergaben. Als er über die Probleme der farbigen Portraitphotographie mit den damaligen Verfahren schrieb, bemerkte C. H. Claudy (in der *«Camera»* von 1920), daß wegen des Fehlens eines narrensicheren Farbverfahrens für die Berufsphotographie, «der leichteste Weg eine Farbphotographie zu erhalten, darin besteht, einen guten Abzug auf normalem Papier anzufertigen und dann einen Künstler diese mit Pinsel und Farbpigmenten verschönen zu lassen». So war es schließlich in Großbritannien bis in die 50er Jahre üblich. Hochzeitsaufnahmen waren die beliebtesten Motive zum Kolorieren, und der Photograph pflegte die wichtigsten Farben der Kleidung seiner Modelle in einem Notizbuch aufzuschreiben oder den Kunden nach seinen Wünschen zu fragen, wenn er einen Probeabzug für den Koloristen entsprechend mit Angaben versah. Ein typischer Auftrag für eine gerahmte und mit Wasserfarben kolorierte Photographie lautete: «Brautjungfern alle blau gekleidet. Rosafarbener Hautton. Blaue Schuhe. Erbsgrüne Kopfbänder. Kopfband der kleinen Mädchen erbsgrün, Blumenstrauß in gemischten Farben. Röckchen blau und kleine Jungen ganz blau.» Ein solcher Auftrag kostete den Kunden 1932 17 Schilling und 6 Pence.

Bis 1940 bestanden alle Methoden des Handkolorierens darin, die Farben auf ein monochromes Photo aufzutragen. Dabei mußte große Sorgfalt darauf verwendet werden, das Übermalen nicht zu stark auszuführen, damit nicht die feinen Einzelheiten des Photos untergehen. Mit Ölfarben verlangte das eine besondere Sorgfalt. 1940 führte die Flexichrome Company von Jack Crawford den Flexichrome-Prozeß zur Herstellung kolorierter Photos ein. Dazu wurde ein normales Schwarzweiß-Negativ auf ein Spezialmaterial kopiert, in dessen Gelatineschicht ein Reliefbild mit den verschiedenen Tonbereichen der Aufnahme erzeugt wurde. Die dunkleren Partien des positiven Bildes befanden sich dabei in den dikkeren Stellen der Gelatineschicht, während die helleren Partien in der dünneren Schicht lagen. Dieses Reliefbild wurde mit neutralgrauer Modellierfarbe eingefärbt, um das Bild sichtbar werden zu lassen. Dann wurden geeignete Flexichrome-Farbstoffe von Hand aufgetragen, wobei jeder Farbstoff die Partien freiließ, welche schon eingefärbt waren. So ließ ein roter Farbstoff an bestimmten Stellen den grauen Modellierfarbstoff frei. Wenn die falsche Farbe aufgetragen war, konnte sie durch einfaches Hinzufügen der richtigen Farbe in solchen Dosierungen, bis der richtige Farbton erreicht war, entfernt werden. Das Endergebnis war ein reines Farbbild, wobei die Wahl der Einfärbung den Koloristen überlassen war, jedoch die Dichte der Farbe von der Originalaufnahme abhingen. Die für dieses Verfahren benötigten Materialien wurden von der Defender Photo Supply Company of America hergestellt und vertrieben. Der Flexichrome-

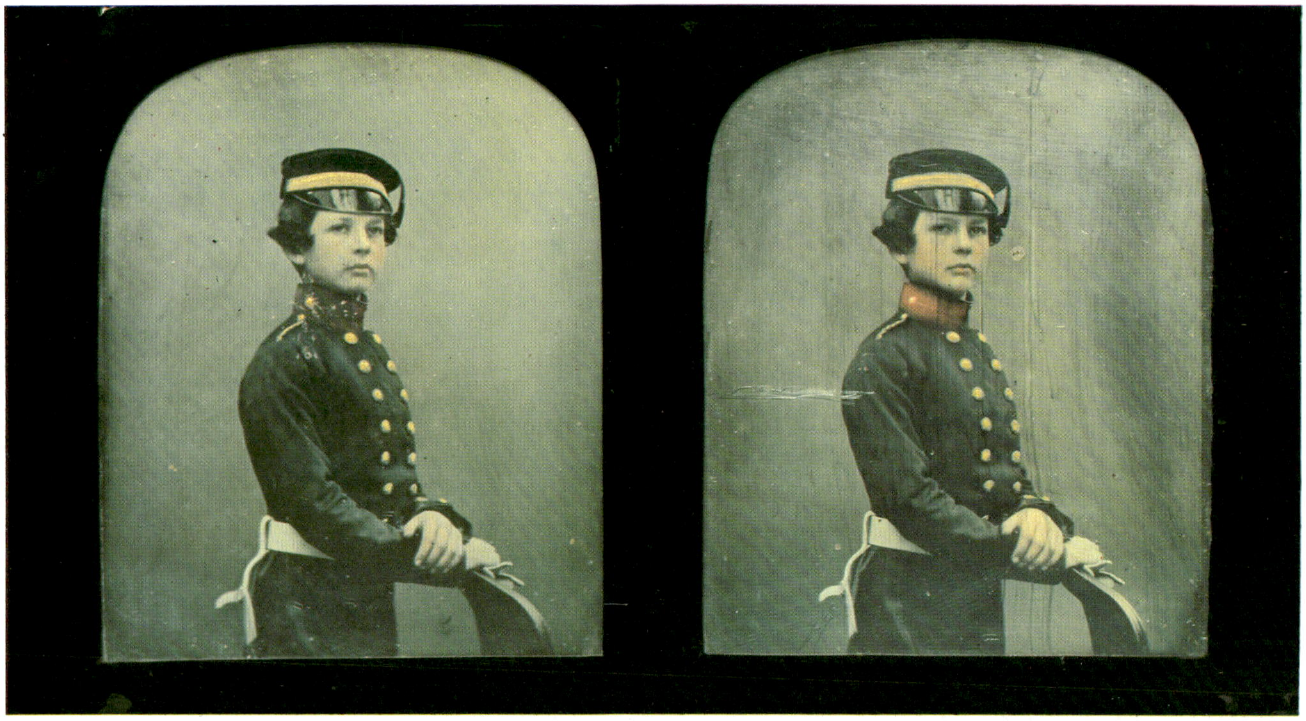

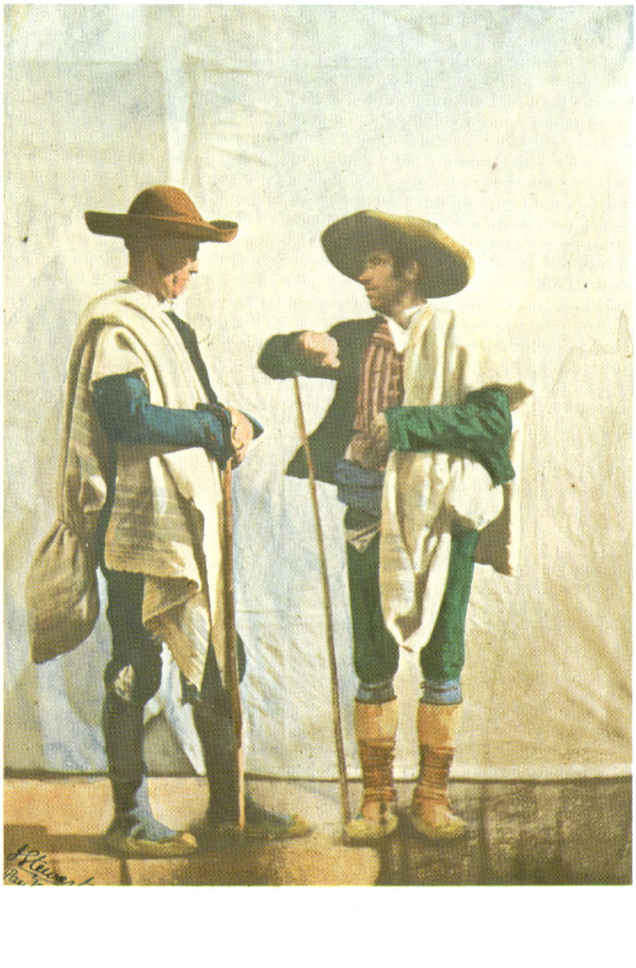

Oben: Handkolorierte Stereo-Daguerreotypie (um 1855) von Antoine Claudet. Claudet war neben seinem Beruf als Daguerreotypie-Portraitphotograph ein führender Forscher photographischer Verfahren. Bei seiner Koloriermethode wurde mit Alkohol gemischter Farbstoff aufgetragen, wobei mit trockenen Pulverfarben an gewünschten Stellen kräftigere Farbtöne erzielt werden konnten (57 x 68 mm).

Rechts: «Spanische Maultiertreiber auf der Messe in Pau, November 1853», aufgenommen von J. Stewart. Eine mit Wasserfarben kolorierte Calotypie; diese Technik war für das bei diesem Verfahren benutzte unbeschichtete Papier sehr brauchbar (110 x 150 mm).

Rechts außen: Handkoloriertes Kollodium-Positiv (um 1858). Das auf einer Glasunterlage befindliche Positivbild konnte, ähnlich der Daguerreotypie, mit Trockenfarben koloriert werden, die dann zum Schutz mit einer Lackschicht überzogen wurden. Normalerweise beschränkte sich das Kolorieren auf Gold oder Silber von Ringen oder anderer Schmuckstücke, aber in diesem Fall war fast das gesamte Bild angemalt (66 x 90 mm).

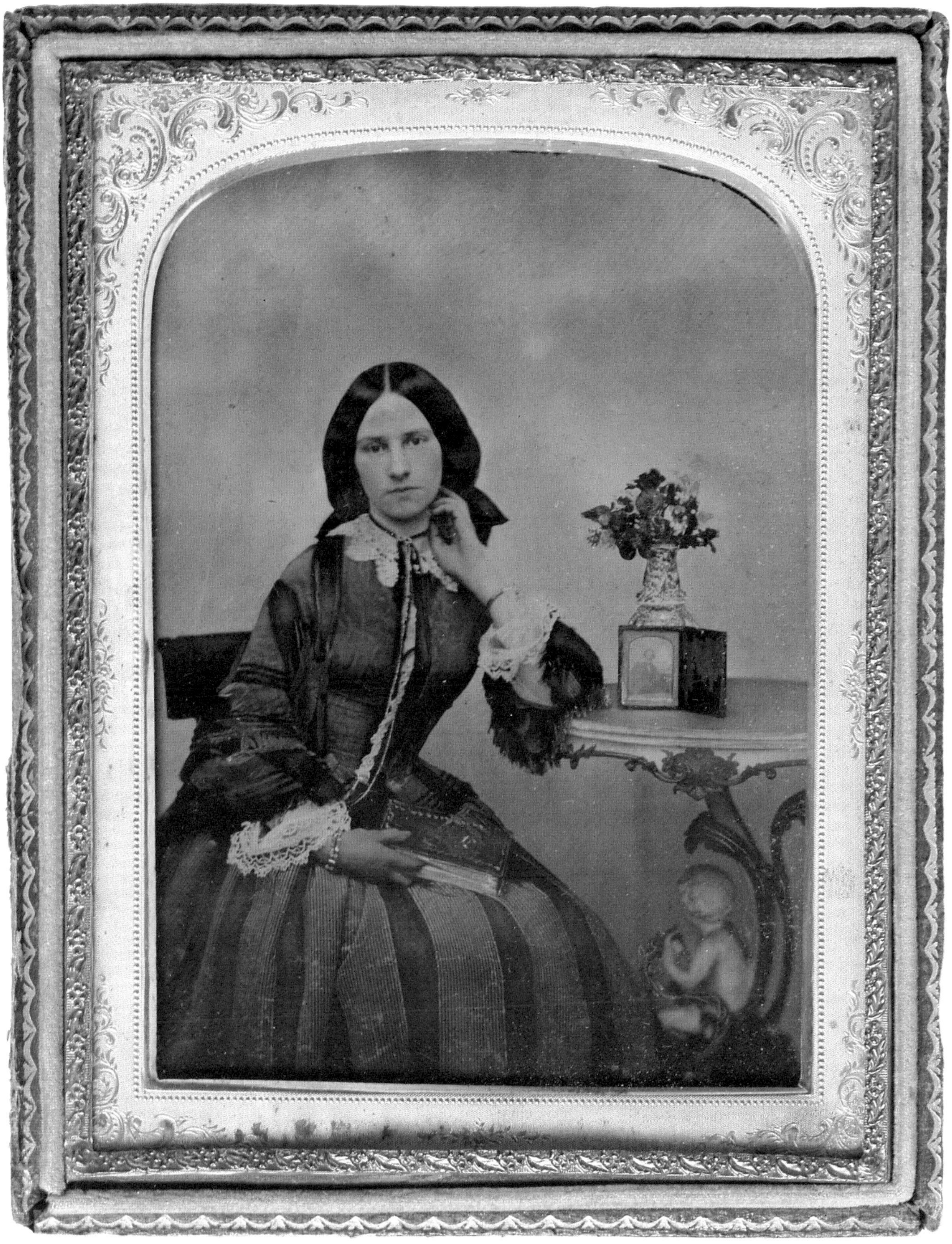

Prozeß wurde 1942 von Defender aufgegeben, aber von der Eastman Kodak Company 1949 wieder eingeführt. Obwohl Flexichrome eine sehr effektive Methode zur Herstellung kolorierter Photos darstellte, war es – zusammen mit seinen weniger weit entwickelten Vorläufern – nur eine willkürliche Methode, Farbe wiederzugeben. Sie konnte natürlich eine Szene gar nicht so genau wiedergeben, wie es der Wirklichkeit des Aufnahmeobjektes entsprach.

Seit den Anfängen der Photographie bestand die Hoffnung – ja sogar die Erwartung – daß bald ein Weg gefunden würde, ein lichtempfindliches Material herzustellen, das die Farben der Natur unmittelbar festhielt, auf eine so einfache Weise, wie die Reproduktion von Licht und Schatten in einer monochromen Aufnahme. Diese Hoffnung stützte sich auf die Ergebnisse eines Experiments von Johann Seebeck aus Jena, der 1810 einige frühere Versuche von Johann Ritter mit der Einwirkung verschiedener Farben des Spektrums auf eine Silberchloridschicht wiederholte. Seebeck ließ

> «das Spektrum durch ein perfektes Prisma 15 bis 20 Minuten lang auf ein mit weißem Silberchloridniederschlag bedecktes Papier fallen . . . Ich fand, daß sich das Silberchlorid auf folgende Weise veränderte: Im violetten Bereich wurde es rötlich-braun (manchmal mehr violett, manchmal mehr blau) . . . und in dem blauen Spektralbereich erschien das Silberchlorid als reines Blau, und diese Farbe wurde stärker und brillanter in Richtung auf einen grünen Farbton; im gelben Bereich blieb das Silberchlorid ziemlich unverändert . . . im roten andererseits . . . nahm es eine rosarote Färbung an».

1840 veröffentlichte Sir John Herschel einen Bericht über ein ähnliches Experiment, bei welchem es ihm gelang, rote, grüne und blaue Farbeindrücke entsprechend derjenigen des auf seine Silberchloridpapierschicht fallenden Spektrums zu erhalten; aber er konnte die Farben nicht fixieren, obwohl sie durch Wässern des Papiers stabil genug wurden, um sie bei Lampenlicht zu betrachten. Später sagte Sir John, «Ich besitze *lang aufbewahrte* Papiermuster, die eine wesentlich bessere Wiedergabe des Spektrums in seinen *natürlichen* Farben bringen als ich zur Zeit meines Berichts erhielt, das Licht fiel auf einen dunklen Untergrund; aber ich kann heute noch nicht vorhersagen, ob daraus sich ein praktisches farbphotographisches Verfahren entwickeln wird, obwohl es die Hoffnung näherbringt».

Louis Jacques Mandé Daguerre, der Erfinder des Daguerreotypie-Verfahrens, beobachtete, daß die Daguerreotypie beim Photographieren rot angestrichener oder aus roten Ziegeln errichteter Gebäude «einen Farbton dieses Charakters annahm». 1848 führte Edmond Becquerel eine Reihe von Experimenten aus, bei denen er versilberte Platten des gleichen Typs wie für Daguerreotypien benutzte, die aber chemisch mit Silberchlorid beschichtet waren. Es gelang ihm, ein ziemlich zufriedenstellendes Farbabbild des Spektrums herzustellen, aber er fand heraus, daß er auf seiner Platte einen sehr dünnen Silberchloridfilm elektrolytisch aufschichten konnte, indem er die Platte in eine Chlorhydrat-Säure eintauchte und den elektrischen Strom von einer Batterie durch die Lösung schickte, wobei eine Platinplatte als die andere Elektrode diente. Diese so erhaltene dünne Silberchloridschicht zeichnete die spektralen Farben gut auf, obwohl Grün weniger gut wiedergegeben wurde als die anderen Farben. In den 50er Jahren des 19. Jahrhunderts führte C. S. A. Niépce de St. Victor viele ähnliche Versuche durch und erhielt nicht nur Abbildungen der Spekralfarben, sondern auch farbige Aufnahmen von Gegenständen mit einer Kamera. Es gelang ihm die Farben durch Benutzung einer Art Lack so erfolgreich zu «fixieren», daß eine seiner «Heliochromien» sogar vierzig Jahre danach noch leuchtende Farben gezeigt haben soll.

1851 behauptete ein amerikanischer Geistlicher, der Reverend Levi L. Hill, ein farbphotographisches Verfahren mit Daguerreotypie-Platten entdeckt zu haben. Er versprach der Öffentlichkeit die Angabe aller Einzelheiten in einem Buch, das auf Subskriptionsbasis für 5 Dollar verkauft werden sollte. So sammelte er 15 000 Dollar ein und dann veröffentlichte er ein billig gedrucktes Buch, das im Wesentlichen den Daguerreotypie-Prozeß beschrieb, aber mit einer Anzahl komplizierter zusätzlicher chemischer und physikalischer Bearbeitungsvorschriften für die Platten. Das Endergebnis würde ähnlich dem Verfahren von Becquerel und von Niépce de St. Victor sein. Beispiele seiner «Hillotypen» zeigte der Erfinder nur wenigen Leuten. Marcus A. Rout berichtete 1864 darüber:

> «Das Bild, das mir nach der Veröffentlichung von Mr. Hills Buch in die Hände fiel, wurde von mir unter einem starken Vergrößerungsglas untersucht, wobei ich feststellte, daß es sich nur um eine gewöhnliche kolorierte Daguerreotypie handelte. Die trockene Puderfarbe war unleugbar und klar erkennbar auf dem Gesicht und dem Haar vorhanden. Das war wahrscheinlich das Wesen des Tricks . . . er scheint hauptsächlich zum Gelderwerb zu dienen und war wegen des ehrenwerten Titels des Reverenden sehr erfolgreich.»

1865 beschrieb Alphonse Louis Poiteven sein Verfahren zur Herstellung direkter Farbaufnahmen auf Papier. Er benutzte Silberchloridpapier, dem er eine Lösung aus Kaliumbichromat, Kupfersulfat und Chlorkarbon hinzufügte. Mit diesem Papier erhielt er farbige Reproduktionen von Glasmalereien, die zehn Minuten lang im Kontakt aufbelichtet wurden. Poiteven gelang es, seine Bilder so zu behandeln, daß sie in einem Album aufbewahrt werden konnten, während sie unter starkem Lichteinfluß bräunlich wurden. In einem Bericht stand: «Sein Prozeß ist weit entfernt davon, vollständig zu sein: er gibt zur Zeit nur die gebrochenen Farben des Spektrums, nämlich Gelb und Rot wieder, aber ist unfähig, Grün, Blau und Violett zu reproduzieren.»

M. Carey Lea veröffentlichte 1887 Forschungsergebnisse, wonach bei der Zubereitung der Photopapiere von Seebeck und Poiteven Komponenten hergestellt wurden, welche alle Spektralfarben außer Grün und Gelb enthielten. Diese fertigen Präparate reflektierten bei der Belichtung unter dem Spektrum jene Spektralfarben, denen sie am nächsten entsprachen, sehr stark und wurden daher von ihnen nicht zerstört, während jene, die von einer bestimmten Spektralfarbe sich unterschieden, diesen Lichteindruck absorbierten und dadurch zerstört wurden. Der Grund, weshalb Grün- und Rottöne bei diesem Verfahren nicht gut wiedergegeben wurden, lag darin, daß entsprechende Komponenten beim Präparieren des Silberchloridpapiers nicht zu erhalten waren.

Bei den Farbplatten von Becquerel lagen die Dinge anders. Wilhelm Zenker, der 1868 Verfahren zur Herstellung von Farbphotos prüfte, vermutete, daß bei Bildern auf reflektierenden Oberflächen, wie den Daguerreotypie-Platten, das auf die Platte fallende Licht auf das von der Linsenoberfläche reflektierte Licht treffen würde. «Wenn jetzt zwei Wellen mit derselben Phase sich treffen, lassen sie dasselbe Phänomen entstehen, das man beim Wasser ‹stehende Wellen› nennt.» Wenn solche stehenden Wellen in einer lichtempfindlichen Photoschicht auf reflektierender Unterlage entstehen würde, so sagte Zenker voraus, würden die in der Schicht zusammentreffenden Scheitelpunkte der Wellen diese belichten, während die dort aufeinandertreffenden Wellentäler keine Belichtung stattfinden lassen würden. Während des Entwicklungsvorgangs würden sich innerhalb der Schicht dünne Silberschichten von der halben Wellenlänge der jeweiligen Farbe bilden, und diese Schichten würden nur Licht der betreffenden Farbe reflektieren, wenn weißes Licht auf die entwickelte Platte fällt. Die Erscheinung der Interferenzfarbe, welche Farbeindrücke in Ölpfützen, Seifenblasen und Perlmutt erzeugt, wird auf gleiche Weise hervorgerufen. Otto Wiener bestätigte 1889 Zenkers Theorie und demonstrierte die Existenz stehender Lichtquellen, indem er durchsichtige Silberchlorid-Emulsionsschichten in Kontakt mit reflektierenden Oberflächen benutzte.

1891 führte Prof. Gabriel Lippmann der Französischen Akademie der Wissenschaften Interferenz-Farbphotographien des Spektrums und von Buntglasfenstern vor, die er mit einer modifizierten Methode von Wieners Verfahren aufgenommen hatte. Dazu wurde eine außerordentlich feinkörnige, vollkommen transparente Emulsion von Bromsilber in einer Eiweißschicht auf Glasplatte in Kontakt mit einem Quecksilberfilm belichtet, wobei die Glasplatte dem Objektiv zugewandt war. Das Quecksilber reflektierte, im optischen Kontakt mit der Emulsion, das Licht, welches durch den

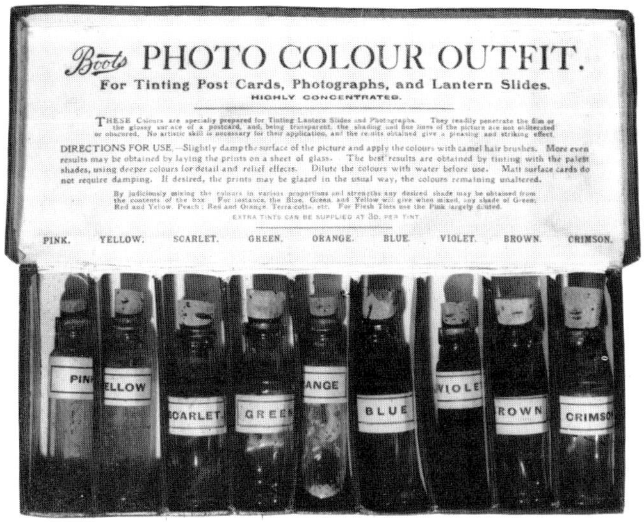

Transparente Photokolorierfarben, die in den 20er und 30er Jahren von der englischen Drogeriekette Boots vertrieben wurde.

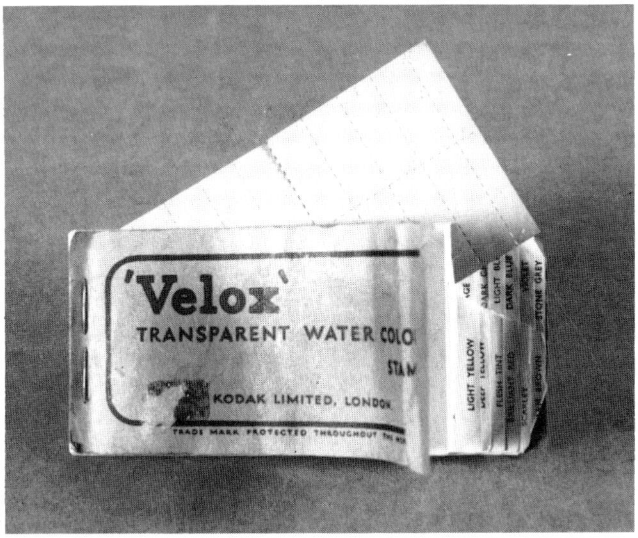

«Velox Water Colour Stamps» von Kodak, beliebt in den 30er Jahren. Sie waren mit Wasserfarben durchtränkt, die sich herauslösten, wenn die Marke in einen Behälter mit etwas Wasser gelegt wurde.

Schichtträger selbst gefallen war, und erzeugte so stehende Lichtwellen und Belichtungseindrücke, wie sie von Zenker vorausgesagt waren. Die entwickelte Platte erschien bei hindurchfallendem Licht wie ein konventionelles Negativ, aber wenn sie im richtigen Winkel mit reflektiertem Licht betrachtet wurde, erschien das Bild als ein Positiv in brillanten Farbtönen. Das Lippmann-Verfahren wurde begeistert von den Gebrüdern Auguste und Louis Lumière aus Lyon in Frankreich aufgegriffen. Anfang 1893 führten sie Muster des Verfahrens vor, indem sie als Lichtquelle eine elektrische Bogenlampe benutzten und die Bilder auf eine Leinwand projizierten. In einem Bericht heißt es darüber:

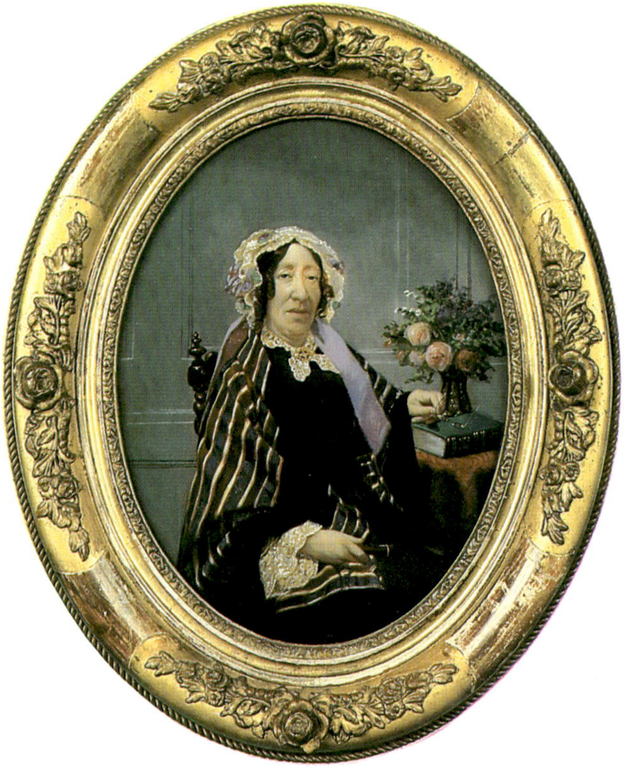

«Das bedeutende Charakteristikum dieser projizierten Bilder ist die getreue Wiedergabe von Landschaften. Die bewundernswerte Wiedergabe aller Farben der Natur hinterläßt einen außerordentlichen Eindruck. Das Blau des Himmels, das Grün in seinen verschiedenen Tönen und Kontrasten, mit all den sehr delikaten Grau- und Weißtönen – das wird hier alles mit unerreichbarer Exaktheit wiedergegeben.»

Die Gebrüder Lumière beschichteten ihre Platten mit einer vollkommen kornlosen Bromsilberemulsion, wobei sie einen Sensibilisierungsfarbstoff hinzufügten, der die Platten für alle Farben empfindlich machte. Die Belichtung fand durch einen Gelbfilter statt und dauerte für eine Landschaftsaufnahme über vier Minuten. Eine Erhöhung der Empfindlichkeit und Verminderung der Belichtungszeit war nicht möglich, ohne die Korngröße in der Emulsion zu vergrößern. Das Silberkorn mußte beträchtlich kleiner sein als die kürzeste Wellenlänge des aufzuzeichnenden Lichteindrucks. So waren die Belichtungen mehr als zehntausendmal länger als mit einem herkömmlichen Negativmaterial. Es wurden spezielle Plattenhalter konstruiert, in denen zwischen der Rückseite des Halters und der Oberfläche der Platte durch ein dünnes Sämischleder oder eine Gummiabdichtung ein Hohlraum geschaffen wurde. Oben befand sich an den Kassetten eine Einfüllvorrichtung, durch die das Quecksilber in den Hohlraum eingefüllt werden konnte, und sie besaßen üblicherweise einen Hahn an ihrer unteren Seite, durch den das Quecksilber nach der Belichtung wieder ausfließen konnte. Das mußte schnell geschehen, denn ein zu langer Kontakt des Quecksilbers mit der Emulsion wirkte sich nachteilig aus. Die belichtete Platte wurde mit einem Entwickler von gefährlicher Zusammensetzung verarbeitet.

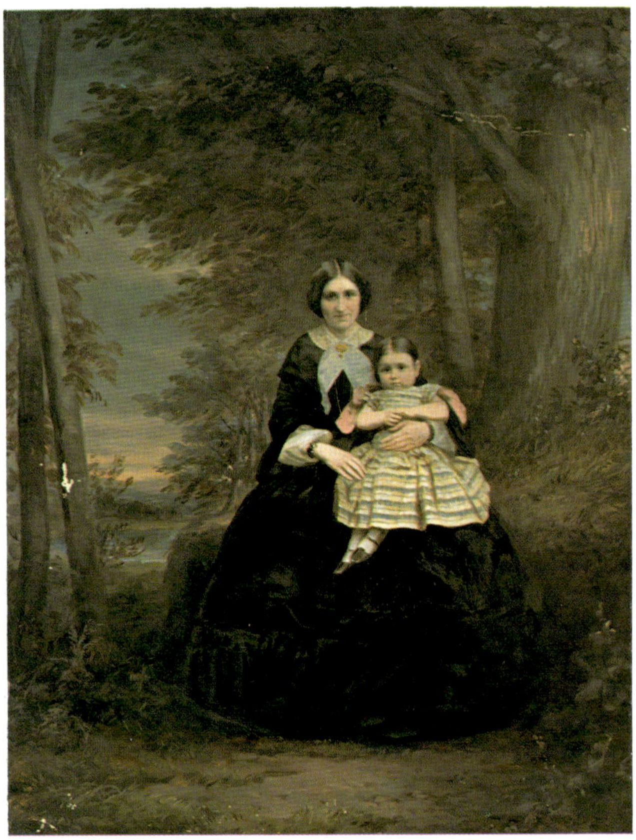

Oben: Mit Ölfarben koloriertes Albumin-Bild (1863). Die meisten Berufsphotographen jener Zeit konnten einen Kolorierservice für Portraitaufnahmen anbieten. Schon ein wenig geübter Maler konnte innerhalb kurzer Zeit ein Ergebnis erzielen, das einem Originalportraitgemälde oberflächlich ähnelte (354 x 455 mm).

Links: «Daguerreotypie à l'huile» nach dem Verfahren von A. Laloue (um 1858). Ein mit schweren Ölfarben übermaltes Albumin-Bild wurde lackiert und auf eine Glasplatte gelegt, wenn der Lack noch naß war. Mit dieser Technik wurden die kolorierten Bilder sehr brillant und hochglänzend (200 x 260 mm).

Rechts: Ein Chrystoleum-Portrait (um 1895). Ein Albumin-Bild wurde an der Innenseite eines gebogenen Glases befestigt, dann wurde die Papierschicht vollkommen weggerieben und schließlich von hinten Farben auf die Kopie aufgetragen. Diese Technik wird auf Seite 14 beschrieben (53 x 85 mm).

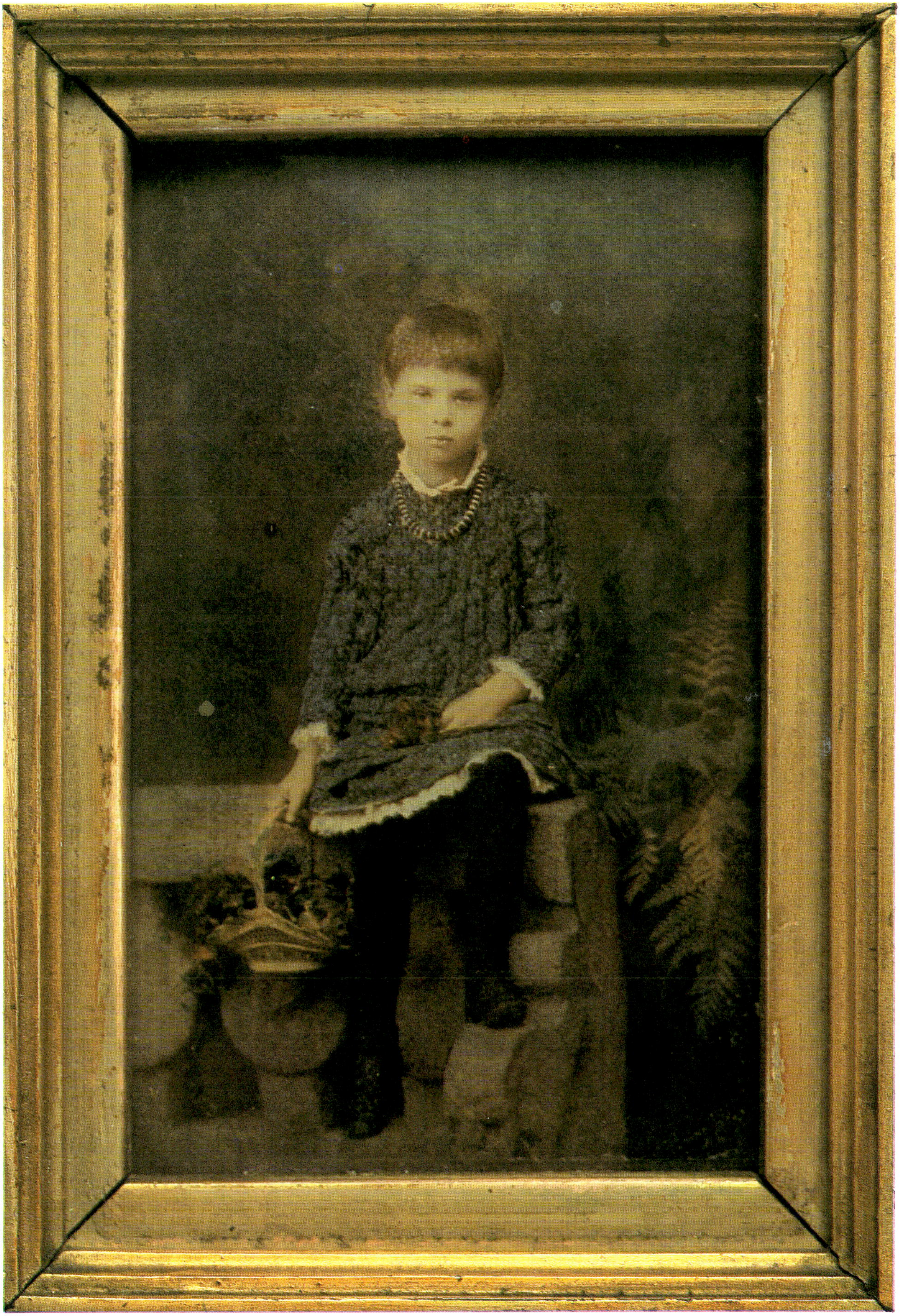

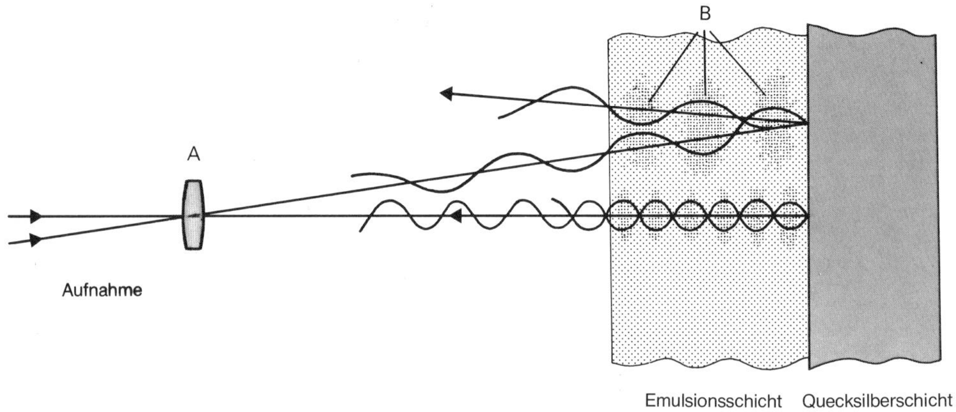

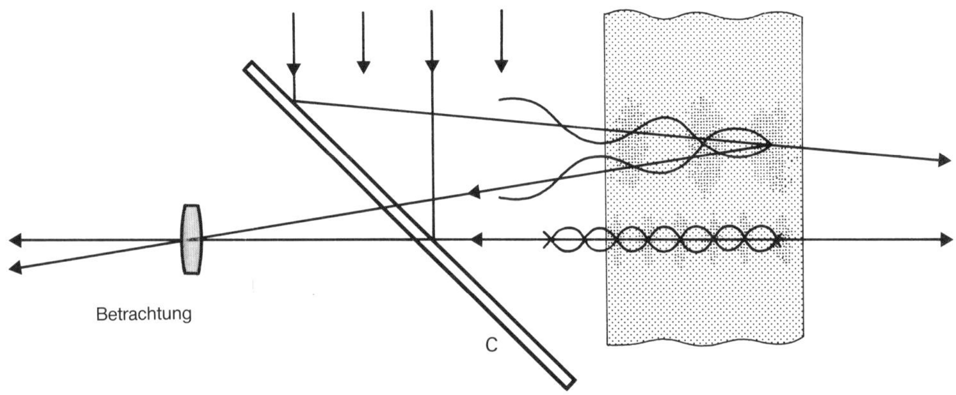

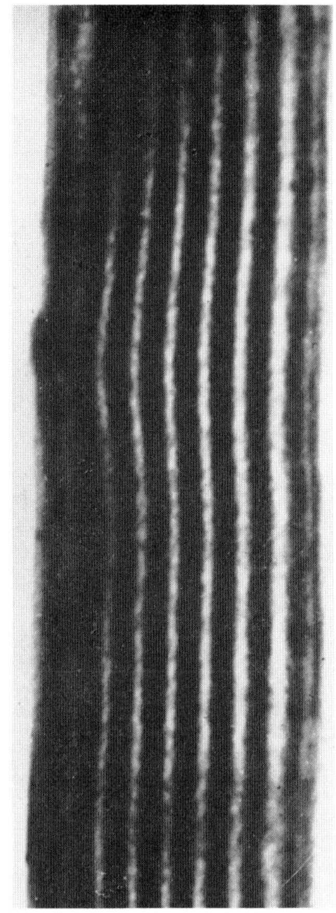

Oben: Bei der Belichtung einer Lippmann-Platte fiel das Licht von der Linse A durch die transparente Emulsion und wurde von der dahinter angebrachten Quecksilberschicht reflektiert, so daß dort, wo sich das hereinfallende Licht mit dem reflektierten Licht brach, stehende Lichtwellen erzeugt wurden. An diesen Stellen wurden in der Emulsionsschicht Bildeindrücke erzeugt, wobei die Anzahl der plättchenförmigen Partikel B von der Wellenlänge des Lichts an jeder Stelle abhing.

Unten: Wenn die belichtete Platte durch Licht, das auf ein spiegelndes Element, den Reflektor C, fiel, beleuchtet wurde, warfen die blättchenförmigen Partikel Licht derselben Wellenlänge wie die, welche sie erzeugt hatte, auf den Betrachter zurück, der so eine theoretisch genaue Wiedergabe der Originalfarben des Aufnahmemotivs sah. Eine Lippmann-Aufnahme ist auf Seite 27 wiedergegeben.

Oben rechts: Schnitt durch eine belichtete Lippmann-Emulsion, die in zwanzigtausendfacher Vergrößerung die blättchenförmigen Partikel zeigt.

Prof. Wiener führte 1899 vor, daß die Betrachtung der Lippmann-Platten sehr erleichtert wurde, wenn man ein flaches Prisma mit einem Winkel von etwa 10° als Deckglas auf der Platte befestigte. Auf dessen Oberfläche fallende Lichtstrahlen wurden von der Bildschicht wieder zurückgeworfen und gingen durch das Prisma hindurch zum Auge des Betrachters. Einer der führenden Anwender des Verfahrens, Dr. Neuhauss, bemerkte, daß durch solche Prismen «die Farben stark in der Brillanz und in der Naturgetreue gewannen. Reines Schwarz erscheint im Bild tatsächlich nur nach der Aufhebung der Oberflächenreflexion». Trotz seiner ernsthaften Schwierigkeiten faszinierte das Lippmann-Verfahren mit seinen leuchtenden Farben viele Photographen, und erst 1910 bot Carl Zeiss, Jena vollständige Ausrüstungen dafür an. Zeiss empfahl, daß offene Landschaften bei Benutzung eines Tessar-Objektivs mit der Lichtstärke 1 : 4,5 mit einer Belichtung von ein oder zwei Minuten aufgenommen werden könnten, und daß mit einem Tessar 1 : 3,5 Portraits im Sonnenschein in nur zwanzig Sekunden möglich waren.

Obwohl das Lippmann-Verfahren die einzige Methode der direkten Farbphotographie war, die eine gewisse kommerzielle Bedeutung erreichte, arbeiteten einige Wissenschaftler eine kurze Zeit lang mit einem anderen Prinzip. Die Grundidee wurde 1895 für F. W. Lanchester für ein farbphotographisches Verfahren mit prismatischer Lichtstreuung (Dispersion) patentiert. Für dieses sogenannte Microdispersionsverfahren benutzte Lanchester eine Kamera mit einem herkömmlichen Objektiv, das sein Bild auf ein feines Gitterwerk warf, das

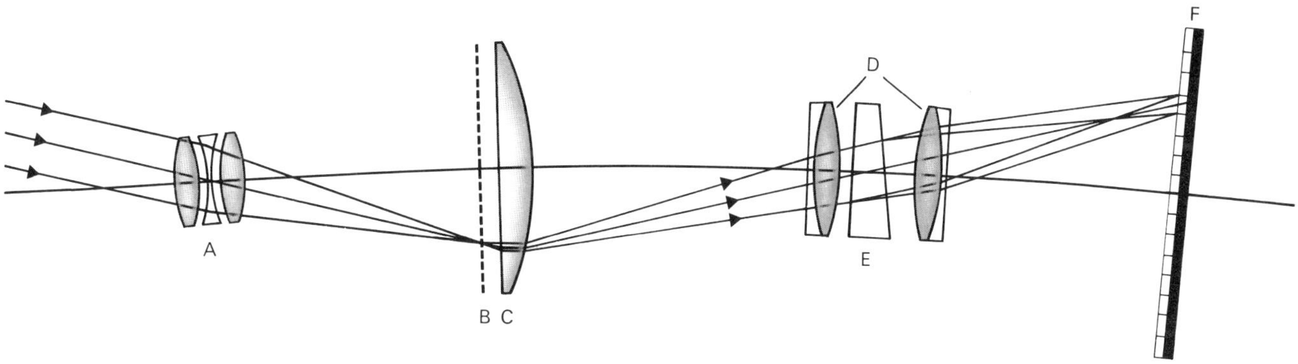

mit einer Struktur aus undurchsichtigen Linien bedeckt war. 1 cm^2 enthielt rund 120 solcher Linien. Die Lichtstrahlen passierten die Schlitze in dem Gitter und fielen durch eine große Linse auf ein weiteres Objektiv, in dessen Mitte sich ein flaches Prisma befand. Die Achse des Prismas stand parallel zu den Gitterlinien. Jeder Lichtstrahl wurde in ein Spektrum aufgeteilt, so daß auf der Platte an der Rückseite der Kamera ein Bild aus einer Vielzahl solcher parallelen Spektren aufgezeichnet wurde. Die Menge des an jedem Bildpunkt zur Platte durchgelassenen Spektrums wurde durch die Farbe des photographierten Objektes bestimmt. Das Negativ wurde im Kontakt auf eine Positivplatte kopiert, welche dann in einem Betrachter oder optischen System plaziert wurde, das mit demjenigen in der Kamera übereinstimmte. Die Kamera selbst wurde sogar oft zur Betrachtung oder Projektion der Bilder benutzt, indem die in ihrer Originalposition im Rückteil plazierte Platte angestrahlt wurde. Der Farbeindruck wurde auf umgekehrte Weise hervorgerufen, wie er aufgezeichnet wurde. Dieses in der Theorie ideale Farbsystem wurde von verschiedenen späteren Forschern weiterentwickelt, aber nicht in bedeutendem Umfang benutzt. Ähnlich wie das Lippmann-Verfahren litt der Microdispersions-Prozeß an dem Problem sehr langer Belichtungszeiten, denn die Platte mußte zugunsten eines sehr hohen Auflösungsvermögens niedrig-empfindlich sein.

So ist die langerhoffte vollpraktikable Methode der direkten Farbphotographie niemals gefunden worden; stattdessen sind erfolgreiche Farbaufnahmen mit indirekten Verfahren der Farbanalyse und -wiedergabe hergestellt worden. Die Grundlagen ihrer Entwicklung werden in den folgenden Kapiteln chronologisch behandelt.

Beim Microdispersions-Verfahren von Lanchester erzeugt das Kameraobjektiv A auf der sehr feinen Gitterstruktur B, die 300 undurchsichtige Linien pro inch (über 600 pro Zentimeter) aufwies. Die Lichtstrahlen fielen durch dieses Gitter und durch die große Feldlinse C auf ein zweites Objektiv D, in dem sich das Prisma E befand. Dadurch wurde jeder Lichtstrahl in ein winziges Spektrum aufgeteilt, das nun auf die lichtempfindliche Platte F traf. Der Umfang des an jeder Stelle dieser Platte aufgezeichneten Spektrums wurde durch den Farbeindruck des Aufnahmegegenstandes bestimmt. Zur Betrachtung der entwickelten und kopierten Platte wurde dasselbe optische System in umgekehrter Richtung benutzt, wobei die Platte von hinten beleuchtet und durch das Kameraobjektiv betrachtet wurde.

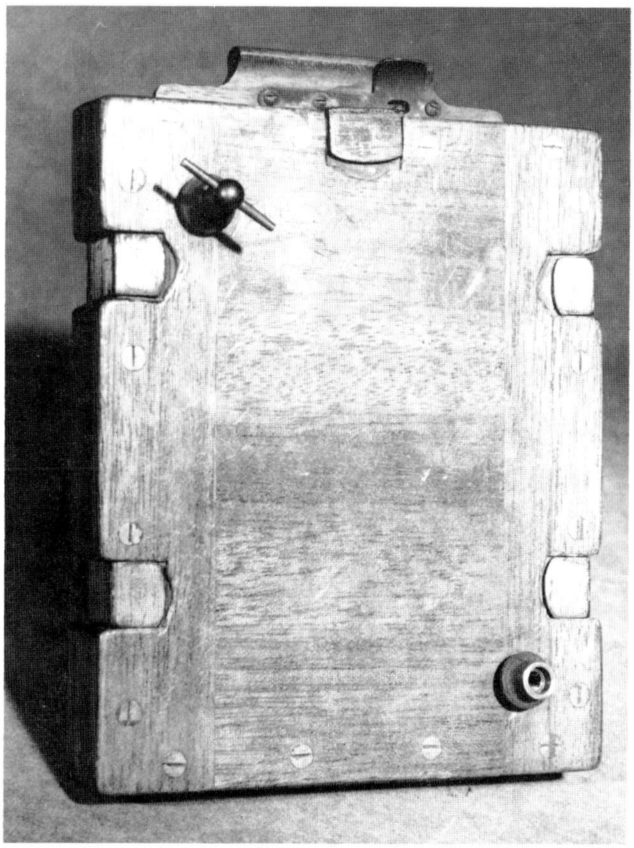

Die Penrose-Kassette für das Lippmann-Verfahren (1899). Durch den oberen Einfüllstutzen wurde Quecksilber eingefüllt und nach der Aufnahme durch den unteren herausgelassen.

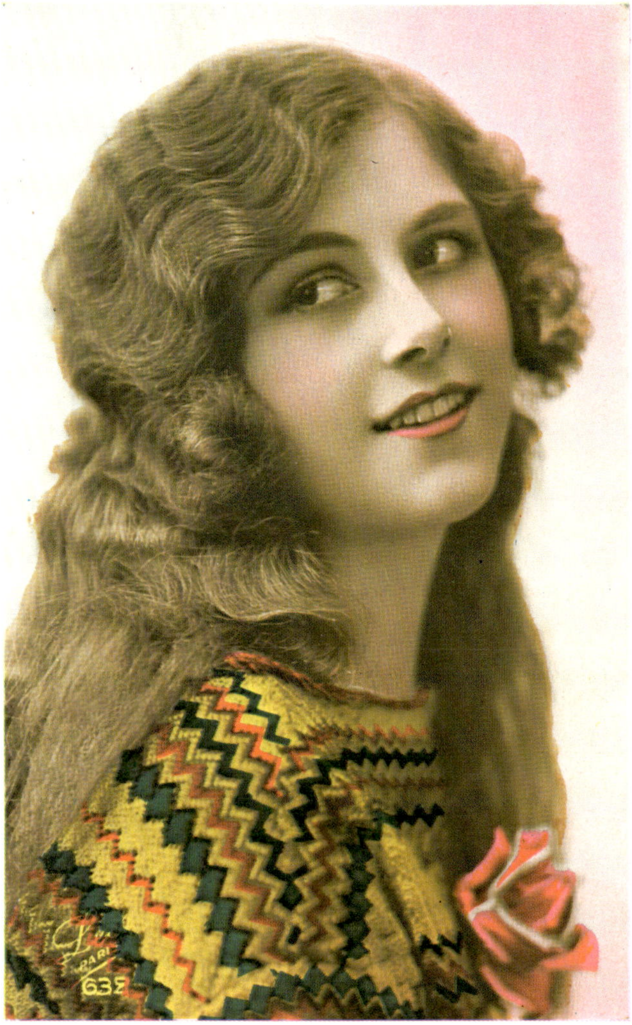

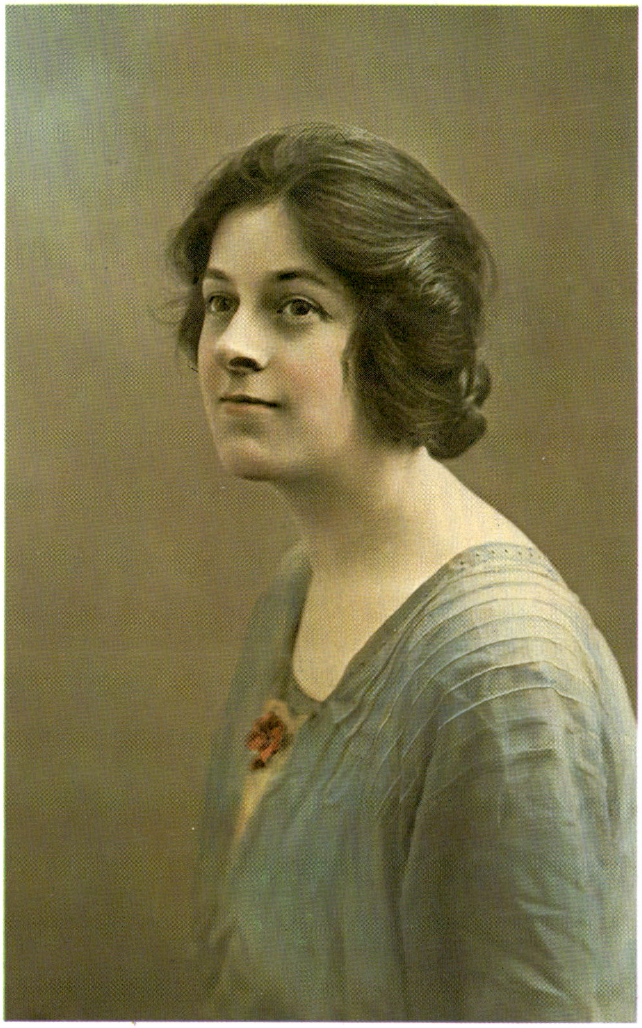

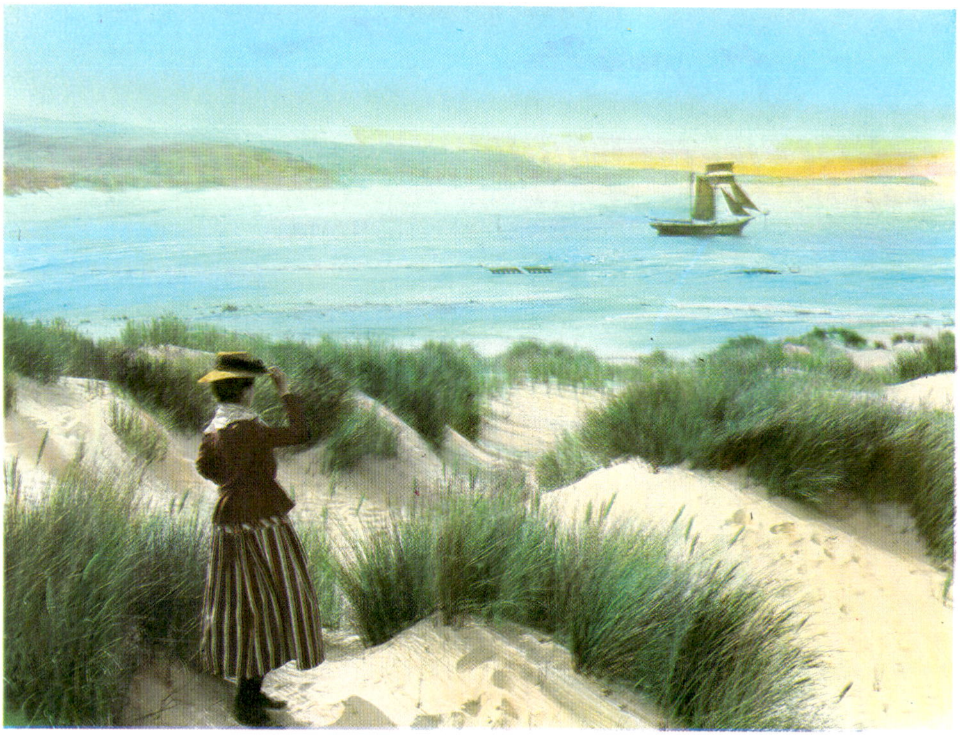

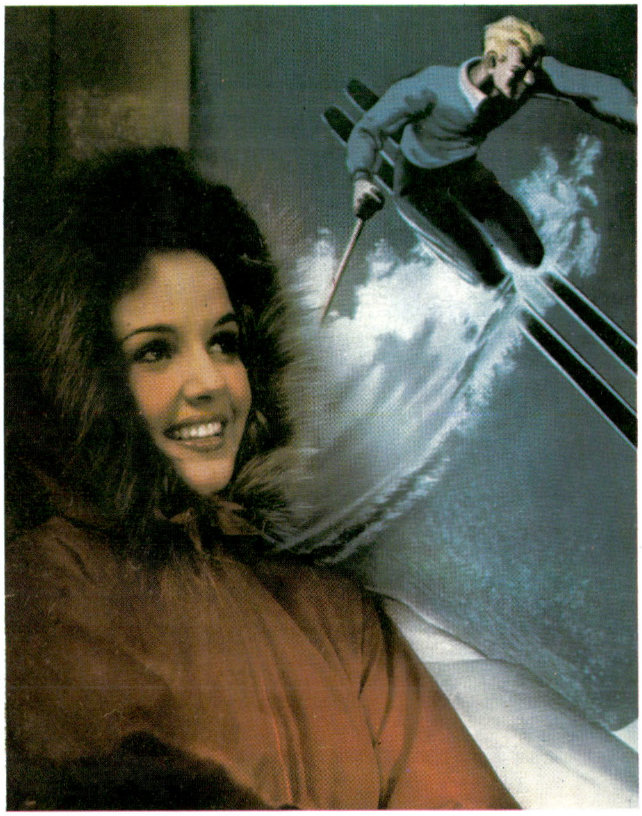

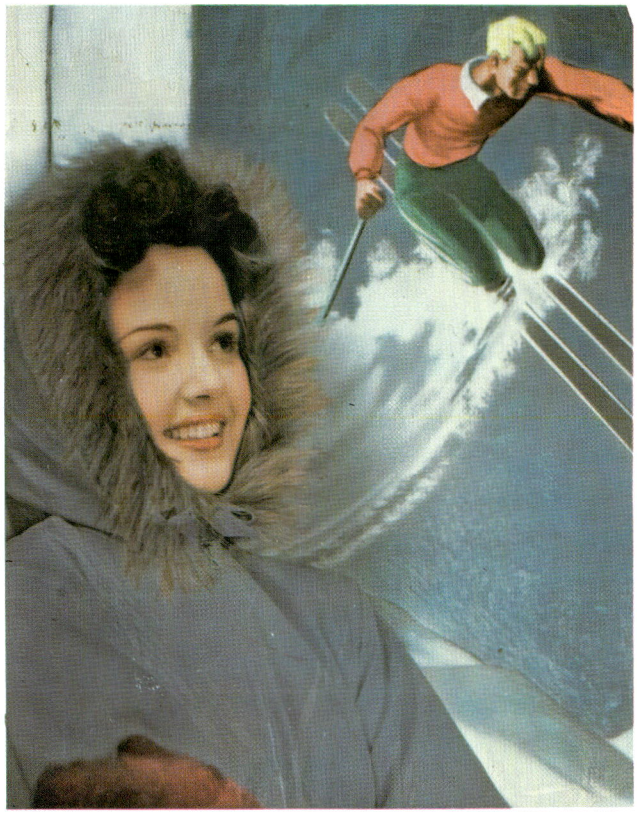

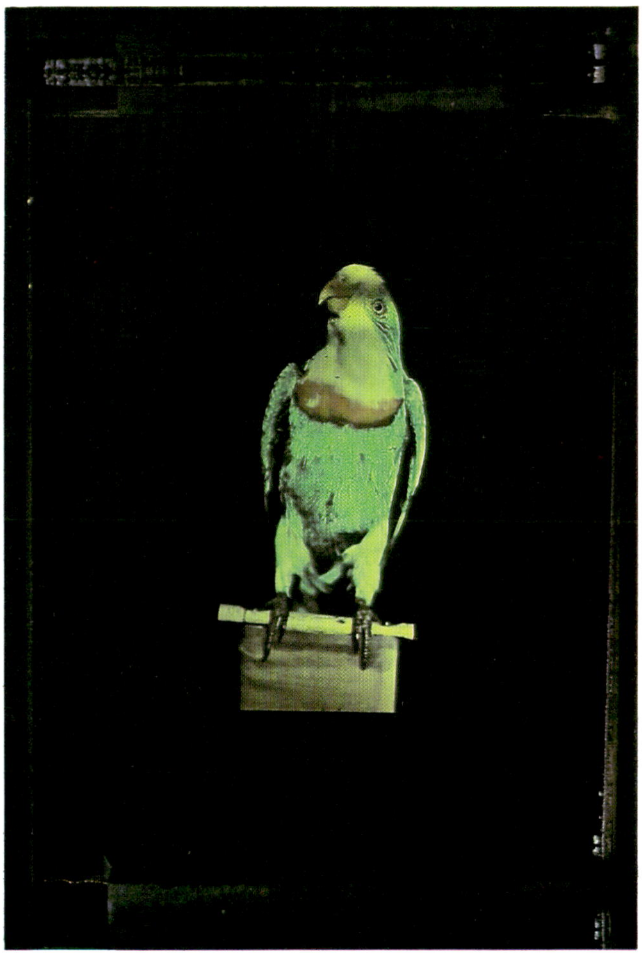

Links außen: Ein koloriertes Postkartenphoto um 1905. Solche Aufnahmen, die massenweise auf Bromsilberpapier kopiert wurden, wurden gewöhnlich mit Hilfe für jede einzelne Farbe ausgestanzter Schablonen eingefärbt (87 x 135 mm).

In der Mitte links: ein koloriertes Portrait auf sepiagetonten Bromsilberpapier um 1925. Ein Beispiel für qualitativ gute Handarbeit eines kommerziellen Kolorierbetriebs, der Firma E. Allone aus St. Neots, Huntingdon (100 x 145 mm).

Linke Seite unten: «Joe's Schiff», ein handkoloriertes Laterna magica-Dia von Graystone Bird aus Bath, Sommerset, England (um 1900). Graystone Bird war wahrscheinlich zu Beginn dieses Jahrhunderts der führende englische Hersteller von Laterna magica-Dias (73 x 54 mm).

Oben links und rechts: Flexichrome-Vergrößerung aus dem Jahre 1942. Von dem Originalnegativ wurde ein Gelatinereliefbild hergestellt, auf das die Farbstoffe von Hand aufgetragen wurden. Die Verfügung stehende Farbauswahl war so groß wie bei den Koloristen, jedoch konnte die Farbdichte durch das Photo beeinflußt werden (100 x 136 mm).

Links: Eine Lippmann-Aufnahme von Dr. Neuhauss (1899), der damals in der Anwendung dieses direkten Farbverfahrens führend war. Das Lippmann-Verfahren wird auf den Seiten 21 und 24 beschrieben (60 x 80 mm).

Additive Farbmischung

Alle praktischen indirekten farbphotographischen Verfahren beruhen auf der von Thomas Young im ersten Jahrzehnt des letzten Jahrhunderts entwickelten und vorgelegten Theorie des Farbensehens. Diese wurde später von H. von Helmholtz ausgearbeitet. Da alle Farben durch eine geeignete Mischung von rotem, grünem und blauen Licht erzeugt werden können, so führte Young aus, muß das Auge drei Arten von Farbempfängern enthalten, die nur auf diese Grundfarben ansprechen, und deshalb werden alle anderen, im Spektrum enthaltenen Farben als Mischung dieser drei Grundfarben wahrgenommen. Zum Beispiel kann Gelb durch eine Mischung von grünem und rotem Licht erzeugt werden, während eine Mischung aller drei Grundfarben weißes Licht ergibt. Wir wissen heute, daß die Augenretina tatsächlich entsprechende Farbempfänger enthält; sie werden nach dem zapfenförmigen Erscheinungbild unter dem Mikroskop Zäpfchen genannt. Sie arbeiten nur bei starken Lichteindrücken, während andere, wesentlich kleinere Empfänger – die sogenannten Stäbchen – bei Dämmerlicht in Aktion treten und nur einen monochromen Seheindruck bewirken.

1855 diskutierte der junge schottische Physiker James Clerk Maxwell Young's Theorie, wobei er seine Ausführungen mit einem Vorschlag zur Photographie unterstrich:

> «Es wird nötig sein, die Farben einer Landschaft mit Hilfe von Eindrücken, die in einem Präparat, das gleichmäßig für alle Lichtstrahlen farbempfindlich ist, festzuhalten. Dazu soll ein rotes Glas vor der Kamera angebracht werden und eine Aufnahme gemacht werden. Das Positiv davon wird durchsichtig sein, wo immer der rote Lichteindruck in der Landschaft deutlich vorhanden war, und undurchsichtig, wo er fehlte. Stecken wir es nun unter Vorschaltung des roten Glases in eine Laterna magica, wird ein rotes Bild auf die Leinwand geworfen. Dieser Vorgang soll mit einem grünen und mit einem violetten Glasfilter wiederholt werden; mit Hilfe von drei Laterna magica-Projektoren sollen die drei Teilbilder auf der Leinwand übereinander projiziert werden. Der Farbeindruck wird dann in jedem Bereich auf der Leinwand mit dem entsprechenden Bereich in der Landschaft übereinstimmen, und . . . eine vollständige Abbildung der Landschaft . . . wird auf der Leinwand entworfen.»

Mit dieser Aussage legte Maxwell die fundamentale Theorie aller nachfolgenden Systeme der indirekten Farbphotographie nieder. Am 17. Mai 1861 hielt Maxwell vor der Royal Institution in London den Vortrag «Über die Theorie der drei Grundfarben». Nachdem er die Konsequenzen der Theorie von Young aufgeführt hatte, nämlich, daß es drei Grundfarben gibt, und daß jede Farbe entweder eine Grundfarbe oder eine Mischung von Grundfarben ist – demonstrierte er mit drei Projektoren, die mit Filtern, farbiger Flüssigkeiten in Glasbehältern, versehen waren, daß die Mischung roter, grüner und blauer Lichtstrahlen tatsächlich die anderen Farben hervorzurufen vermag. Dann erfolgte eine sehr bedeutende Vorführung:

> «Drei Aufnahmen eines farbigen Ordensbandes, aufgenommen durch jeweils ein farbiges Flüssigkeitsfilter, wurden in den Projektor eingelegt und ergaben Bilder, welche den roten, den grünen und den blauen Anteil für sich darstellten, so wie er von jedem der drei Augenempfänger nach Young getrennt gesehen würde. Als diese Bilder zur Dekkung gebracht wurden, war das farbige Abbild des Ordensbandes zu erkennen, das, weil die roten und grünen Teilbilder ebenso vollkommen photographiert waren wie das blaue, ein farbgetreues Abbild des Bandes ergaben. Wenn man photographische Materialien finden würde, welche noch empfindlicher für die weniger gebrochenen Lichtstrahlen sind, wird die Wiedergabe der Objektfarben wesentlich verbessert sein.»

James Clerk Maxwell, der mit 24 Jahren die theoretische Grundlage der Farbphotographie fand. ▷

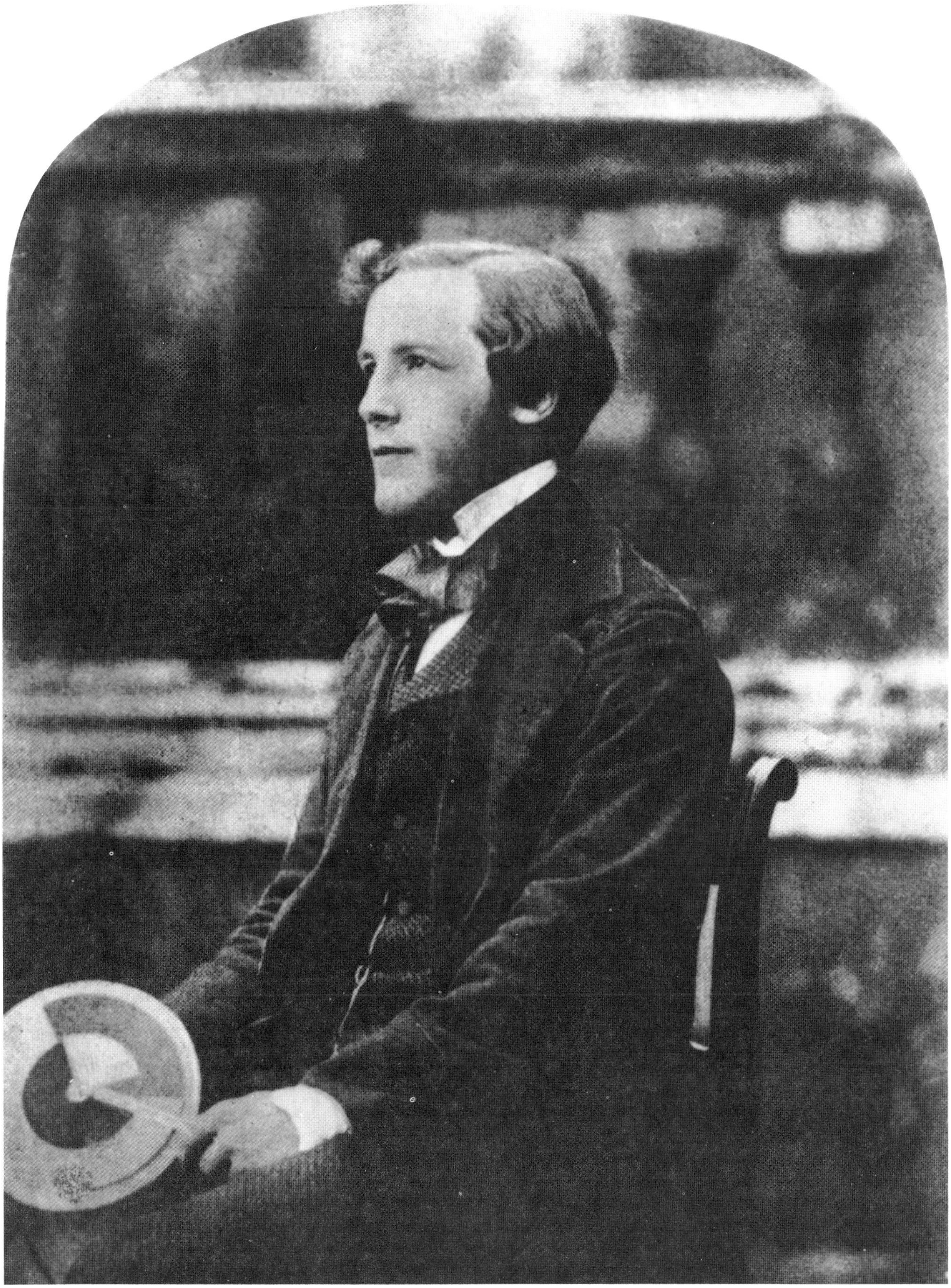

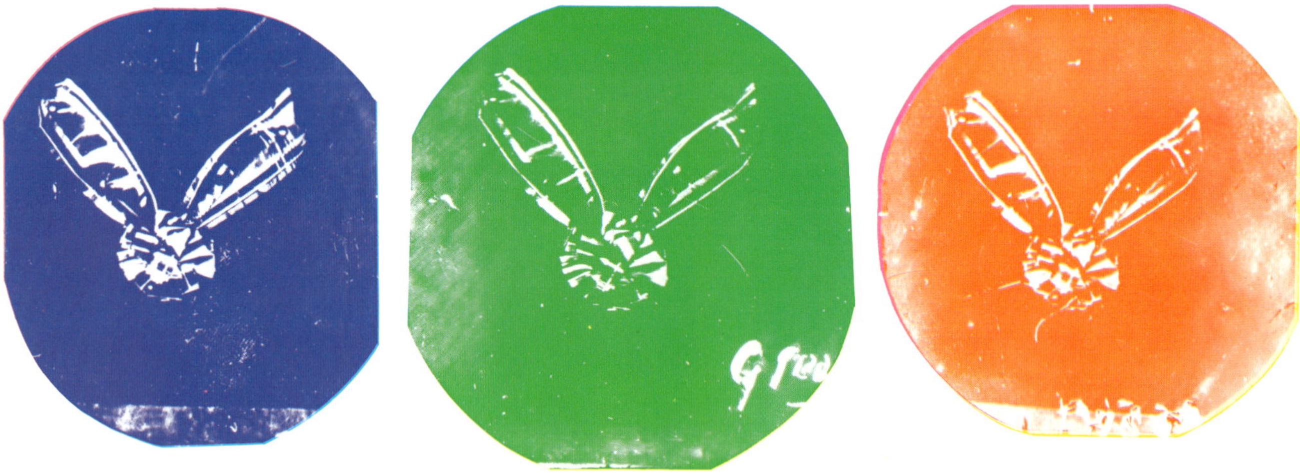

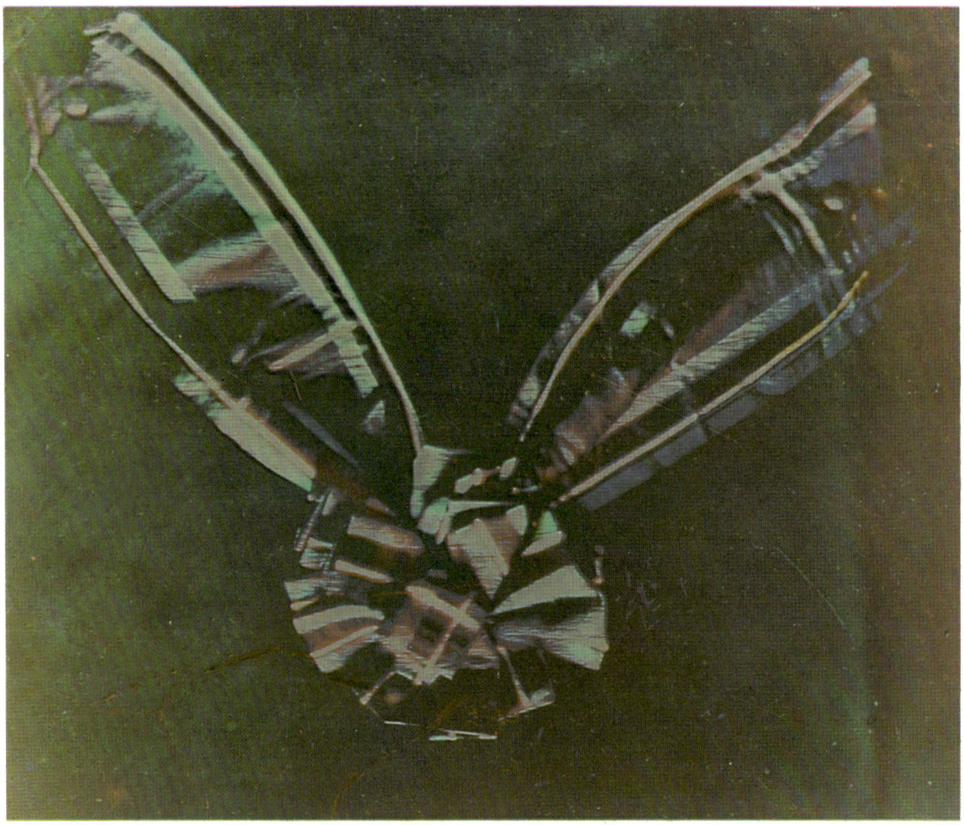

1861 stellte James Clerk Maxwell drei Diapositive eines Ordensbandes mit Streifenmuster her, photographiert durch rote, grüne und blaue Filter. Diese drei Diapositive wurden mit drei Laterna magica-Projektoren durch die gleichen roten, grünen und blauen Filter projiziert. Sich genau überdeckend ergaben die drei Teilbilder eine beachtliche Farbreproduktion des Originals. Dieses war die erste farbige Photographie.

Rechts oben: Ein Ives Kromogram (um 1897), direkt durch den Kromskop-Betrachter photographiert, ein Gerät, in dem die separaten roten, grünen und blauen Teilbilder zu einem Bild mit allen Farben kombiniert wurden. ▷

Rechts unten: Ein 1892 mit dem Ives Photochromiscope-Projektor vorgeführtes Bild, reproduziert als Kodak Dye Transfer Vergrößerung nach den Originaldiapositiven. ▷

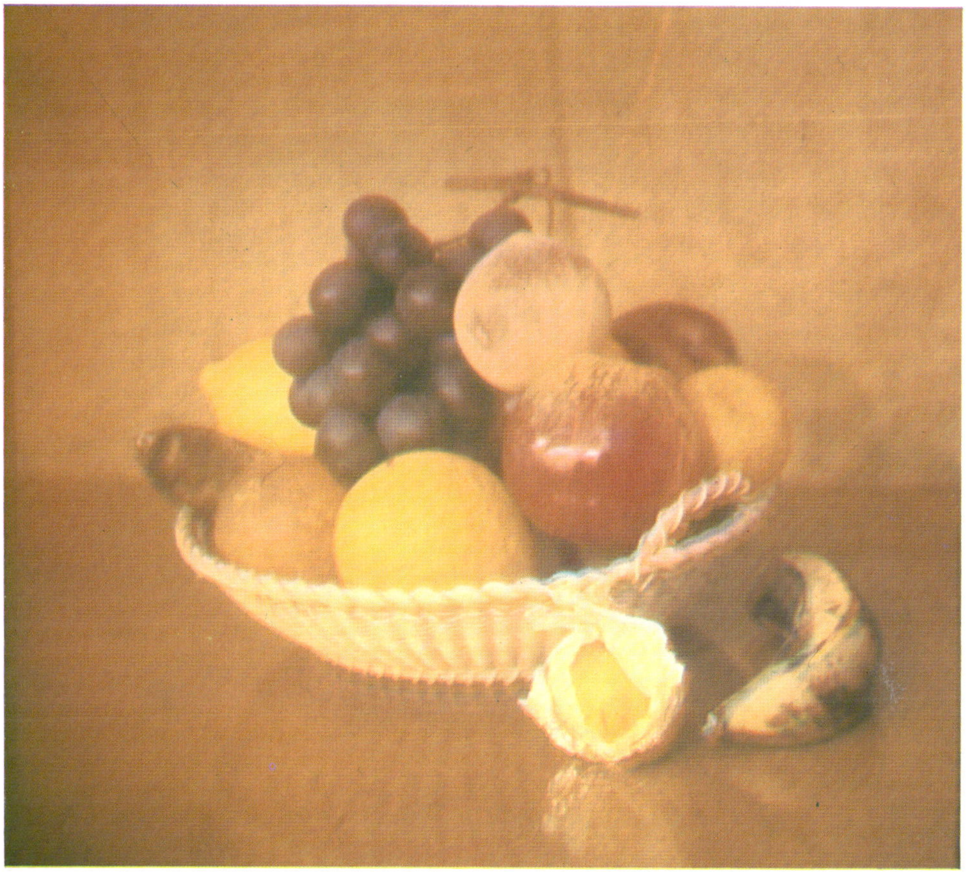

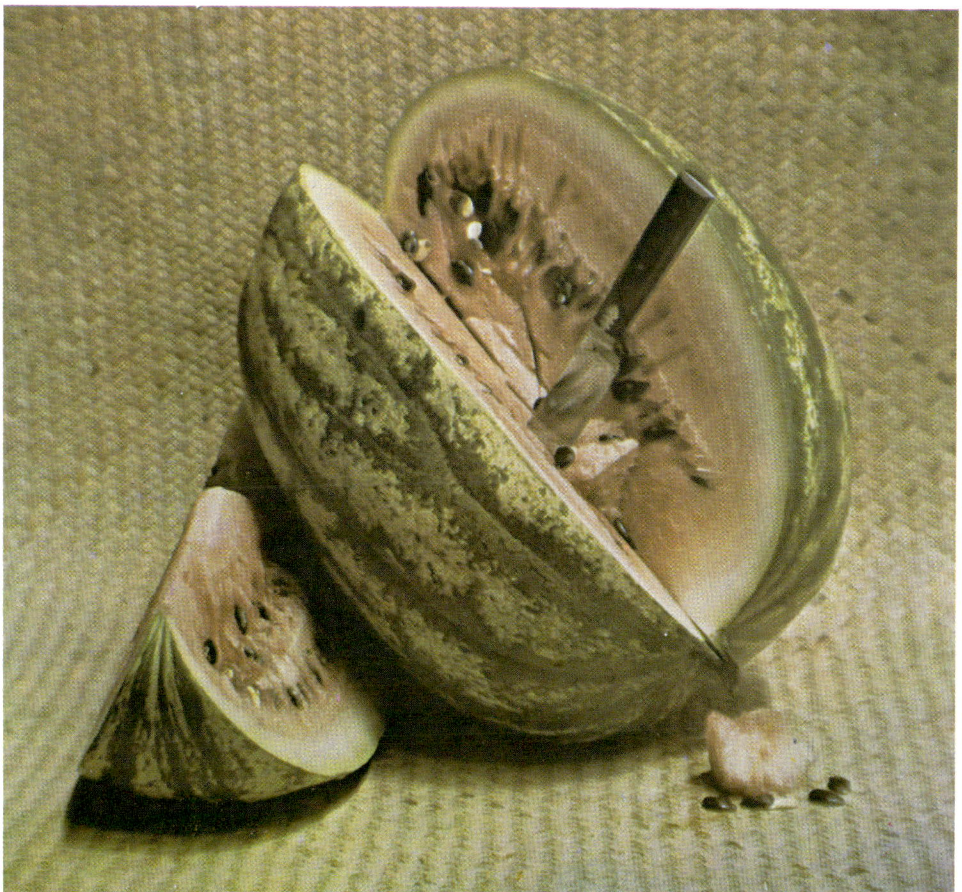

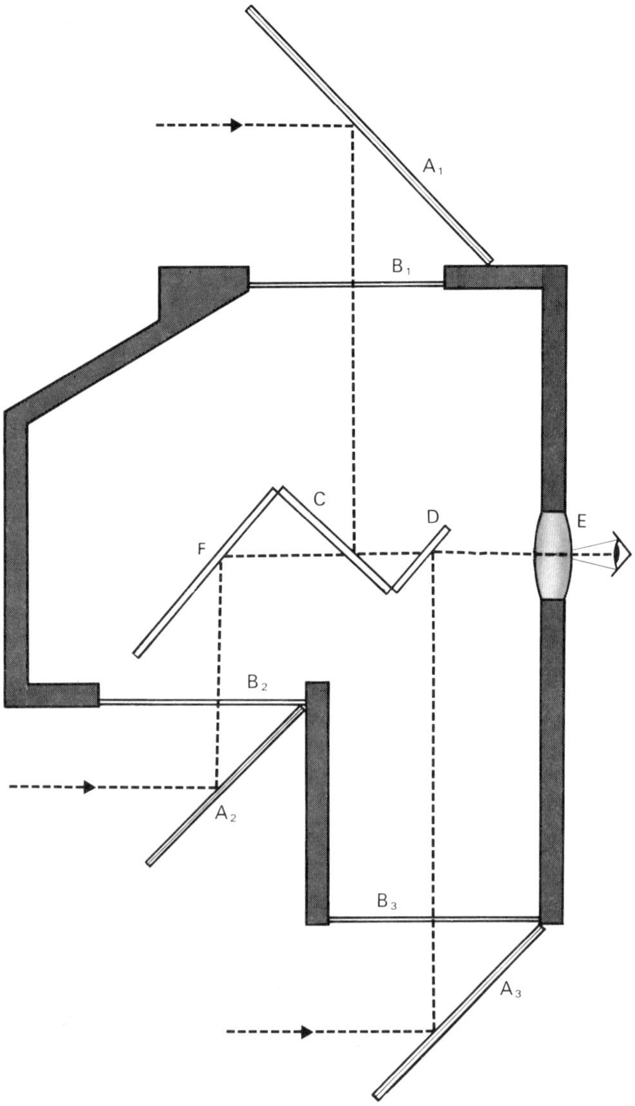

Der von Ducos du Hauron 1862 vorgeschlagene Farbphotobetrachter. Das Licht fiel durch Reflexion über die drei Spiegel A1, A2 und A3 ein und durchleuchtete die Diapositive B1, B2 und B3. Das Dia B1 wurde von dem teildurchlässigen Spiegel C und durch den teildurchlässigen Spiegel D zum Betrachtungsokular E geworfen. Das Bild B2 wurde von dem Spiegel F durch die Spiegel C und D zum Okular reflektiert. Das Bild B3 wurde mit Hilfe des Spiegels D betrachtet. Auf diese Weise waren alle drei Teilbilder im Okular E zu einem einzigen Farbbild zusammengesetzt.

So war die erste Farbaufnahme zu sehen. Die Aufnahmen waren für Maxwell von Thomas Sutten, dem Herausgeber der *«Photographic Notes»* angefertigt worden, der in seiner Zeitschrift ihre Entstehung beschrieb. Er benutzte flüssige Farbfilter: Eine Lösung von Amoniumkupfersulfat «die von Chemikern zur Herstellung der blauen Flüssigkeit in den Flaschen in ihren Fenstern» benutzt wird, eine Lösung von Kupferchlorid für Grün und eine starke Lösung von Eisensulphocyanid für den roten Farbstoff. Eine vierte Belichtung wurde durch ein zitronenfarbenes Glas gemacht, aber sie wurde von Maxwell für die Vorführung nicht benutzt. Die Negative wurden nach dem nassen Kollodiumverfahren hergestellt, und die blaue Teilbelichtung wurde in sechs Sekunden gemacht, das war doppelt so lange, als wenn keine Filter benutzt worden wären. Andererseits wäre nach zwölf *Minuten* keine Spur eines Bildes von dem farbigen Ordensband auf der durch das Grünfilter belichteten Platte zu sehen gewesen, und wenn schließlich die Lösung zu stark verdünnt gewesen wäre, also bis zu einem blassen grünen Farbton, wäre «ein brauchbares Negativ möglicherweise in zwölf Minuten zu erhalten gewesen». Acht Minuten reichten aus, um ein Bild durch das rote Filter aufzuzeichnen. Theoretisch wäre eigentlich überhaupt kein Bildeindruck durch die roten und grünen Filter aufzuzeichnen gewesen, da die nasse Platte nur für blaue Lichtstrahlen empfindlich war, sogar wenn die Negative nach dem Gerbverfahren auf Glas kopiert worden wären, und die Positive mit denselben Filtern auf die Leinwand projiziert worden wären, wäre «eine Art von Aufnahme des streifenförmigen Musters in den natürlichen Farben erzeugt worden». 1961 untersuchte Ralph M. Evans vom amerikanischen Kodak Forschungslabor die Zusammensetzung der von Sutton benutzten Filter und fand heraus, daß der rote Flüssigfilter ultraviolette Strahlung durchließ, für die die Naßplatte empfindlich war. Durch den außergewöhnlichen Umstand, daß viele rote Farbstoffe auch ultraviolette Strahlung reflektieren, «sah» die Platte von Maxwell die roten Anteile des Ordensbandes mit Hilfe der unsichtbaren Strahlung, die auf dem lichtempfindlichen Material so empfangen wurde, als sei es für rotes Licht auch empfindlich.

Das mit Maxwells klassischem Experiment begründete Prinzip war das der additiven Farbphotographie. Auf eine weiße Leinwand fügte er rote, grüne und blaue Teilbilder zusammen, um alle Originalfarben wiederzugeben. Ein Jahr später, 1862, sandte ein junger Franzose, Louis Ducos du Hauron, eine Botschaft an seinen Freund M. Lelut und bat ihn, diese vor der Akademie der Wissenschaften zu verlesen. In diesem Papier das niemals präsentiert wurde, beschrieb Ducos du Hauron verschiedene Vorschläge, Farbaufnahmen mit Hilfe einer Kombination der drei Farben Rot, Gelb und Blau zu erzeugen. Er beschrieb ein «Chromoscope», in welchem mit Hilfe von drei teildurchlässigen Spiegeln die drei Farbteilbilder kombiniert werden sollten. Obwohl die Auswahl seiner Farben falsch war, da sie auf einer

Louis Ducos du Hauron, der in seinen Schriften fast alle praktischen Methoden der Farbphotographie bereits beschrieben hatte. ▷

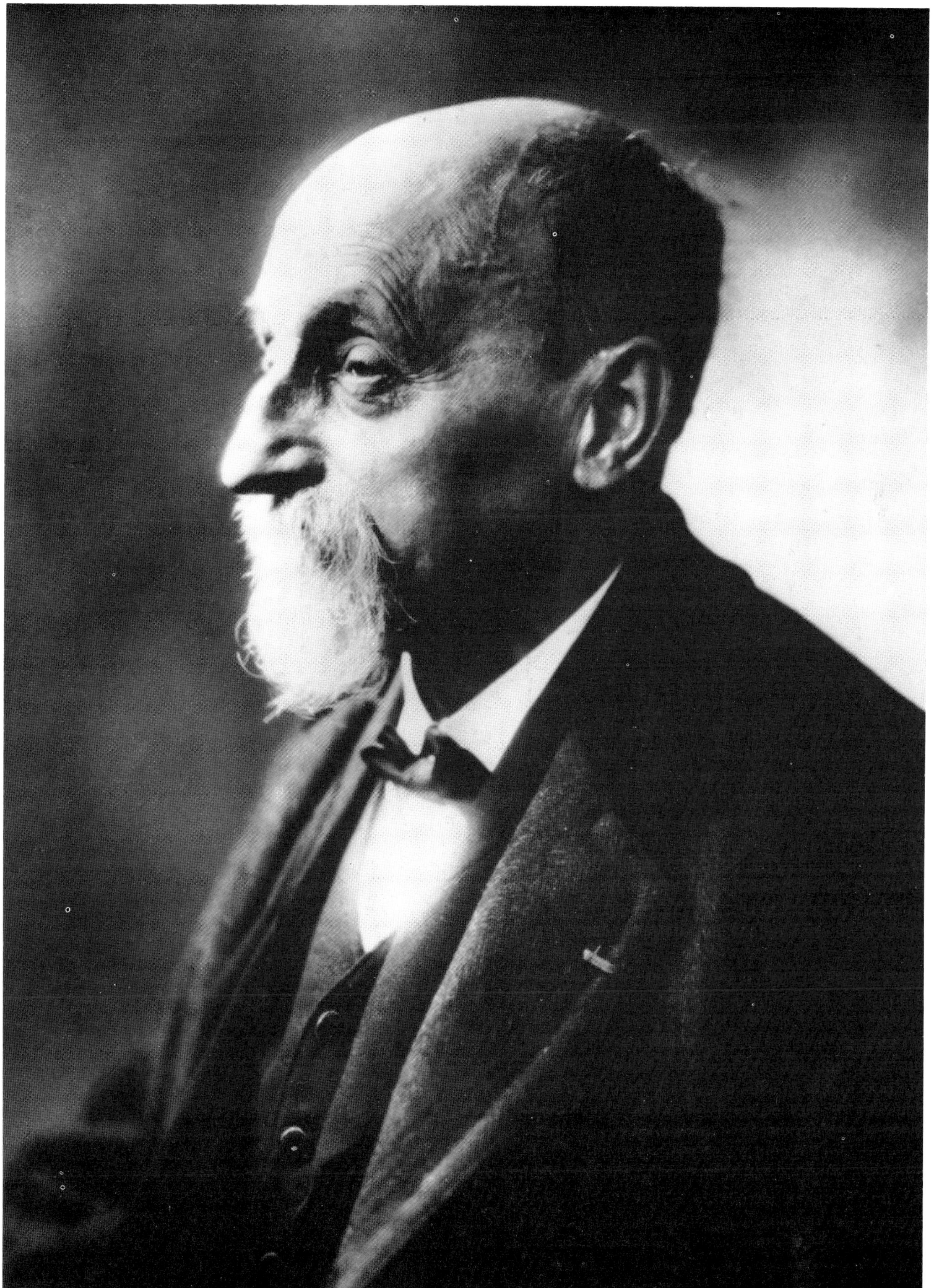

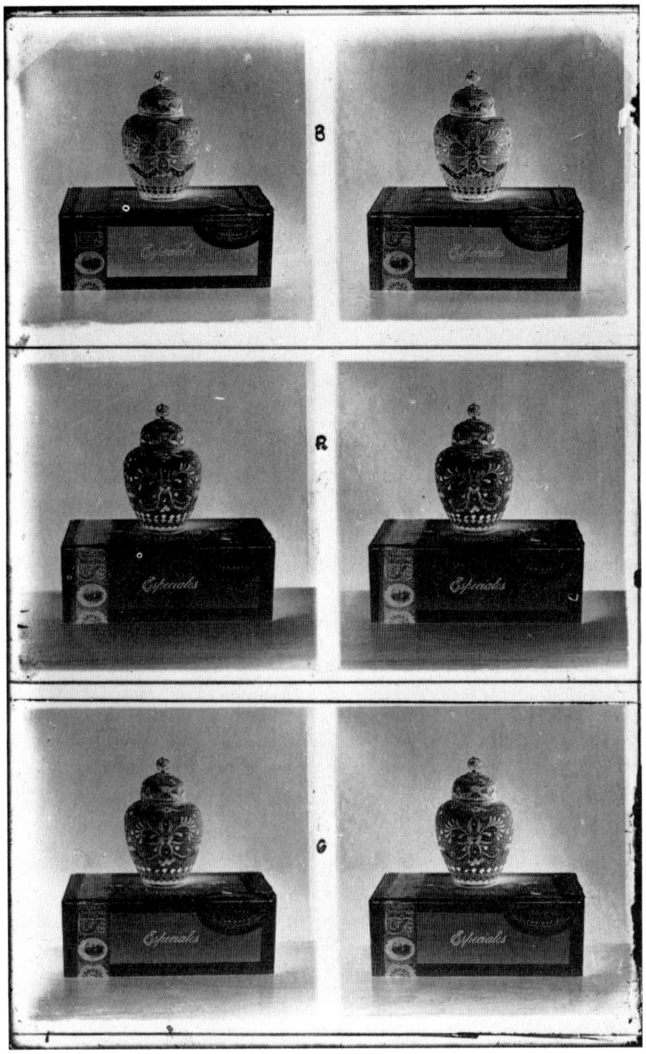

Eine mit einer Stereo-Photochromoscope-Kamera aufgenommene Negativplatte (um 1900).

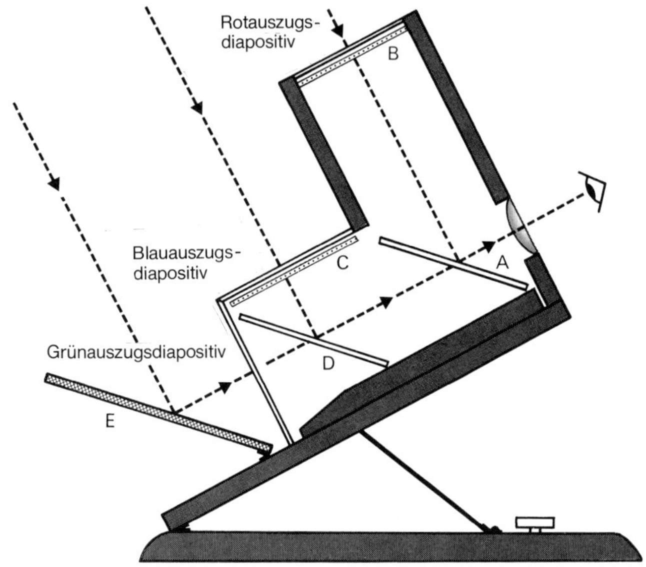

Beim Kromskop-Betrachter von Ives (1895) wurden die Rot-, Grün- und Blau-Farbauszugsdiapositive auf die «Stufen» des Geräts gelegt. Die Oberfläche des blaugrün eingefärbten Glasreflektors A warf das durch das Rotfilter B rot eingefärbte rote Teilbild zum Betrachtungsokular. Das blaue Teilbild wurde durch das Blaufilter C beleuchtet und von der Oberfläche des grün gefärbten Glasreflektors D zum teildurchlässigen Reflektor A geworfen, um ebenfalls in das Okular zu fallen. Das grüne Teilbild sah man direkt durch die Reflektoren A und D hindurch; es wurde mit Hilfe des schräggestellten Spiegels E von hinten durchleuchtet. Wenn das Betrachtungsgerät gut justiert war, ergaben die drei Bilder in vollkommener Überlagerung ein farbiges Bild.

früheren irrtümlichen Theorie der Grundfarben beruhte, war das Prinzip seines Betrachtungsgerätes im wesentlichen das gleiche, wie es viele Jahre später bei handelsüblichen additiven Farbverfahren benutzt wurde. Er veröffentlichte Einzelheiten einer anderen, einfacheren Konstruktion im Jahre 1869 und benutzte dieses Mal die richtigen Grundfarben Rot, Grün und Blau. Im selben Jahr veröffentlichte ein anderer Franzose, Charles Cros, theoretische Vorschläge für verschiedene Farbverfahren, einschließlich eines Betrachters mit Spiegeln, um die drei Teilbilder zu vereinen. Irrtümlich schlug er aber wie Ducos du Hauron Rot, Gelb und Blau als Grundfarben vor. 1879 veröffentlichte er Einzelheiten der Konstruktion eines «Chromometre» – eines Geräts zum Messen und Analysieren von Farben durch Mischung roten, grünen und blauen Lichts, das aber ebenso als Betrachtungsgerät für einen Satz von drei Diapositiven, angefertigt nach Negativen, die durch rote, grüne und violette Filter belichtet worden waren, geeignet war.

Diese frühen Vorschläge von Ducos du Hauron, Cros und anderen waren von sehr geringem praktischen Wert, da die lichtempfindlichen Photomaterialien jener Zeit nur auf blaues Licht ansprachen. Ihre Einführung in die Praxis mußte bis zu dem Zeitpunkt auf sich warten lassen, als es gelang, photographische Materialien für den ganzen Spektralbereich empfindlich zu machen. Dr. H. W. Vogel entdeckte 1873, daß den photographischen Emulsionen hinzugefügte Farbstoffe deren Empfind-

Rechts außen: Ein Stereo-Kromogram-Bildpaar, aufgenommen im April 1901. Die drei Teilbilder wurden mit Klebestreifen in der richtigen Anordnung zum Betrachten gehalten. Ein Ives-Kromogram ist auf Seite 31 farbig abgebildet.

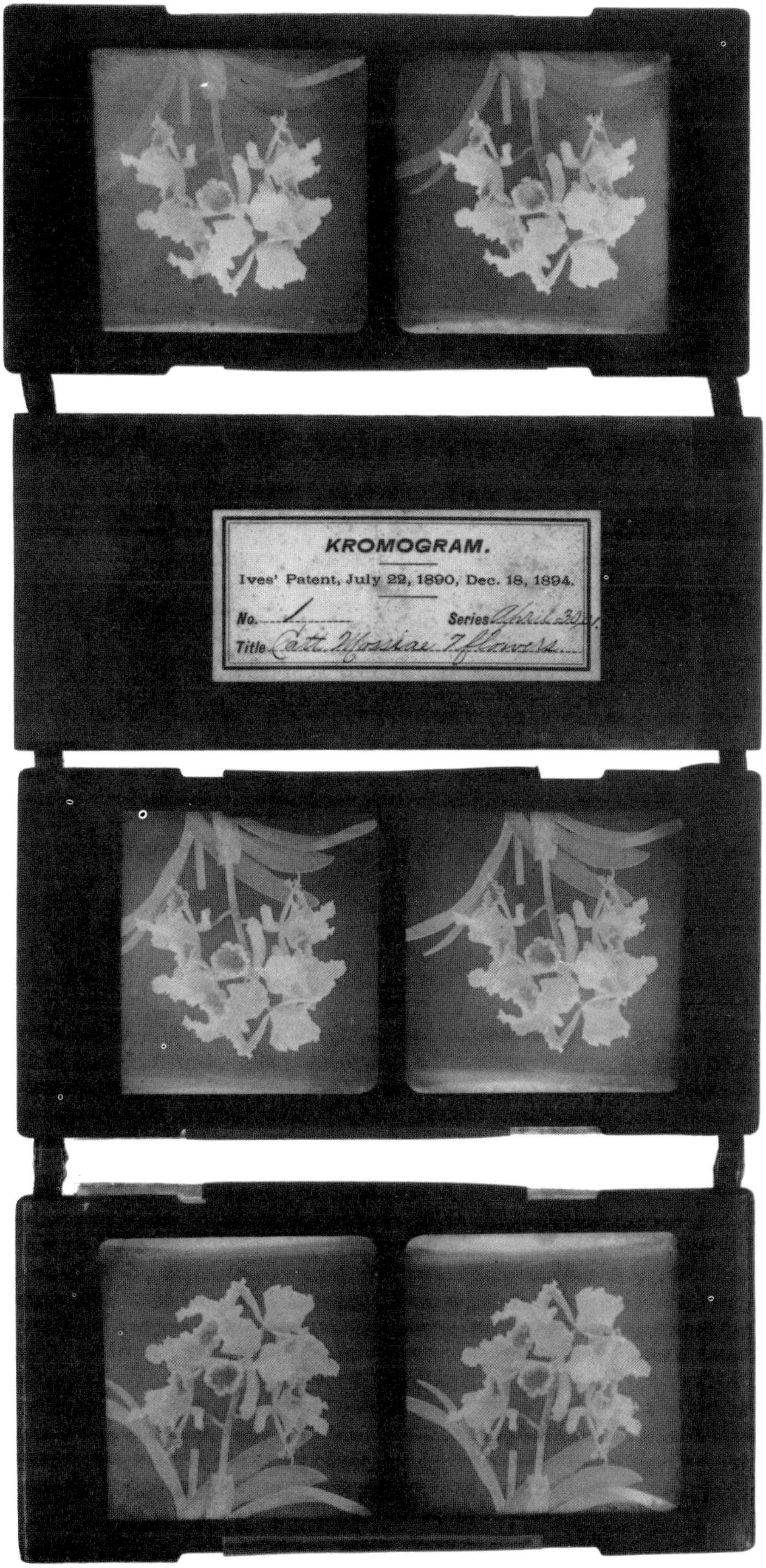
KROMOGRAM.
Ives' Patent, July 22, 1890, Dec. 18, 1894.
No. 1
Series April 30, 1
Title Catt. Mossiae 7 flowers

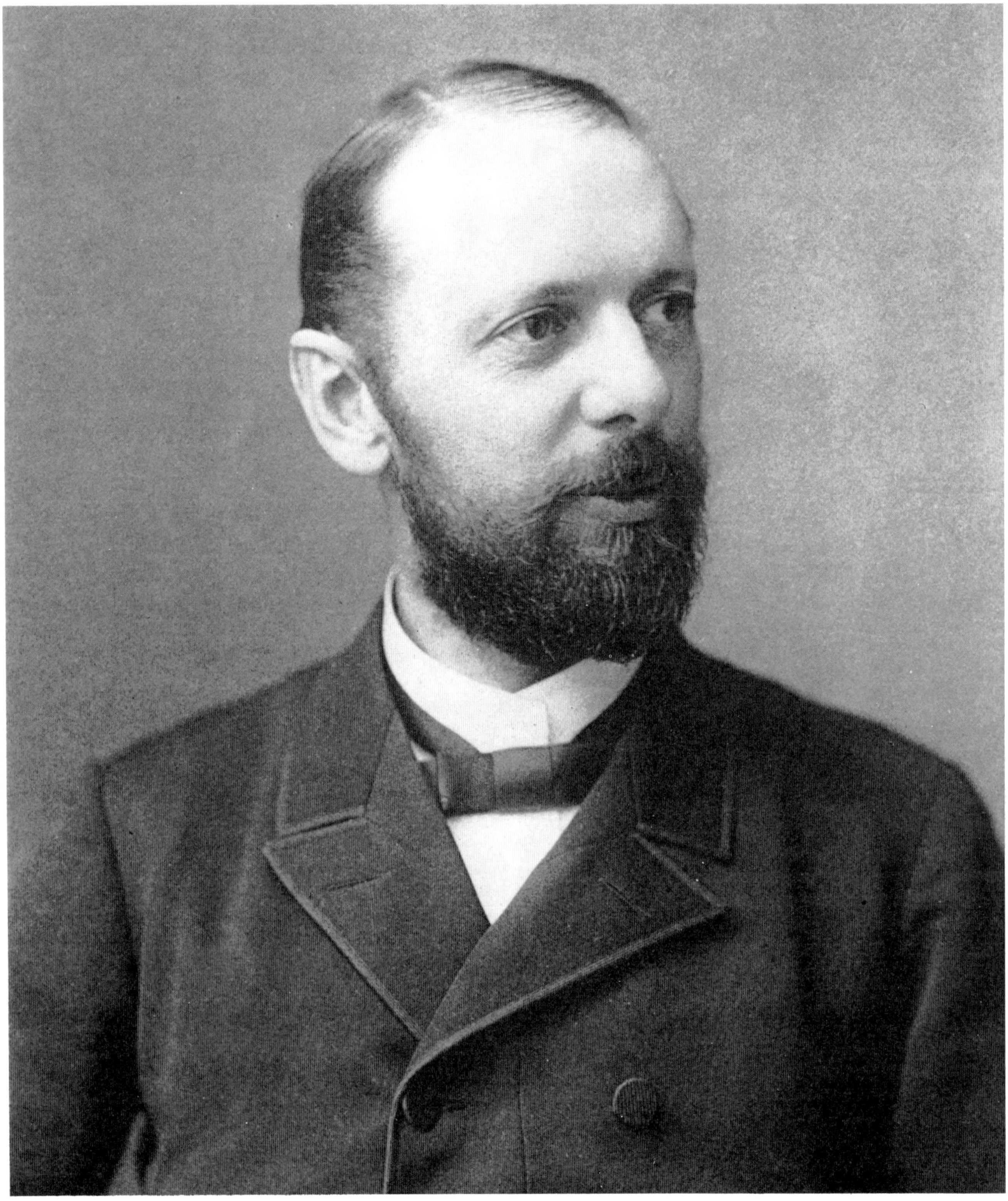

Frederick E. Ives, der amerikanische Erfinder vieler praktischer Farbverfahren.

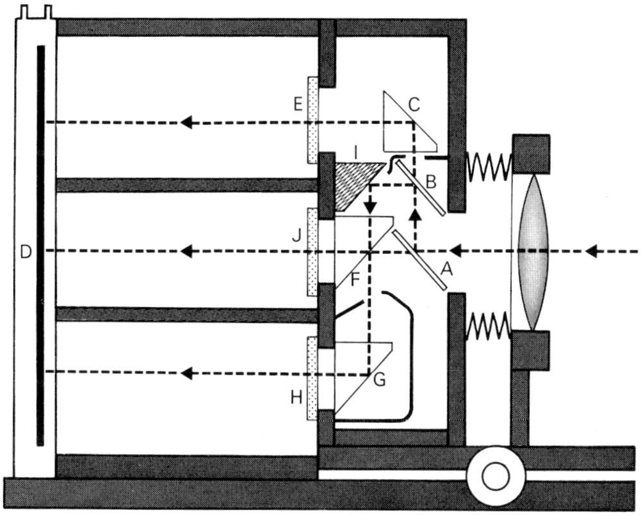

Links: In der Kamera von Ives wurde das Licht durch ein System von Spiegeln, teildurchlässigen Reflektoren und Prismen in drei Strahlengänge aufgeteilt. Ein Lichtstrahl fiel von der Oberfläche des teildurchlässigen Reflektors A durch den Reflektor B und das Prisma C auf die Platte D, wobei er das Filter E passierte. Der zweite Lichtstrahl fiel durch den teildurchlässigen Reflektor A hindurch auf die Oberfläche des Prismas F, wurde von dort zum Prisma G abgelenkt, um dann durch das Filter H den unteren Teil der Platte B zu belichten. Der dritte Lichtstrahl fiel von der Oberfläche des Spiegels A auf den Spiegel B und von dort auf das Prisma I, um dann durch das Prisma F und das Filter J den mittleren Teil der Platte D zu erreichen. Der verwinkelte Weg der drei Lichtstrahlen war nötig, um die Brennweite der drei Strahlen aneinander anzupassen, so daß die drei Teilbilder dieselbe Größe besaßen.

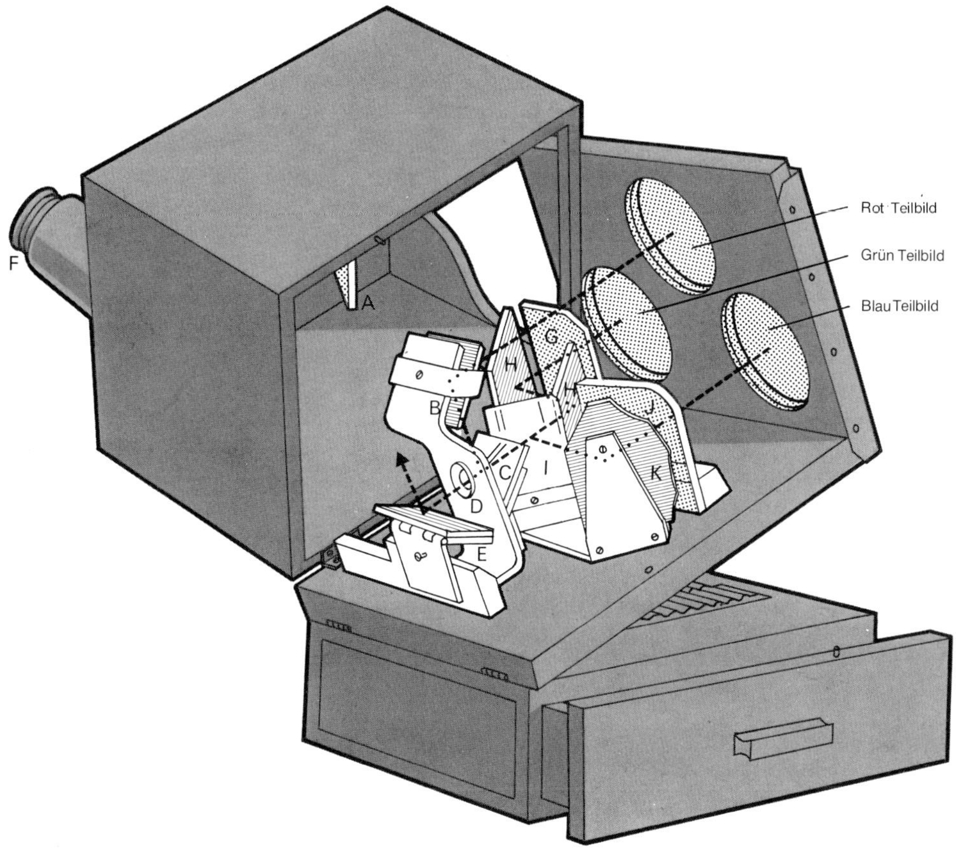

Innenansicht des älteren Chromoscope-Betrachters von Ives aus dem Jahre 1892. Das Dia mit den drei kreisrunden Farbauszugspositiven war in einer Nute an der Frontplatte befestigt. Das Licht von dem roten Teilbild fiel durch das Rotfilter A (der bei geschlossenem Deckel in die richtige Position gebracht wurde) und wurde von dem Spiegel B zum teildurchlässigen Reflektor C abgelenkt. Dann passierte es die Linse D hin zum Spiegel E und erreichte dann das Okular F. Von dem grünen Farbauszugspositiv ging das Licht durch das Grünfilter G gegen den Spiegel H und dann durch den teildurchlässigen Reflektor I und durch die Elemente C, D und E zum Okular. Das blaue Teilbild erreichte das Okular durch das Filter J, den Spiegel K und durch den Reflektor I, von dem es zusammen mit den roten und grünen Teilbildern durch das Spiegel- und Linsensystem C, D und E hindurchgeleitet wurde.

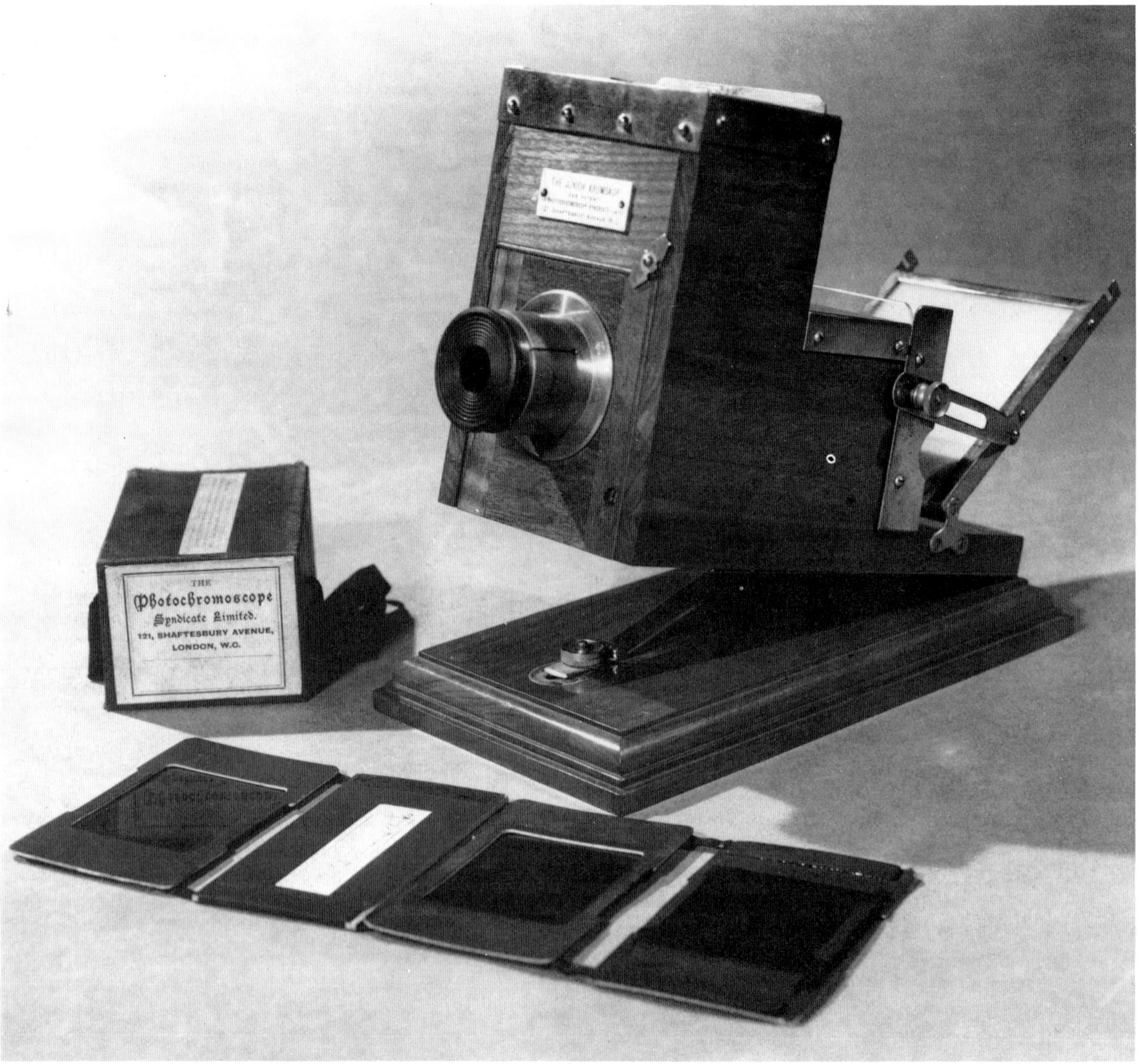

Der Junior Kromskop-Betrachter von Ives, 1895. Er war nach dem gleichen Konstruktionsprinzip gebaut, wie das Stereo-Modell, mit dem Unterschied, daß es nur einen einfachen Satz Farbauszüge aufnahm.

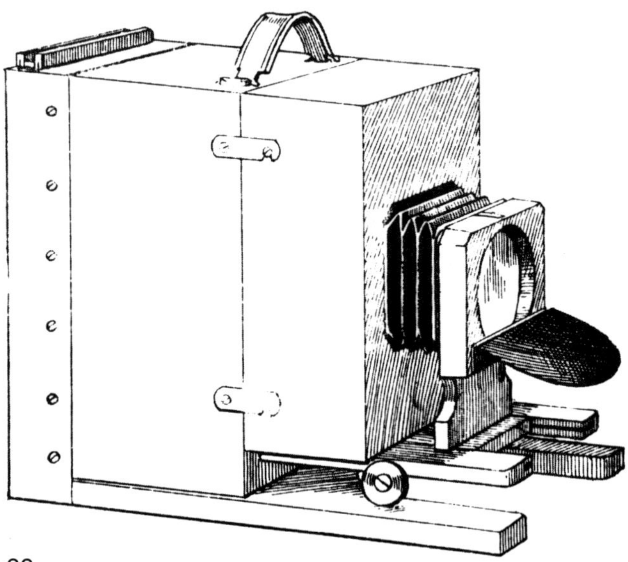

Außenansicht der Kromskop-Kamera von Ives (1895).

lichkeit auch auf andere Farben als Blau erweiterten. 1882 wurden kommerziell Trockenplatten produziert, die für blaues *und* grünes Licht empfindlich waren, und diese sogenannten orthochromatischen Platten kamen bald in den allgemeinen Gebrauch. Da sie noch für die blauen Lichtanteile empfindlicher waren als für die grünen, mußten sie normalerweise durch ein Gelbfilter belichtet werden, um die Belichtung auszugleichen. 1884 entdeckte Dr. Vogel ein Verfahren, um die Photoplatten sowohl für Orange als auch für Grün zu sensibilisieren. Die vollständige Empfindlichkeit für rotes Licht wurde aber erst erreicht, als zu Beginn dieses Jahrhunderts neue Sensibilisierungsfarbstoffe entdeckt werden konnten. Die ersten vollpanchromatischen Platten, die gleichmäßig für alle Farbeindrücke empfindlich waren, wurden von Wratten and Wainwright, London, im Jahre 1906 auf den Markt gebracht.

Der erste kommerzielle Einsatz der additiven Verfahren war einem Amerikaner, Frederick Ives, zu verdanken, einem profilierten Erfinder farbphotographischer Verfahren während seines ganzen Lebens. 1888 hielt Ives am Franklin Institut von Philadelphia einen Vortrag über die «Helichromy», worin er einen Prozeß zur Herstellung farbiger Papierbilder von drei Farbauszugsnegativen, belichtet durch rote, grüne und blaue Filter, ankündigte und mehrere Beispiele zeigte. Darauf werden wir im Kapitel 4 eingehen. Ives stellte seine Versuche zur Entwicklung eines Farbkopierverfahrens bald ein und konzentrierte sich stattdessen auf die Konstruktion von additiven Betrachtungsgeräten. In einer Reihe von Patenten, die ihm zwischen 1890 und 1897 zugesprochen wurden, entwarf er eine Vielfalt von Methoden zur Betrachtung oder Projektion von Farbaufnahmen. Bei seinen ersten Demonstrationen 1892 und 1893 benutzte er einen Betrachter mit einem eingebauten System von Reflektoren, des dem früheren «Chromoscope» von Ducos du Hauron ziemlich glich, um drei runde Teilbilder von einer einzelnen Platte in einem Farbbild zu vereinigen. 1895 führte Ives sein verbessertes «Photochromoscope»-System vor. Seine Kamera enthielt ein System von zwei durchsichtigen und vier versilberten Reflektoren, welche das Licht, das durch das Objektiv einfiel, in drei Strahlen teilte und so drei Teilbilder auf einer einzigen 7 x 5 1/2 inch großen Platte erzeugte. Mit Hilfe eines Spiegelzusatzes, der vor dem Objektiv angebracht werden mußte, konnten Stereopaare dieser Farbauszüge mit derselben Kamera aufgenommen werden. Die Negative wurden zu Glasdiapositiven kopiert und in dem Photochromoscope betrachtet, den Ives im Jahre 1896 so beschrieb:

> «Die Form des Photochromoscope ähnelt Treppenstufen. Es bestand zuerst aus drei Stufen, und oben auf jeder Stufe war ein Teilbild das ‹Chromogram› plaziert, welches in zusammenhängenden Einzelteilen angefertigt war, so daß es zusammengefaltet werden konnte. Danach wurde das Mo-

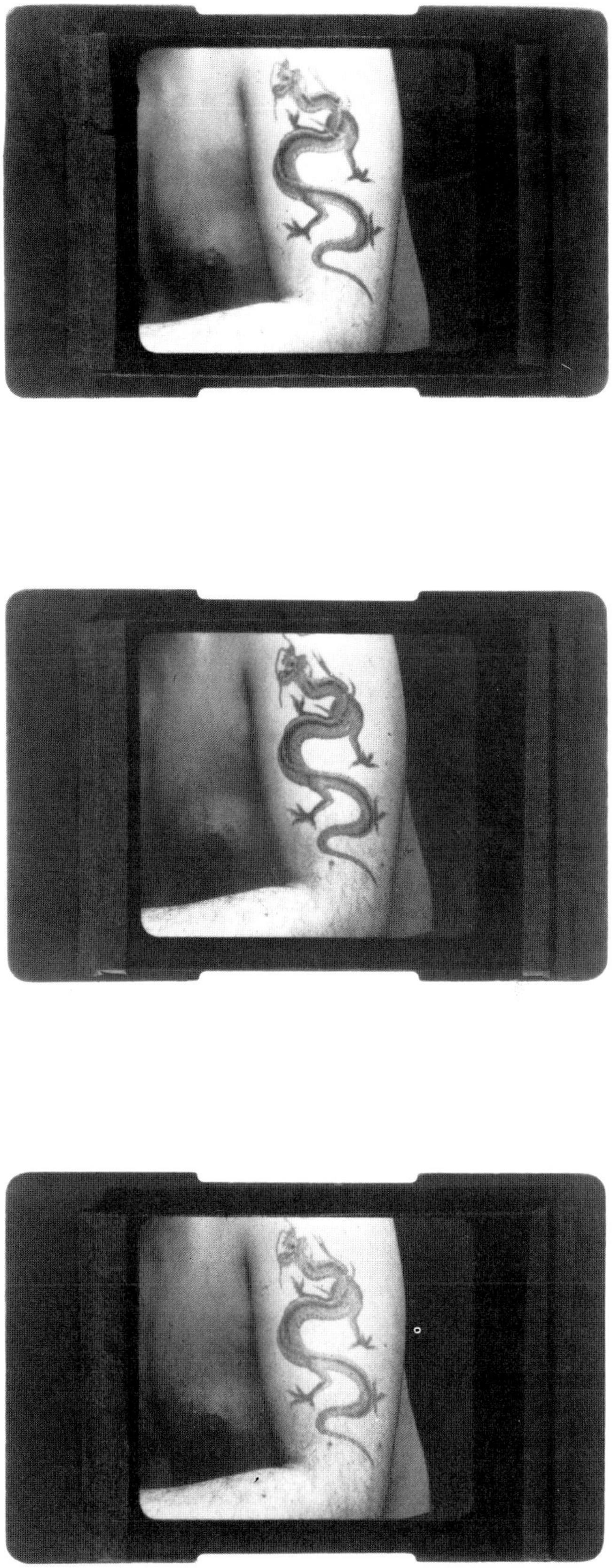

Ein «Junior Kromogram» einer Drachentätowierung (1899).

dell in seiner Größe reduziert und wirksamer gemacht, indem es nur zwei Stufen besitzt und das dritte Bild aufrecht stehend an der Frontseite der niedrigeren Stufe liegt. Das rote Teilbild liegt horizontal auf der oberen Stufe und wird durch die Oberflächenreflexion eines teildurchlässigen Spiegels aus blaugrünem Glas gesehen, der darunter befestigt ist und sich in einem Winkel von 45° vor dem Auge des Betrachters befindet. Das blauviolette Teilbild liegt oben auf der zweiten Stufe und wird (durch das oben erwähnte blaugrüne Glas hindurch) durch die Oberflächenreflexion eines durchsichtigen Spiegels von grünem oder gelbem Glas gesehen, der ebenfalls in einem Winkel von 45° unter dem Bild aufgehängt ist. Das grüne Teilbild, das gegen die untere Stufe aufrecht steht, wird direkt durch den blaugrünen und durch den grünen (oder gelben) durchsichtigen Spiegel betrachtet, welche beide grünes Licht durchlassen. Dadurch werden die drei Teilbilder so dem Auge zugeworfen, als ob sie ein einziges wären.»

Der Lantern Kromskop von Ives (1895) war ein Zusatzgerät zum Laterna magica-Projektor, um drei Farbauszugspositive durch drei Objektive und Farbfilter übereinander auf die Leinwand zu projizieren.

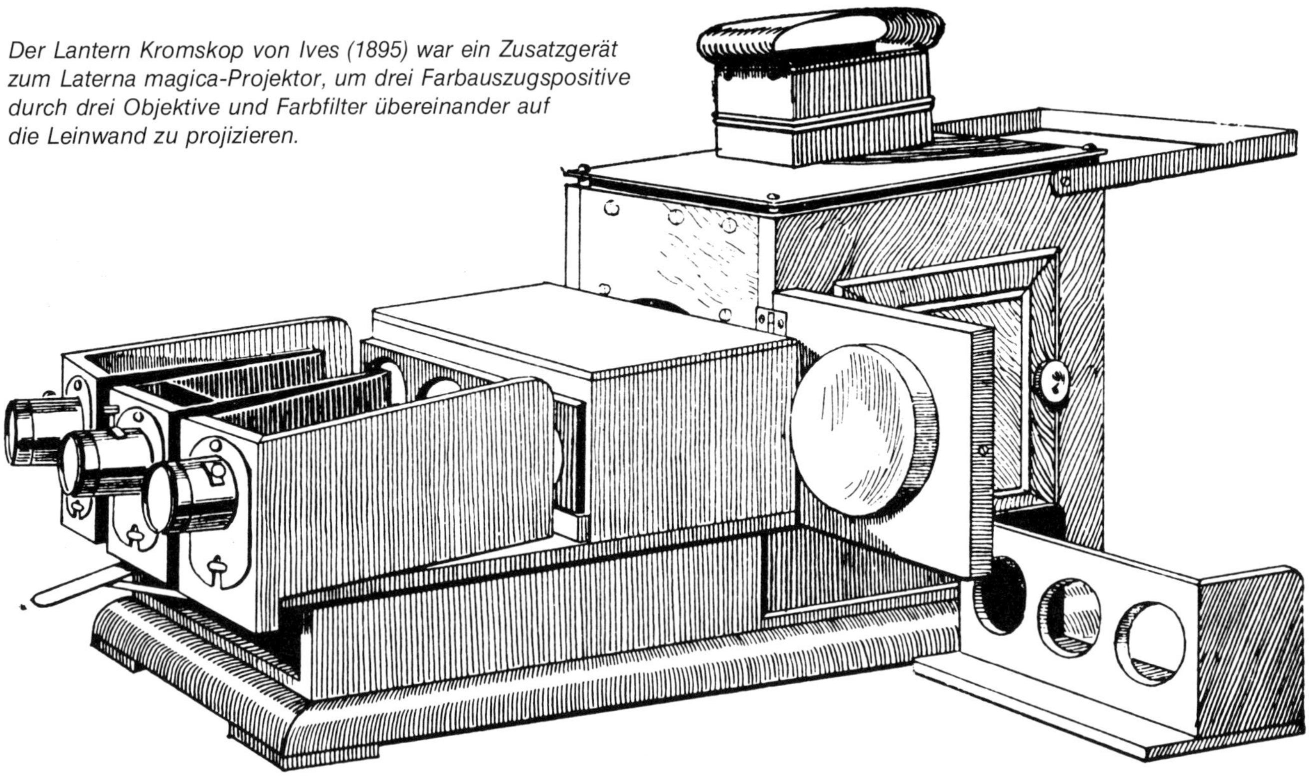

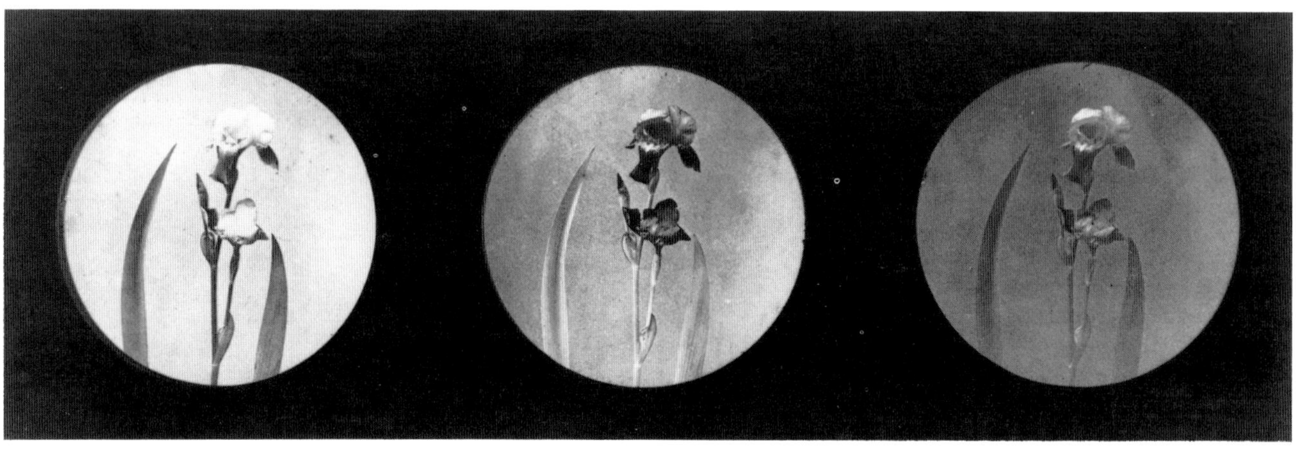

Ein Lantern Kromskop-Dia einer Iris aus dem Jahre 1895.

Dieser Apparat wurde 1895 unter dem Namen Kromskop auf den Markt gebracht und in einer ganzen Reihe von Modellen und Zubehörteilen geliefert. Der Kromskopstereobetrachter kostete £ 5,–, und Kromograms mit vielfältigen Motiven konnten für 5 Pence pro Stück gekauft werden. Es war auch eine Gaslampe erhältlich, die als Lichtquelle verwendet werden konnte. Das Junior-Kromskop für nichtstereoskopische Einzelbilder kostete £ 3 und 10 Pence und die Kromograms dafür 3 Schilling und 6 Pence. Der Projektor «Lantern Kromskop» war ein Zusatzgerät für Laterna Magica-Projektoren und machte es möglich, Kromogram-Dias durch drei Objektive und Farbfilter auf der Leinwand vorzuführen. Mit sechs Dias und einem Koffer kostete er 10 Guineas. Für alle, die ihre eigenen Kromograms aufnehmen wollten, waren sogenannte Wechselschlitten («Multiple backs») zu Preisen von £ 3, 10 Schilling bis £4, 10 Schilling erhältlich. Diese an herkömmlichen Plattenkameras montierbaren Wechselschlitten gestatteten die Aufnahme der drei Teilnegative in schneller Folge, indem die Einheit von Platten und Filtern nach jeder Aufnahme weiterbewegt wurde. Die Kromskopkamera, die zur Aufnahme der kommerziellen Kromograms verwendet wurde, war eine Verbesserung von Ives' Originalkonstruktion und benutzte sowohl Prismen als auch Spiegel, um den Lichtstrahl vom Objektiv in der Kamera in drei Lichtstrahlen aufzuteilen. Die Belichtungszeiten betrugen für gut beleuchtete Landschaften eine Minute oder mehr. Ives konstruierte auch eine Wechselschlittenkamera, welche die drei Teilbilder in schneller Folge auf einer Platte aufnahm und dazu von einem Motor angetrieben wurde, der jede gewünschte Belichtungszeit für die drei Teilaufnahmen ermöglichte, wobei die Gesamtzeit zwischen fünfzehn Sekunden und drei Minuten lag. Die Kamera war für die Studioarbeit entworfen worden. Die käuflichen Kromograms wurden durch flexible Rahmen in der richtigen Reihenfolge der Teilbilder gehalten. Das rote Bild lag an der Spitze, dann folgte eine undurchsichtige Karte mit dem Bildtitel, dann das blaue Bild und schließlich am Ende das grüne Bild. Das Kromogram wurde auf die Stufen des Kromskop gelegt, welches zuvor in der Positionierung der Teilbilder durch einen an der Rückwand eingehängten Spiegelreflektor justiert wurde, bis ein gleichförmig weißes Feld durch die Betrachtungslinsen zu sehen war. Wenn das auf den Betrachter fallende Licht ungleichmäßig war, mußte ein trübes Glas auf die drei Bildfelder gelegt werden, um diffuses Licht zu erzeugen. Mit Hilfe spezieller Schraubeinrichtungen konnten die Innenspiegel wieder richtig einjustiert werden, wenn sie nicht mehr im richtigen Winkel zueinander standen.

In London ernannte die dortige Kromskop-Gesellschaft das Photochromoscope Syndicate W. Watson and Sons 1898 als ihre Agentur, während die London Stereoscopic Company die Rechte für Westend besaß. Die Projektionsvorsätze wurden von Newton and Company vertrieben. Die Werbung für das Kromskop behauptete, es sei «unschätzbar für Abendparties, das Heim, Gesellschaften, Gartenparties usw. usw. und ist die wundervollste Erfindung des 19. Jahrhunderts.» Die Londoner Zeitung *«Daily News»* berichtete im April 1896:

> «Das System ist zur Zeit für Stilleben perfekt, und wenn es etwas weiterentwickelt sein wird, wird es gleichsam auch für das Festhalten lebender Originale geeignet sein . . . Wenn das Kromskop diesen Punkt der Vollkommenheit erreicht haben wird, dann heißt es, Lebewohl zu sagen zu dem Dichter; seine Geliebte wird nicht länger mehr nur in Träumen leben, denn er wird in einem ‹Kasten› den wirklichen Glanz ihrer Haare festhalten können . . .»

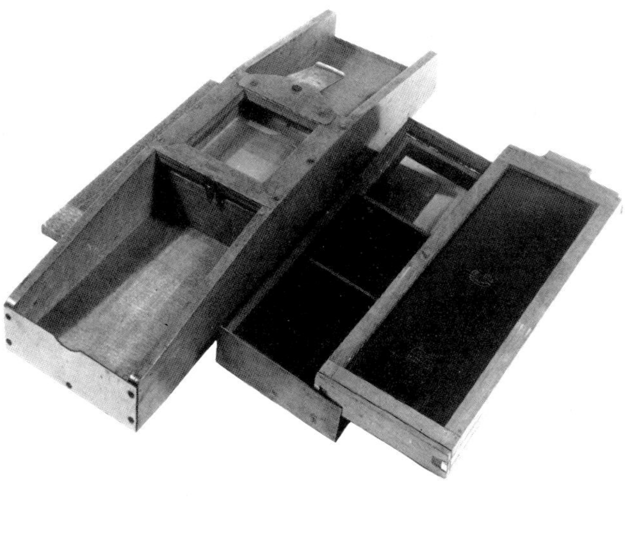

Der Wechselschlitten von Ives (1895) war ein Zubehörteil, um mit herkömmlichen Plattenkameras Farbaufnahmen zu machen. Die Photoplatte war in dem Halter (rechts) untergebracht und hinter einen Rahmen mit den drei Farbfiltern (Mitte) plaziert. Diese beiden Elemente konnten mit Hilfe des Wechselschlittens (links), der an der Kamera angebracht war, nach jeder Teilaufnahme senkrecht weiterbewegt werden. So konnten drei Belichtungen in schneller Folge gemacht werden.

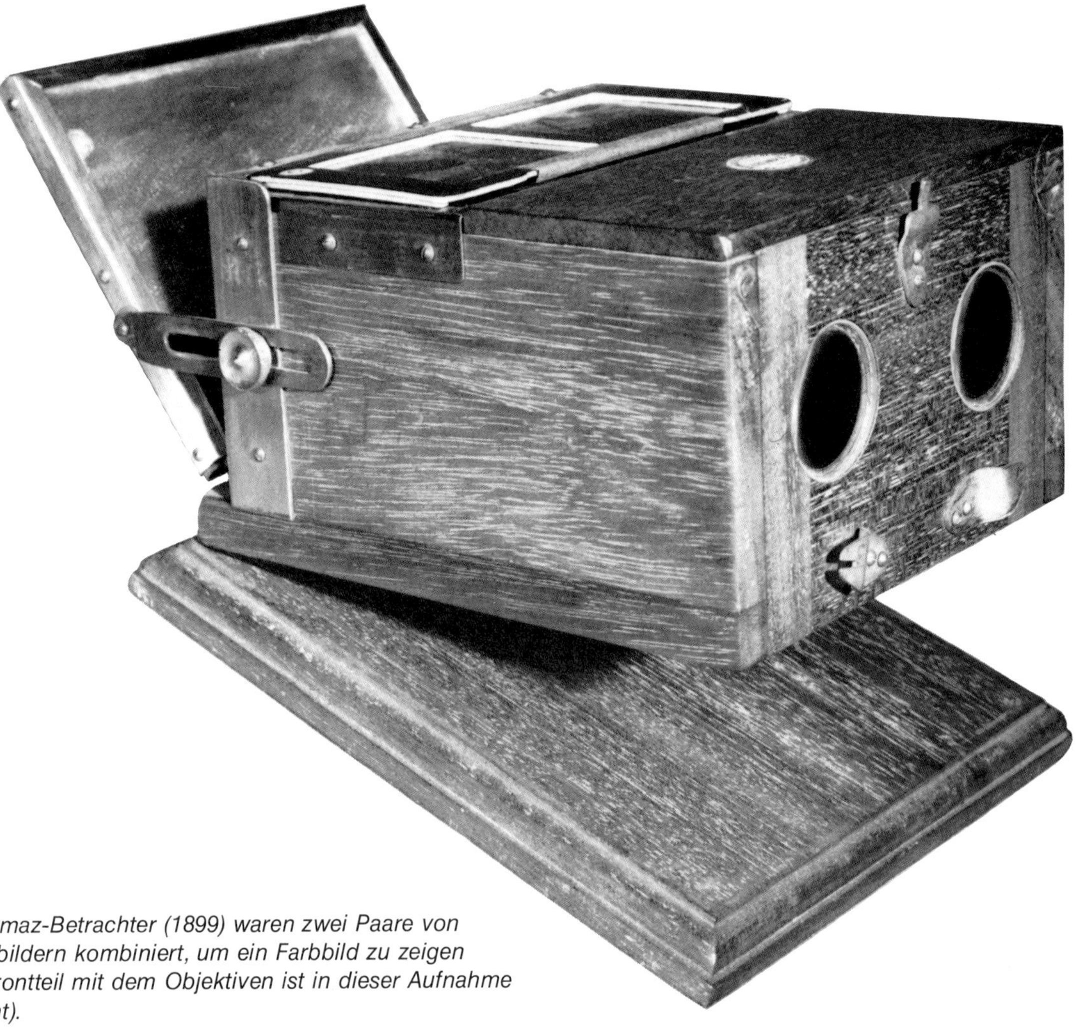

Im Kromaz-Betrachter (1899) waren zwei Paare von Stereobildern kombiniert, um ein Farbbild zu zeigen (das Frontteil mit dem Objektiven ist in dieser Aufnahme entfernt).

Jedoch kam diese ersehnte Weiterentwicklung des Kromskops nicht und innerhalb weniger Jahre verlor er an Gunst, da weniger komplizierte und brauchbarere Farbbetrachter erschienen.

Einige wenige Konkurrenzprodukte zum Kromskop wurden von anderen Herstellern gegen Ende des vorigen Jahrhunderts eingeführt, ohne denselben Erfolg zu erzielen. Einer jedoch ist wegen seiner unüblichen Konstruktion beachtenswert: das Kromaz-System. Es wurde in England von C. S. Loumley, T. K. Barnard und F. Gowenlock 1899 patentiert und benutzte eine Kamera mit einem Wechselschlitten, um zwei Stereobildpaare auf einer Platte zu erzeugen. Die erste Belichtung geschah durch rote und blaue Filter, die nebeneinander angeordnet waren und jeweils die Hälfte des Stereobildpaares durch das andere Filter belichteten. Die zweite Aufnahme belichtete beide Stereobilder durch ein grünes Filterglas. Die entwickelten Negative wurden zu Diapositiven weiterverarbeitet und in Rahmen gefaßt. Der Kromazbetrachter war in seiner Konstruktion dem Kromskop von Ives ähnlich, aber besaß nur eine Stufe. Das rot- und blaubelichtete Stereo-Bildpaar wurde horizontal am Kopf des Instruments plaziert, und das grünbelichtete Paar wurde vertikal am Rücken des Gerätes angebracht, wobei jedes Paar mit Filtern in den zugehörigen Farben kombiniert war. Ein einziger Reflektor im Inneren des Gerätes vereinigte das rote und das grüne rechte Bild und das rote und blaue linke Bild, um ein plastisches Farbbild zu ergeben. Interessant an dieser Methode war, daß die Addition der roten und der blauen Bilder im Gehirn des Betrachters stattfand und nicht durch ein außen angebrachtes Zusatzgerät wie beim Kromskop.

Eine Anzeige für das Kromaz-System aus dem Jahre 1899. ▷

COLOUR PHOTOGRAPHY FOR ALL

New and Simplified Process.

(BARNARD AND GWENLOCK'S PATENTS.)

KROMAZ.

LOW PRICE. **PERFECT RESULTS.**

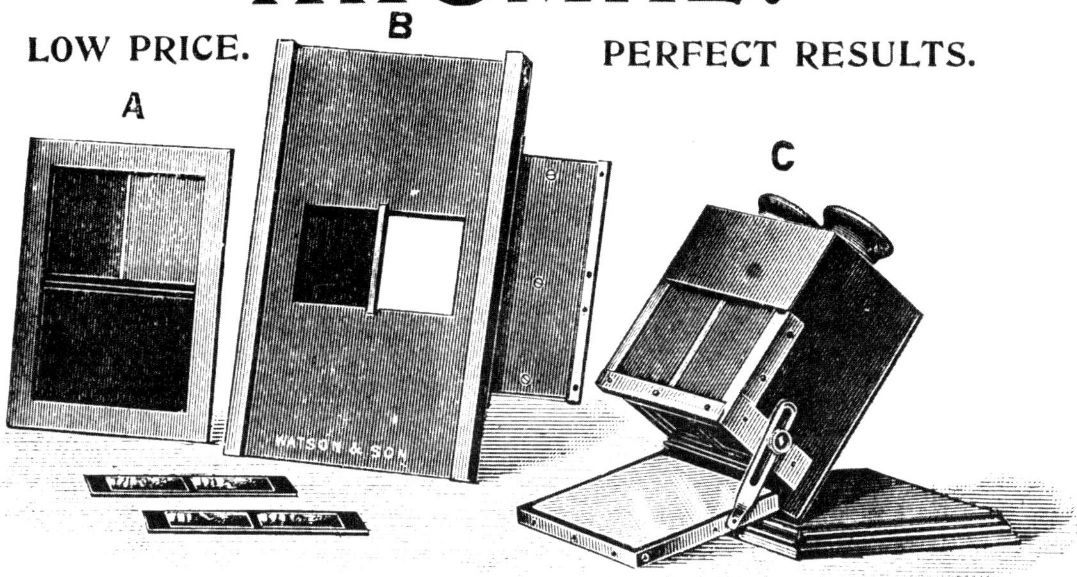

THE simplicity of this Process, and the small cost of the necessary Apparatus, combined with the beautiful results to be obtained, should make it essential to every Photographer.

The Apparatus required consists of A, frame containing the set of colour screens through which exposures are made; B, the attachment which fits into the back of Camera, and carries the colour screens and dark slide when making exposures; C, the chromo stereoscope, in which pictures are viewed to obtain the colour effects.

The Process can be worked on either ¼-plate or ½-plate Cameras, in which the focusing adjustment is done from the front. In the smaller size 4 exposures are necessary; in the larger size only two exposures are required. The whole of the exposures are made upon a ½-plate, either one at a time or in pairs. The pairs of images may be made with a pair of Lenses, or with one Lens, in conjunction with the Kromaz Mirrors.

The method of procedure is to take 2 pairs of images,—1 pair through red and blue screens, and 1 pair through green screens. From the 2 stereoscopic negatives, positives are made, which when viewed in the Chromo Stereoscope reveal the natural colours of the objects photographed with absolute fidelity.

Full instructions are given with each set.

PRICE LIST.

	£	s.	d.
Kromaz Repeating Holder or Multiple Back, with set of Colour Screens for taking purposes	2	2	0
Half-plate Dark Slide fitted to the above	1	0	0
Kromaz Stereoscope for viewing Objects in their natural colours	2	10	0
Set of Mirrors, enabling two stereoscopic images to be taken on a plate, using only one Lens	0	12	6
Cabinet to contain Kromaz and twelve sets of views	0	10	6
Kromaz views	0	3	6

The above prices are net for Cash.

May be obtained of all Dealers in Photographic Apparatus, or of

W. WATSON & SONS,

313, HIGH HOLBORN, LONDON; and

16, FORREST ROAD, EDINBURGH.

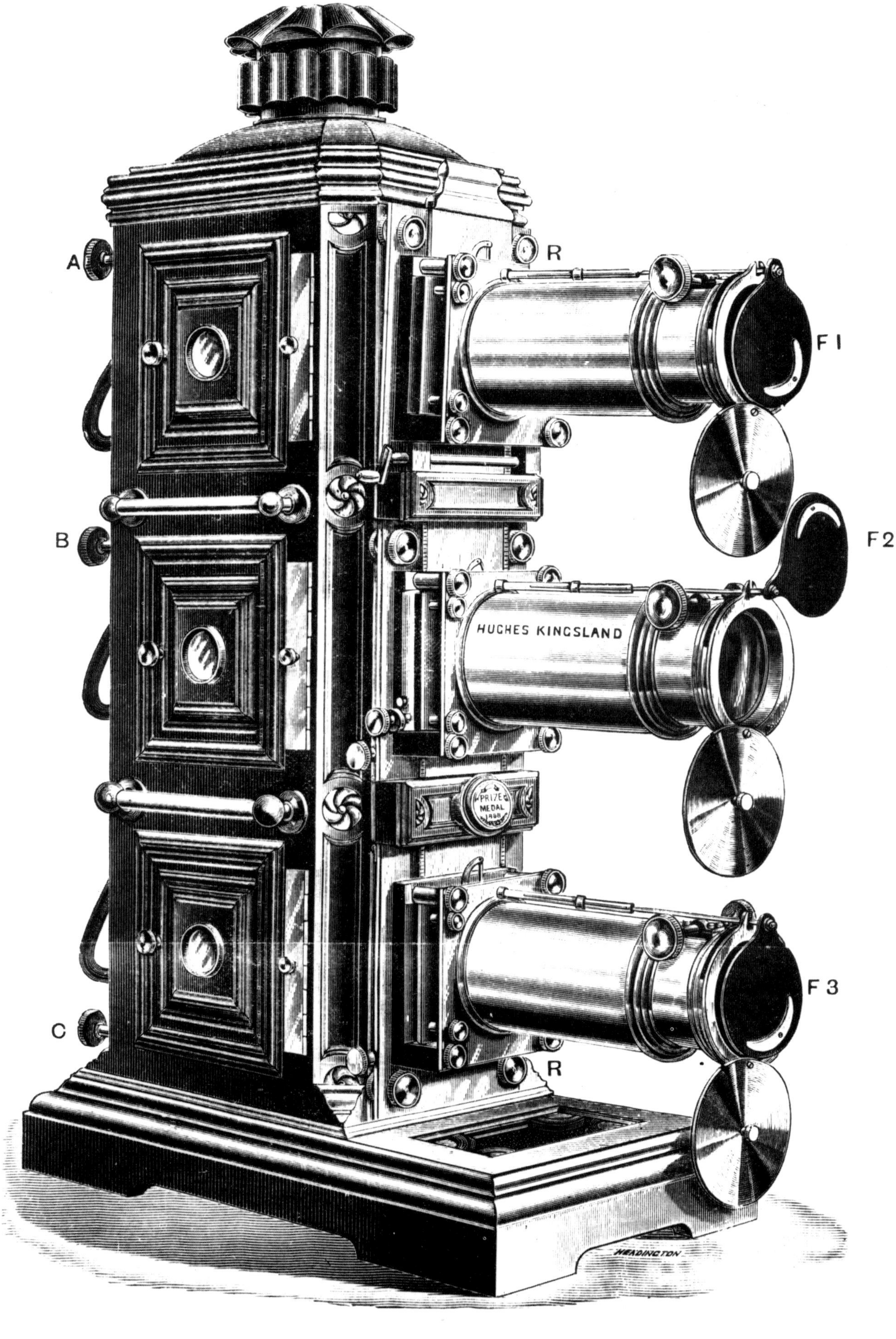
A
R
F 1
B
F 2
HUGHES KINGSLAND
PRIZE
MEDAL
C
F 3
R
HEADINGTON

Eine ziemlich komplizierte Methode, additive Farbaufnahmen zu betrachten, wurde von Prof. R. Wood 1899 entwickelt und patentiert. Er stellte auf die übliche Weise drei Diapositive von drei Farbauszugsnegativen her. Die Positive wurden nacheinander in hoher Paßgenauigkeit durch drei Zerstreuungsgitter mit rund 780, 940 und 1080 Elementen pro Zentimeter auf eine einzige Platte kopiert, die mit Bichromatgelatine (siehe Kapitel 4) beschichtet war. (Die Zerstreuungsgitter bestanden aus gleichabständigen, sorgfältig geprägten Linien. Wenn diese Gitter übereinandergelegt wurden, teilten sie das Licht wegen der unterschiedlichen Anzahl von Linien in seine roten, grünen oder blauen Anteile). Die Verarbeitung dieser Platte geschah durch Auswaschen in warmen Wasser, wobei die unbelichtete und dadurch ungehärtet gebliebene Gelatine entfernt wurde, so daß drei übereinanderliegende Teilpositive übriggeblieben, von denen jedes ein feines linienförmiges Bild enthielt, welches entweder rotes, grünes oder blaues Licht zerstreute. Die anscheinend vollkommen transparente Platte ergab ein Bild in allen Farben, wenn sie hinter einer großen Konvexlinse in einem Spezialbetrachter, in dem die drei Beugungsfarbbilder kombiniert waren durch einen schlitzförmigen Augeneinblick angeschaut wurde. Eine nahe Lichtquelle war für gute Ergebnisse wünschenswert. Wegen der Kompliziertheit des Kopierverfahrens und der Kosten der benötigten präzisen Beugungsgitter fand Prof. Woods Prozeß wenig Anwendung. Er wurde daher eher als eine interessante wissenschaftliche Neuigkeit als ein praktisches Farbverfahren betrachtet.

Wer einen Dreifachprojektor oder drei nebeneinander angeordnete Laterna magica-Geräte besaß, konnte Farbdias nach der Originalmethode von Maxwell projizieren. Die Dreifarbenprojektoren (im englischen Sprachgebrauch triple lanterns genannt) waren tatsächlich drei Projektoren, die aufeinandermontiert waren und drei getrennte Lichtquellen besaßen. In der zweiten Hälfte des vergangenen Jahrhunderts waren sie besonders beliebt, da man mit ihnen weiche Über- und Ausblendungen, aber auch Übereinanderprojektionen durchführen konnte. Wenn von drei Farbauszugsnegativen drei Diapositive hergestellt worden waren, konnte man diese durch die drei Objektive des Dreifachprojektors auf der Leinwand übereinander projizieren, wobei wieder Filter in Rot, Grün und Blau vorgeschaltet wurden. Solche Geräte waren allerdings sehr schwerfällig und auch teuer und ihr Gebrauch war daher meistens auf wissenschaftliche Demonstrationen des Prinzips der Dreifarbenphotographie beschränkt. In den ersten Jahren des neuen Jahrhunderts ging das Interesse an der Farbphotographie mit speziellen Betrachtungsgeräten zurück, denn inzwischen waren neue Methoden entwickelt worden, in denen die Farbfilter für die Aufnahme und die Betrachtung in einer einzigen photographischen Platte vereint waren.

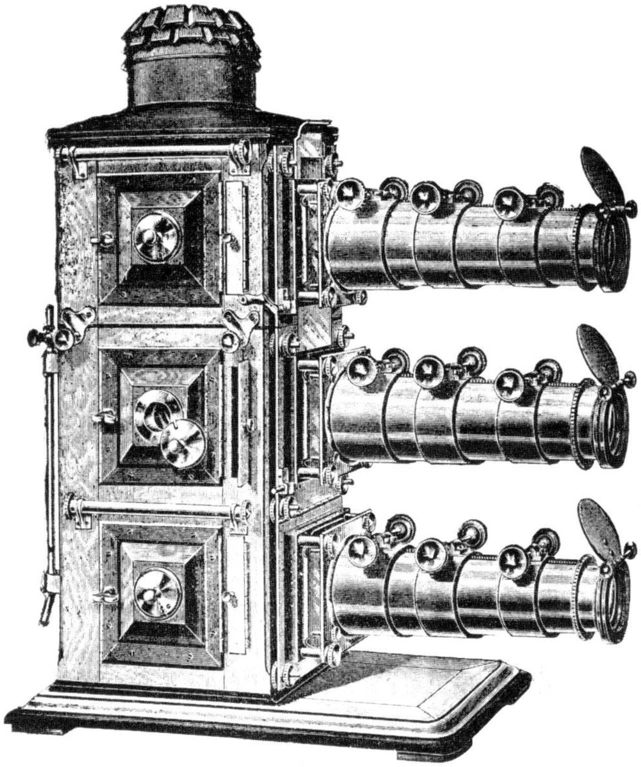

Solche Dreifach-Projektoren (engl. triple oder triunial lanterns) wurden von einigen Photographen zur Vorführung von farbigen Diapositiven benutzt. Farbauszugspositive in Form von Laterna magica-Dias waren in den drei Bildbühnen des Projektors plaziert. Hier sind zwei Beispiele von gegen Ende des vorigen Jahrhunderts beliebten Dreifach-Projektoren zu sehen. Links: der «Dowcra» von Hughes, oben: der «Triple» von Lancester.

Punkte und Linien

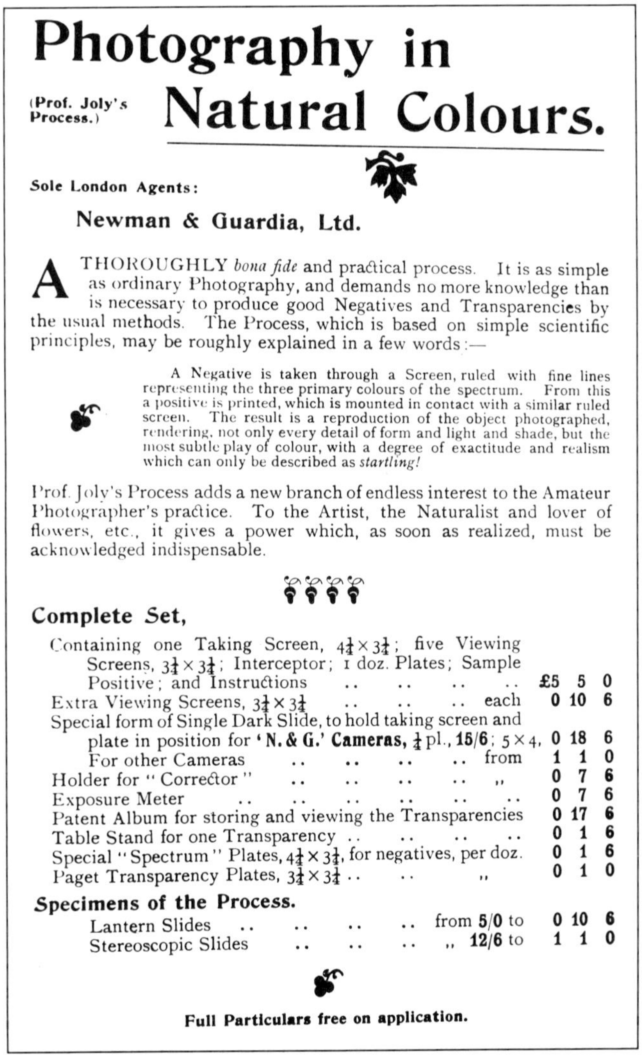

Photography in Natural Colours.

(Prof. Joly's Process.)

Sole London Agents:

Newman & Guardia, Ltd.

A THOROUGHLY *bona fide* and practical process. It is as simple as ordinary Photography, and demands no more knowledge than is necessary to produce good Negatives and Transparencies by the usual methods. The Process, which is based on simple scientific principles, may be roughly explained in a few words:—

A Negative is taken through a Screen, ruled with fine lines representing the three primary colours of the spectrum. From this a positive is printed, which is mounted in contact with a similar ruled screen. The result is a reproduction of the object photographed, rendering, not only every detail of form and light and shade, but the most subtle play of colour, with a degree of exactitude and realism which can only be described as *startling!*

Prof. Joly's Process adds a new branch of endless interest to the Amateur Photographer's practice. To the Artist, the Naturalist and lover of flowers, etc., it gives a power which, as soon as realized, must be acknowledged indispensable.

Complete Set,

Containing one Taking Screen, 4¼ × 3¼; five Viewing Screens, 3¼ × 3¼; Interceptor; 1 doz. Plates; Sample Positive; and Instructions	£5	5	0
Extra Viewing Screens, 3¼ × 3¼ .. .. .. each	0	10	6
Special form of Single Dark Slide, to hold taking screen and plate in position for **'N. & G.' Cameras, ¼ pl., 15/6**; 5 × 4,	0	18	6
For other Cameras .. .. from	1	1	0
Holder for "Corrector" .. .. ,,	0	7	6
Exposure Meter	0	7	6
Patent Album for storing and viewing the Transparencies	0	17	6
Table Stand for one Transparency	0	1	6
Special "Spectrum" Plates, 4¼ × 3¼, for negatives, per doz.	0	1	6
Paget Transparency Plates, 3¼ × 3¼ .. .. ,,	0	1	0

Specimens of the Process.

Lantern Slides .. .. from **5/0** to	0	10	6
Stereoscopic Slides .. .. .. ,, **12/6** to	1	1	0

Full Particulars free on application.

Eine Anzeige für das Linienrasterverfahren von Prof. Joly aus dem Jahre 1899.

Rechts: Auguste und Louis Lumière, die Erfinder von Autochrome.

Der Urgedanke eines Farbverfahrens, das auf der Einlagerung winziger Farbfilter in die lichtempfindliche Emulsion basierte, geht – wie viele andere Vorschläge zur Farbphotographie – auf Ducos du Hauron zurück. In einem französischen Patent von 1868 und in einem Buch *«Les Couleurs en Photographie»*, das 1869 erschien, schlug Ducos du Hauron einen Raster aus feinen Linien in den drei Grundfarben Rot, Gelb und Blau vor, der aus einem bestimmten Betrachtungsabstand in seinen Einzelheiten nicht mehr erkennbar war und so für das Auge einen neutralgrauen Gesamteindruck ergab. Durch ein bewußtes Abdecken der Linien dieses Rasters konnte jede Farbe hervorgerufen werden. Zum Beispiel besorgte ein Abdecken der gelben Linien, daß nur rotes und blaues Licht durch den Raster fiel und so Purpur ergab, während ein Abdecken der gelben und der roten Linie nur Blau durchlassen würde. Er setzte seine Theorie nicht in die Praxis um; allerdings hätte die Wahl von gelben anstelle von grünen Linien, wie es der additiven Farbmischung entsprochen hätte, kein zufriedenstellendes Ergebnis gebracht. Ein Vierteljahrhundert später wurde dieses Prinzip allerdings in die Tat umgesetzt. 1894 ließ Prof. John Joly aus Dublin in Irland ein Verfahren zur Herstellung eines Rasters aus roten, grünen und blauvioletten Linien patentieren, wobei die Linien in eine gelatinebeschichtete Glasplatte eingeprägt wurden. Joly benutzte Prägemaschinen von höchster Genauigkeit, deren Zeichenstifte Linien von weniger als 0,1 mm Durchmesser zogen, die eng nebeneinanderlagen, ohne sich zu überlappen. Die Farbstoffe stellte er aus Anilinfarben gemischt mit Gummi-Arabikum her. Die geprägten Gelatineplatten wurden nach der Trocknung lackiert. Ihre Frontseiten wurden dann mit den Frontseiten orthochromatischer Photoplatten in einem Plattenhalter kombiniert, wobei sich der Raster in Richtung zum Aufnahmeobjektiv befand. Um die zu starke Blauempfindlichkeit der Photoplatte zu korrigieren, mußte bei den Aufnahmen ein Gelbfilter benutzt werden. Die belichtete Photoplatte wurde von dem Raster wieder getrennt und

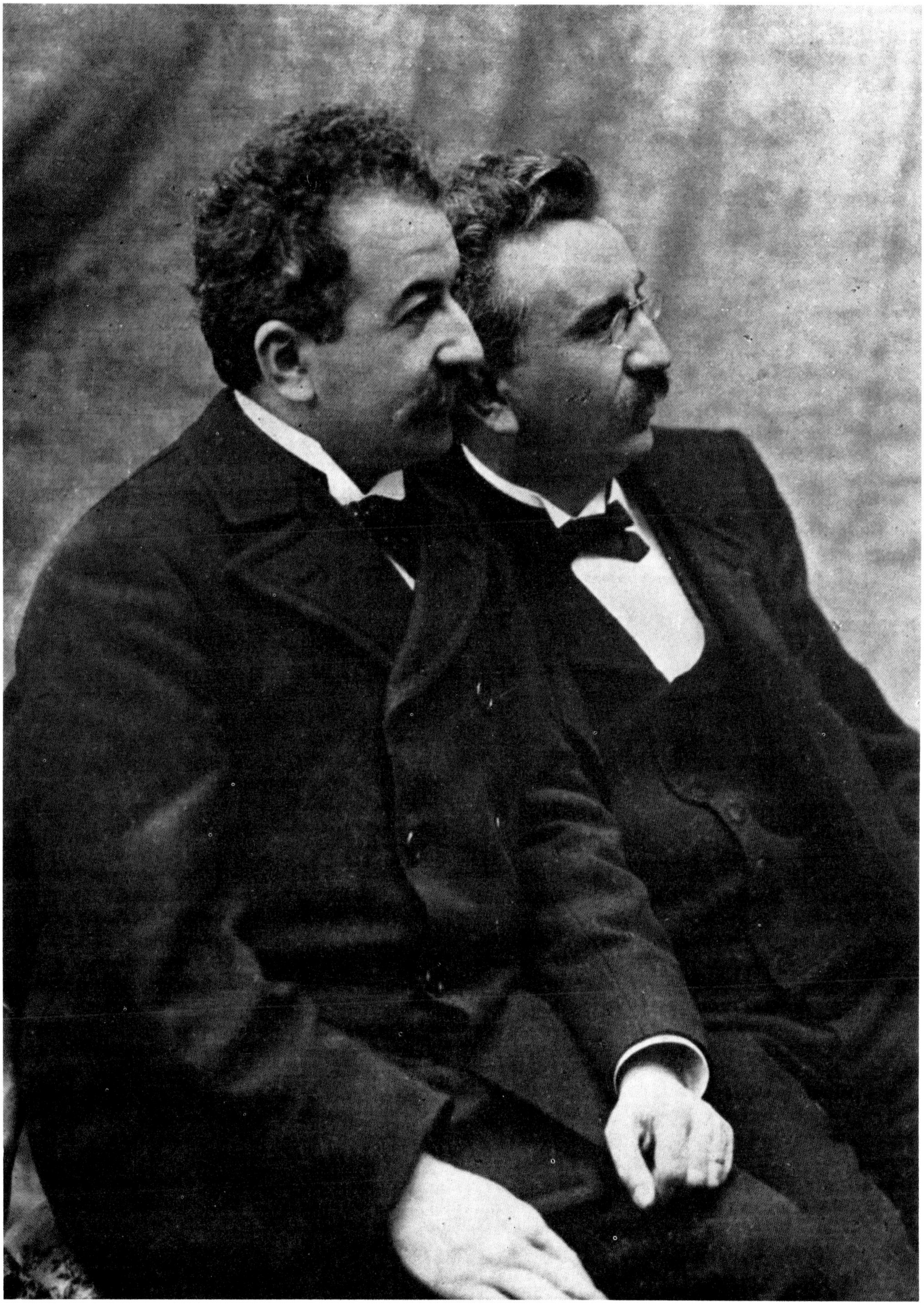

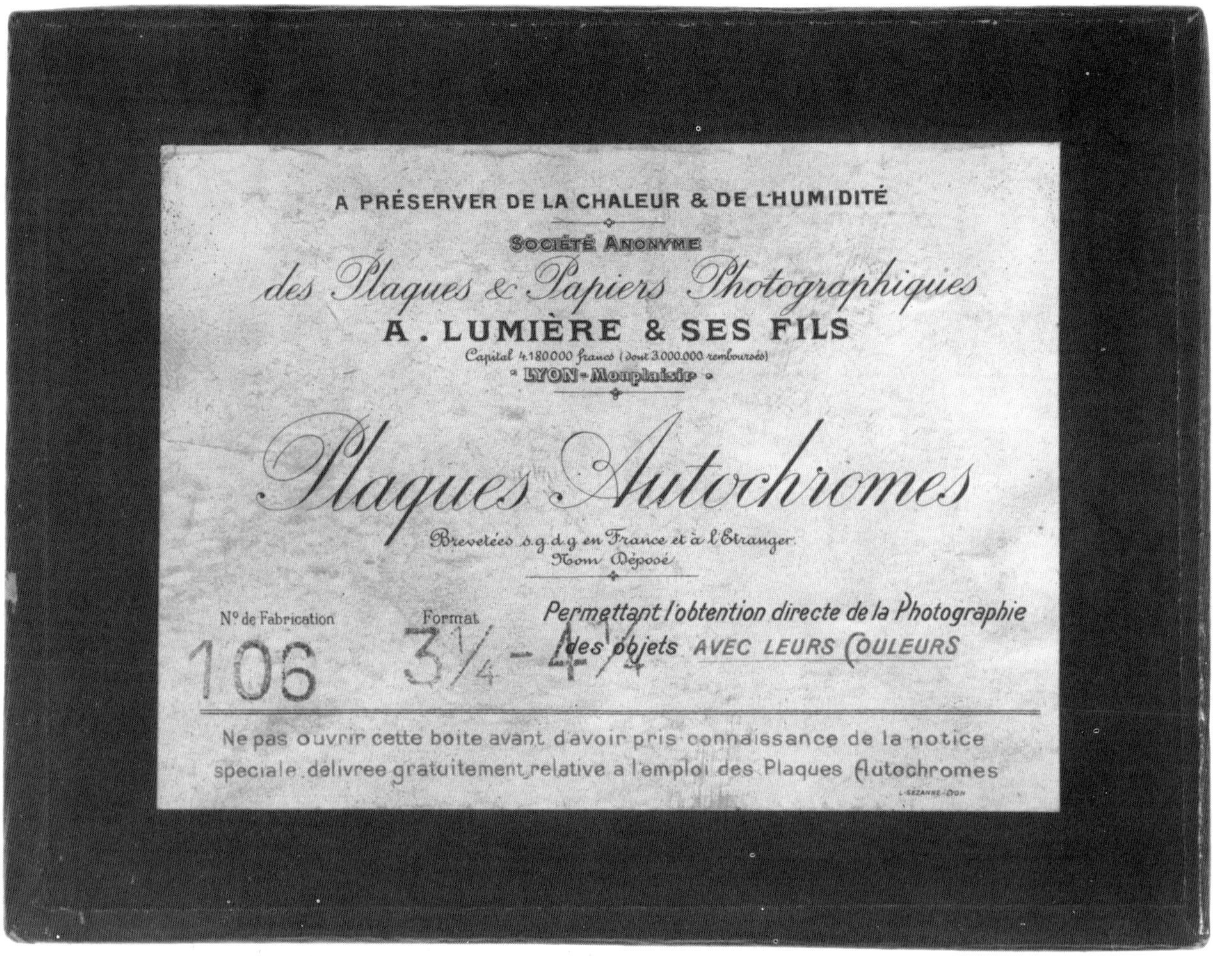

entwickelt. Danach wurde auf einer anderen Platte davon ein Schwarzweiß-Diapositiv angefertigt und dieses mit einem anderen Linienraster mit größter Sorgfalt zusammenmontiert, so daß das richtige Farbelement sich jeweils vor dem linienförmigen Bildeindruck auf der Diapositivplatte befand. Das Joly-Verfahren kam 1895 in den Handel und war somit der erste additive Rasterplatten-Prozeß auf dem Markt. Er blieb dort für wenige Jahre, aber die unzulängliche Farbempfindlichkeit der damals erhältlichen Negativplatten hielten seinen Erfolg in Grenzen.

Fast gleichzeitig wurde ein sehr ähnliches System von James McDonough aus Chicago entwickelt und 1896 für ihn patentgeschützt. In seinen frühen Experimenten prägte er rote, grüne und blaue Linien von ungefähr 0,13 mm Durchmesser auf Folien und montierte sie dann entsprechend Joly's Rasterverfahren auf Glasplatten. Von seinen Ergebnissen berichtete man damals, sie seien «im allgemeinen . . . sehr schön.» McDonough's Prozeß wurde kommerziell von der International Color Photo Company in Chicago ausgewertet, welche die Linienprägeinstrumente verfeinerte. Indem die Glasplatten über die Prägestichel hinweggezogen wurden, erreichte die Gesellschaft sehr feine Raster von nur 0,08 mm Linienbreite und sogar feiner, aber die Ausschußrate war sehr hoch. Das Verfahren kam 1897 auf den Markt und blieb dort nur eine kurze Zeit. Es war kein geschäftlicher Erfolg, denn eine Maschine konnte am Tag nur ungefähr drei Rasterplatten in der Größe 76 x 61 cm herstellen, und diese wurden unter den Herstellungskosten verkauft. Es wird berichtet, daß die Gesellschaft fast 500 000 Dollar in Versuche zur Verbesserung der Produktionsmethoden investieren mußte.

In einem früheren Patent aus dem Jahr 1892 hatte McDonough eine andere Herstellungsmethode für sein Dreifarbenraster vorgeschlagen. Dabei sollte Schellack rot, grün und blau eingefärbt und dann zu einem sehr feinen Pulver zermalen werden. Die drei Farbpulver sollten dann so lange gemischt werden, bis eine neutralgraue Gesamtfärbung erreicht war. McDonough schlug vor, diese Mixtur farbigen Schellacks auf eine Glasplatte mit klebriger Oberfläche zu stäuben, an der sie somit haften blieb. Der so mit einer willkürlichen Mischung roter, grüner und blauer Partikel erzeugte Raster sollte mit einer Photoemulsion beschichtet werden, die dann in der Kamera durch den Raster hindurch belichtet wird. Diese Idee von McDonough wurde seinerzeit nicht kommerziell genutzt, aber 1904 kündigten die Gebrüder

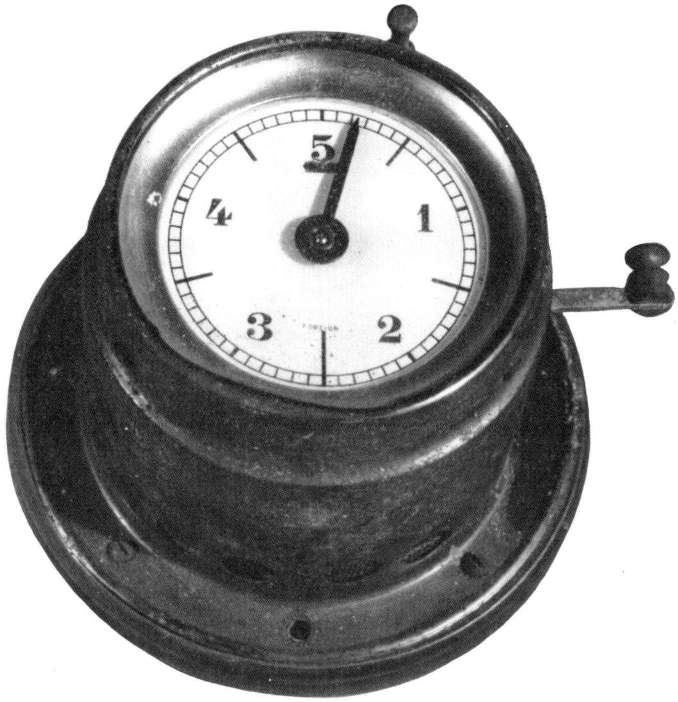

Diese Laboruhr war speziell für die Entwicklung der Autochrome-Platten konstruiert worden. Sie wurde in England unter der Handelsmarke «Ensign» im Jahre 1908 verkauft.

◁ *Die Autochrome-Platten wurden 1907 auf den Markt gebracht.*

Lumière an, daß sie ein ähnliches Verfahren mit gefärbten Kartoffelstärkekörnchen entwickelt hatten:

> «Zunächst sondern wir Kartoffelstärke ab und erzeugen mit Hilfe eines speziell dafür konstruierten Apparates Körner mit einem Durchmesser von ein Fünfzehntausendstel bis ein Zwanzigtausendstel Millimeter. Diese Körner werden in drei Haufen aufgeteilt und jeweils rotorange, grün und violett eingefärbt . . . Die farbigen Pulver werden solange gemischt, bis die Mischung keinen dominierenden Farbton aufweist. Das gemischte Pulver wird dann mit einer Bürste auf einer Glasplatte, die mit einem klebrigen Überzug versehen ist, verteilt. Mit entsprechender Sorgfalt erzielen wir so eine Schicht von Körnern, die sich alle berühren, aber nicht überdecken. Dann pudern wir auf gleiche Weise die Lücken zwischen den farbigen Körnern zu, die sonst weißes Licht durchlassen würden. Für diese Abdeckung benutzen wir sehr feines schwarzes Pulver, wie z. B. Ruß. Auf diese Weise haben wir einen Raster erzeugt, bei dem jeder Quadratmillimeter der Oberfläche mit zwei- oder dreitausend kleinen Rasterelementen in Orange, Grün und Violett bedeckt ist.»

Nach einem Lackieren des Rasters und Beschichtung mit einer panchromatischen Photoemulsion war die Platte aufnahmebereit.

> «Die Belichtung findet auf die gewohnte Weise statt, . . . wobei immer darauf geachtet werden muß, daß die Glasrückseite der Platte zum Objektiv gewandt ist, so daß das Licht durch die Rasterpartikel auf die photographische Emulsion fällt. Die Notwendigkeit, Emulsionen mit einem extrem feinen Korn und demzufolge geringerer Empfindlichkeit zu verwenden, und die Überlagerung derselben mit einer Schicht bestehend aus einem System mikroskopisch feiner Rasterkörner, bringt notwendigerweise eine längere Belichtungsdauer als für die normale Schwarzweißphotographie mit sich . . . Um eine korrekte Farbwiedergabe zu erreichen, müssen wir das Bild nach der Entwicklung, aber ohne es zu fixieren, durch das Herauslösen des geschwärzten Silbers umkehren und dann in einer Zweitentwicklung das ursprünglich vom Licht beeinflußte Silber reduzieren.»

Nach der Lösung verschiedener Fabrikationsprobleme brachten die Lumières ihre neuen Autochrome-Platten im Sommer 1907 heraus. Sie waren erfolgreich. Das *«British Journal of Photography»* berichtete im Juli: «Die Nachfrage in Frankreich ist so groß geworden, daß es kaum eine Chance gibt, daß irgendwelche Platten England erreichen, aber da die Fabrikanten ihren Ausstoß alle drei Wochen verdoppeln, wird es doch nicht mehr so lange dauern, bis man die Platten in England kaufen kann.» Im September konnte die Zeitschrift dann berichten: «Wenige Wochen zuvor war es sogar in Frankreich fast unmöglich, den Bedarf einigermaßen zu decken, aber das Mißverhältnis zwischen Nachfrage und Liefermöglichkeiten scheint jetzt beseitigt zu sein.» Die Royal Photographic Society in England zeichnete die Autochrome-Platten 1907 auf einer Ausstellung mit einer Medaille aus, und im Jahre 1909 erhielten die Brüder Lumière die Fortschrittsmedaille dieser Gesellschaft.

Autochrome war der erste praxisgerechte Ein-Platten-Farbprozeß, der der photographischen Öffentlichkeit zur Verfügung stand. Er war einfach anzuwenden. Die Platte wurde in eine herkömmliche Kassette geladen, mit der Glasseite nach vorne. Die Belichtung wurde durch ein Gelbfilter gemacht, der die zu hohe Blauempfindlichkeit der Emulsion ausglich. Die durchschnittliche Belichtungsdauer für eine Landschaft im Sommer mit Mittagssonne lag zwischen einer und zwei Sekunden bei Blende 8, während eine typische Portraitaufnahme in einem gut ausgeleuchteten Studio 10 bis 30 Sekunden bei Blende 5 zu belichten war. Die belichtete Platte wurde zunächst zum Negativ entwickelt; nach einer Wässerung wurde das Bildsilber in einer Lösung aus übermangansaurem Kalium ausgebleicht. Nach einer weiteren Wässerung wurde es zu einem Positiv umkehrentwickelt. Fixage und Schlußwässerung vervollständigte den Arbeitsgang, obwohl die getrocknete Platte

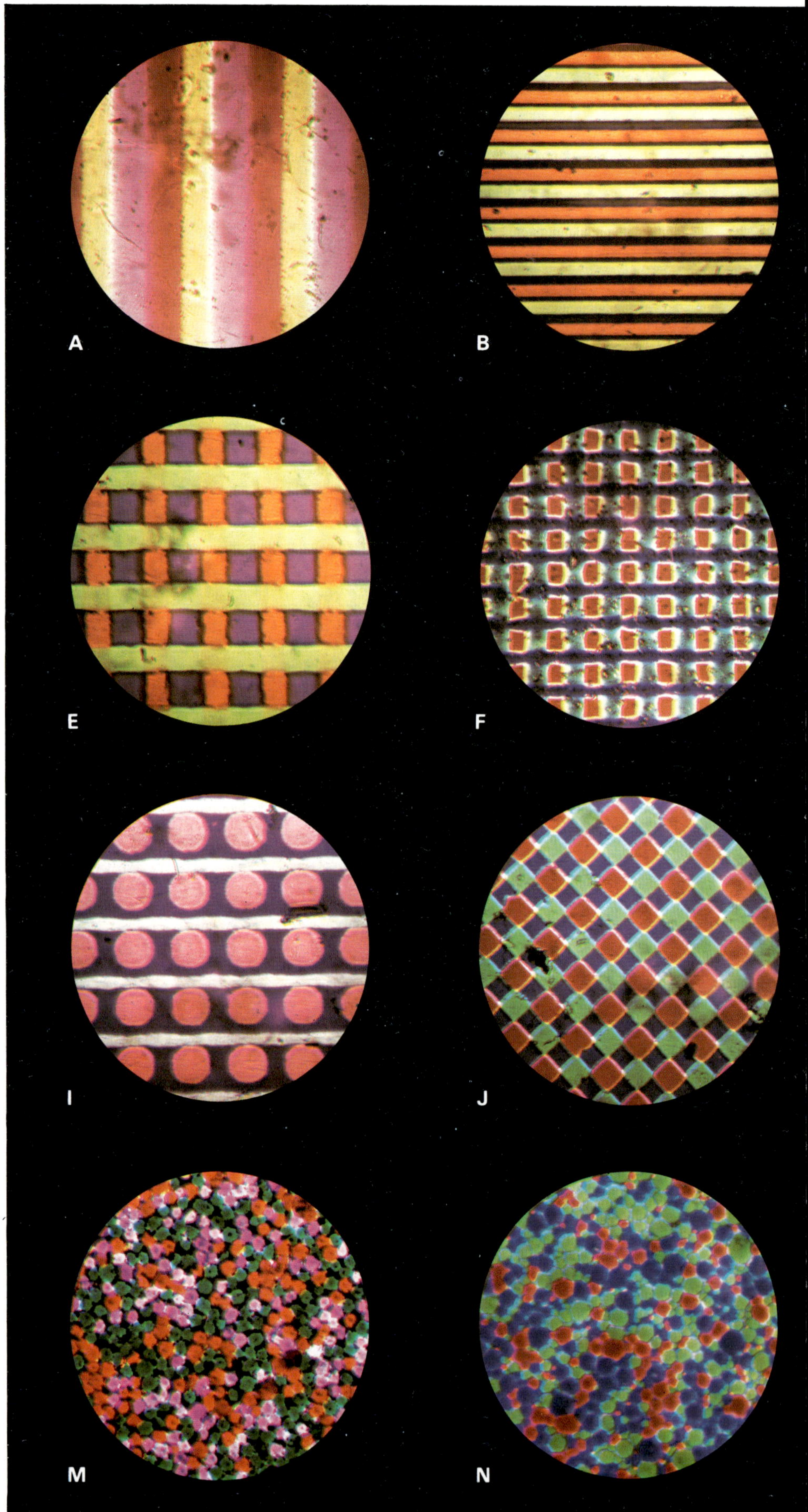
A
B
E
F
I
J
M
N

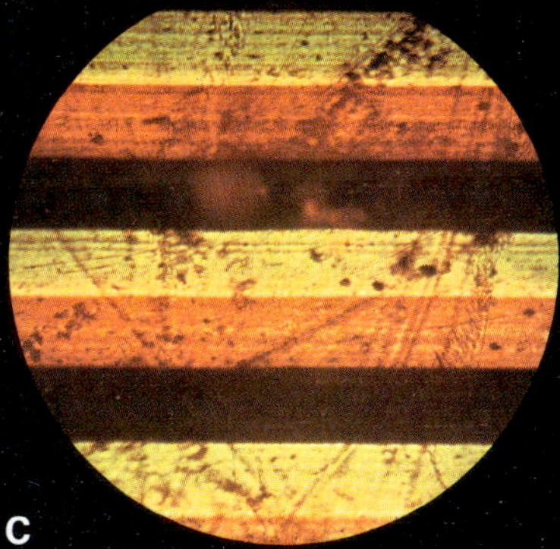

C

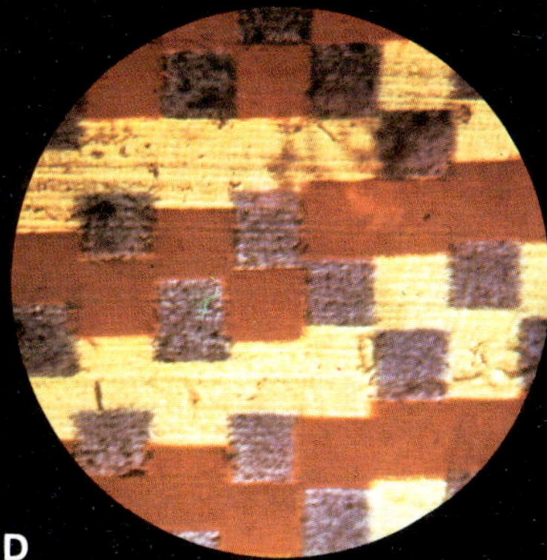

D

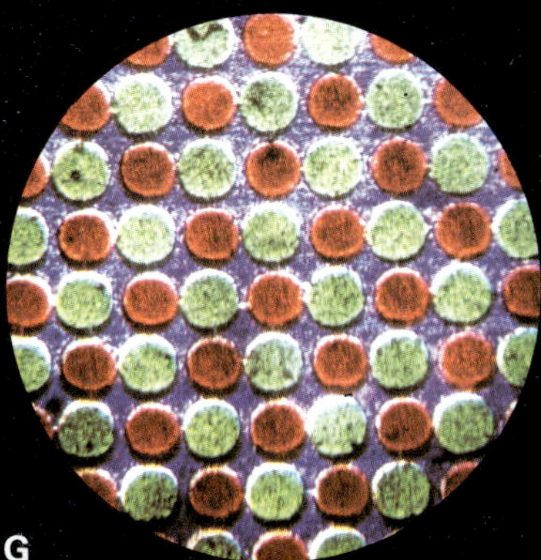

G

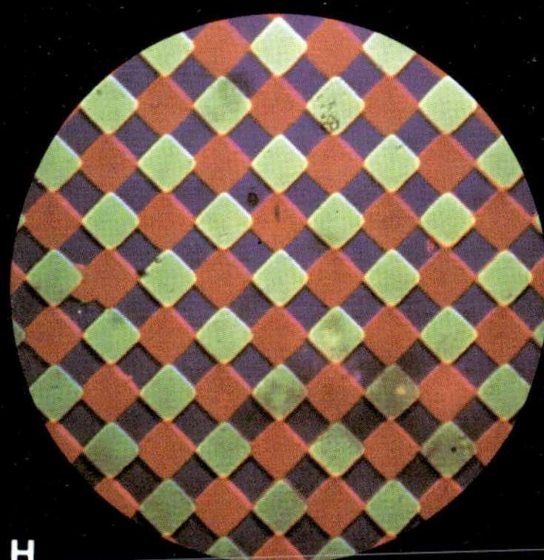

H

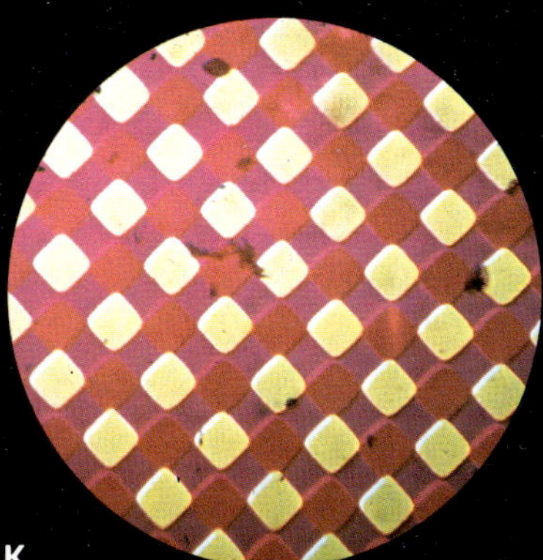

K

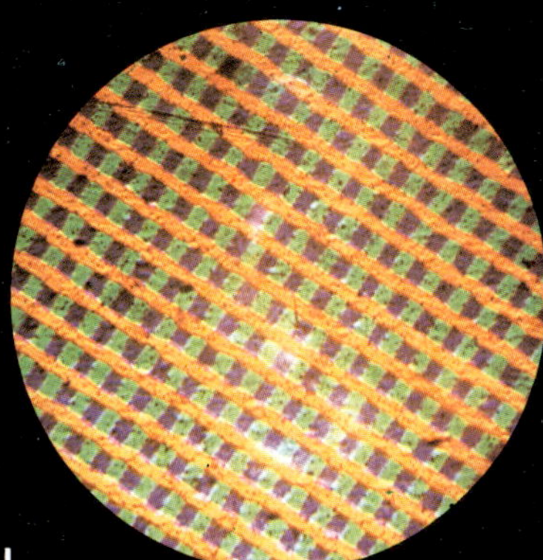

L

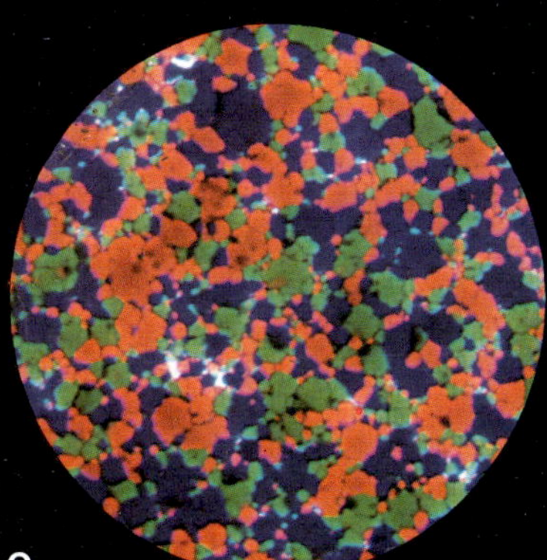

O

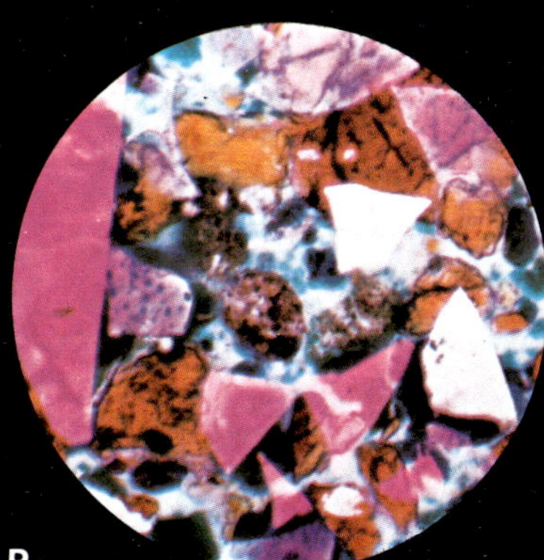

P

Mikroaufnahmen von Ausschnitten aus Farbrasterplatten.

A – L sind 45fach vergrößert, M – P sind 150fach vergrößert.

A. Joly 1895 (Seite 46)
B. Warner-Powrie, 1907 (Seite 53)
C. Krayn Linienraster, 1907 (Seite 53)
D. Krayn Mosaikraster, 1907, (Seite 53)
E. Dufay Dioptichrome, 1909 (Seite 57)
F. Omnicolore, 1907 (Seite 56)
G. Thames, 1908 (Seite 57)
H. Paget, 1913 (Seite 61)
I. Leto, 1913 (Seite 64)
J. Baker Duplex, 1926 (Seite 68)
K. Finlay, 1929 (Seite 68)
L. Dufaycolor Film, 1935 (Seite 72)
M. Autochrome, 1907 (Seite 49)
N. Agfa Farbenplatte, 1916 (Seite 64)
O. Lignose Naturfarbenfilm, 1926 (Seite 68)
P. Aurora, 1909 (Seite 60)

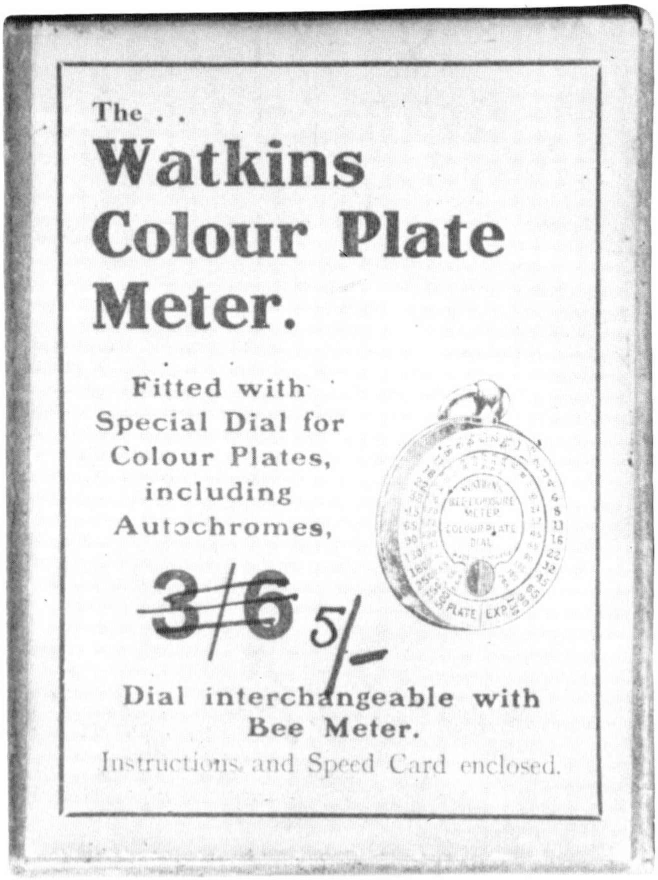

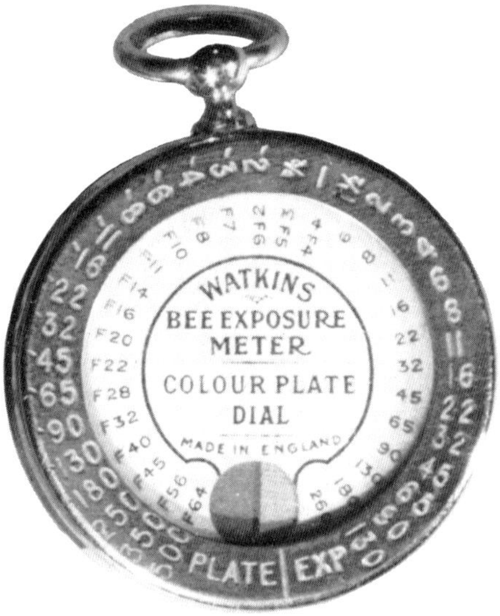

Die Belichtungsuhr für Farbaufnahmen von Watkins aus dem Jahre 1909 war eine Spezialausführung der beliebten Bee-Uhr für Autochrome-Platten.

gewöhnlich noch mit einem Schutzlack überzogen wurde.

Die Autochrome-Platte konnte sowohl gesättigte, als auch Pastellfarben mit höchster Treue wiedergeben. Da der Raster fest mit dem Bild verbunden war, gab es keine Passerprobleme. Trotzdem hatte sie ihre Nachteile: Die Belichtungszeiten waren lang, und die entwickelten Platten waren sehr intransparent, sie ließen nämlich nur 7,5 % des Lichts durch. Obwohl die Filterkörnchen aus Kartoffelstärke mikroskopisch fein waren – nämlich über 600 000 pro cm^2 – führte ihre willkürliche Mischung doch zur Klumpenbildung, d. h. es bildeten sich Gruppen von Körnern in der gleichen Farbe. Die Wahrscheinlichkeitstheorie besagte, daß ein Quadratzoll (6,5 cm^2) 33 Anhäufungen mit 12 Körnern gleicher Farbe oder mehr enthalten würde. In Wirklichkeit waren es jedoch 50 solcher Klumpen in jedem Quadratzoll und diese waren für das bloße Auge erkennbar. Ein weiteres Hindernis war der Preis. Ein führender englischer Farbphotograph, J. C. Warburg, fühlte sich im April 1909 zu einem Protestschreiben an das *«British Journal of Photography»* veranlaßt:

«Man wundert sich manchmal, daß so ein wundervolles Verfahren wie Autochrome in England nicht in größerem Umfang ausgeübt wird, und kommt zu dem Schluß, daß das größtenteils auf den Kaufpreis der Platten zurückzuführen ist . . . Ich fühle mich schon offiziell verpflichtet, gegen den riesigen Unterschied zwischen dem Preis, den der englische Alleinvertrieb von Lumière nimmt, und den Kaufpreis bei jedem französischen Händler zu protestieren. Während in Frankreich der Preis für 6,5 x 4,74 inch große Platten 9 Francs (7 Schilling 2 1/2 Pence) pro Schachtel beträgt, müssen wir hier 10 Schilling für die Schachtel bezahlen . . . Man wird den Erfindern Lumière einen angemessenen Gewinn für ihre langjährigen Experimente nicht mißgönnen, da diese zu einer phantastischen Erfindung geführt haben, aber die Ausgangslage der Importeure ist eine ganz andere, und sie verhindern durch ihre großen Gewinnspannen die Benutzung der Platten.»

Warburgs Brief fiel mit einer Ermäßigung der Preise für die Autochrome-Platten in England zusammen; eine Schachtel mit vier Viertelformat-Platten kostete jetzt 4 Schilling, im Vergleich dazu kosteten 12 gewöhnliche panchromatische Platten derselben Größe ungefähr 1 Schilling und 9 Pence. Die Autochrome-Platten waren in England in den beliebtesten Zoll-Formaten und in verschiedenen metrischen Formaten von 9 x 12 cm bis zu 18 x 24 cm erhältlich, daneben auch in dem beliebten Stereoformat von 4,5 x 10,7 cm. Sie blieben bis zum Anfang der 30er Jahre auf dem Markt.

Im Jahre 1907 wurden ebenfalls verschiedene andere neue Rasterplatten-Verfahren zum ersten Mal vorgestellt. John J. Powrie hatte 1905 ein Patent auf eine Methode zur Herstellung eines Linienrasters auf photomechanische Weise erhalten. Dabei kopierte er einen Druckraster auf eine mit Gelatine oder Fischleim beschichtete Platte auf und machte diese durch Behandlung mit chromsauren Kalium lichtempfindlich. Solche Schichten werden unter der Lichteinwirkung gehärtet und können so in einer Reihe von Vorgängen kopiert und eingefärbt werden, bis sie schließlich einen feinen Linienraster mit roten, grünen und blauen Elementen ergeben. Powrie und seine Mitarbeiterin, Florence Warner, waren imstande, Raster mit 236 Linien pro Zentimeter herzustellen; ihre Maschine schaffte 360 Platten im Format 10 x 8 inch (25,4 x 20,3 cm) pro Tag. Dieses Warner-Powrie-Verfahren wurde 1907 veröffentlicht, wobei angekündigt wurde, die Platten kommerziell unter der Bezeichnung «Florence Heliochromic Screen Plates» auf den Markt zu bringen. Das geschah jedoch nicht, und auch die verbesserte Ausführung, die im darauf folgenden Jahr angekündigt wurde und einen feinen Raster mit roten und blauen Quadraten zwischen grünen Linien benutzen sollte, kam nicht heraus.

Ein anderes Verfahren zur Herstellung eines Linienrasters war 1904 für den Deutschen Robert Krayn patentiert worden und wurde von ihm im November 1907 demonstriert. Krayn färbte sehr dünne Zelluloidfolien rot, grün und blau ein und klebte sie Blatt für Blatt übereinander, so daß sich ein dicker «Kuchen» formte, von dem man dünne Scheiben abschneiden konnte. Krayn war in der Lage, Rasterfolien bis hin zum Format 40,6 x 30,5 cm zu erzeugen, mit rund 70 Linien pro Zentimeter. Krayns Verfahren (von der Neuen Photographischen Gesellschaft in Berlin als *«Deutsche Farbenfilms»* herausgebracht, der Übersetzer) hatte nur einen begrenzten Markterfolg, und ein 1908 hergestellter, noch feinerer Raster mit 100 Linien pro Zentimeter erwies sich auch nicht als erfolgreich, zumal die Rasterfolie dazu neigte, entlang den aufeinandergeklebten Linien zu reißen. Durch Wiederzusammenkleben der gerissenen Folien und erneutes Zerstückeln des Blocks stellte Krayn einen Mosaikraster her, aber das war keine Verbesserung.

Eine erfolgreichere regelmäßige Rasterplatte wurde im Juni 1907 eingeführt, nachdem sie der französischen Photographischen Gesellschaft im April des Jahres vorgestellt worden war. Der von dem älteren Ducours du Hauron zusammen mit R. de Bercegol erfundene Raster wurde hergestellt, indem eine gelatinebeschichtete Platte zuerst mit Linien einer transparenten blauvioletten Fettfarbe bedeckt wurde. Dann wurden die Lücken zwischen diesen Linien gelb eingefärbt. Dann wurden Linien mit blaugrüner Fettfarbe im rechten Winkel daraufgedruckt, um an den Stellen, wo sie die gelben Linien überdeckten, grüne Quadrate zu formen. Schließlich wurde die Platte mit einem purpurnen Farbstoff angefärbt, der nur an den belichteten gelben Stellen angenommen wurde, um dort rote Quadrate zu erzeugen.

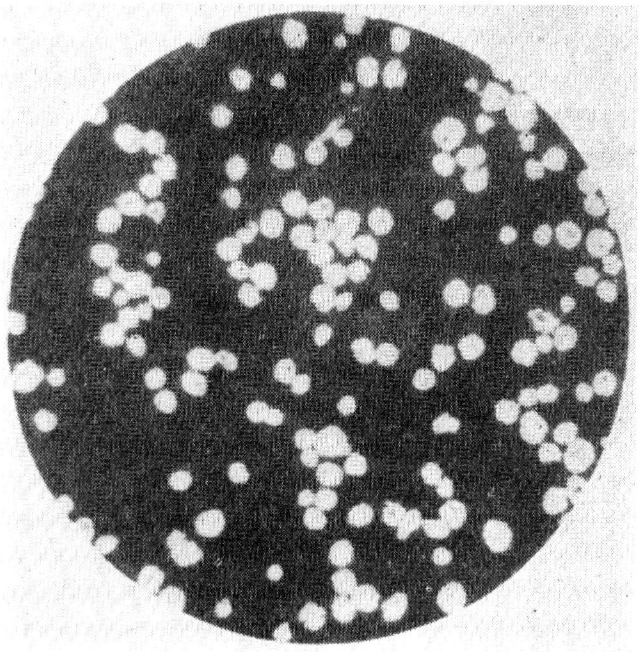

«Klumpen roter Rasterkörner bei Autochrome» – eine Abbildung aus der klassischen Veröffentlichung von C. E. K. Mees und J. H. Pledge «On some experimental methods employed in the examination of screen plates» («Über einige experimentelle Methoden bei der Untersuchung von Rasterplatten»), April 1910.

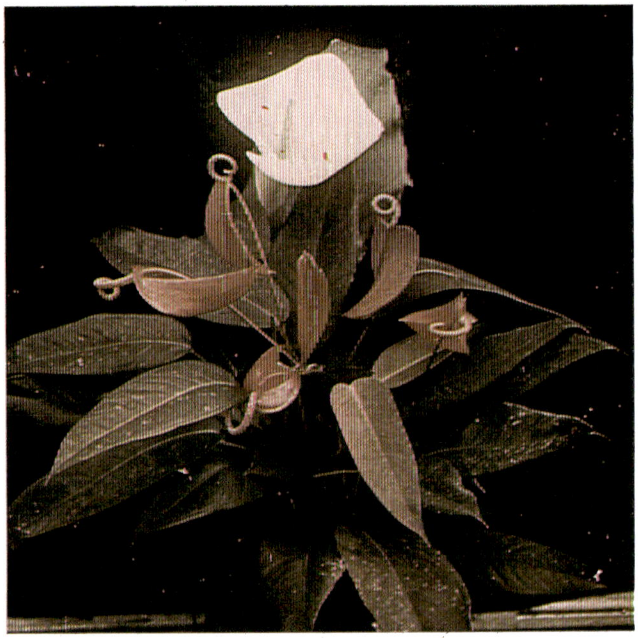

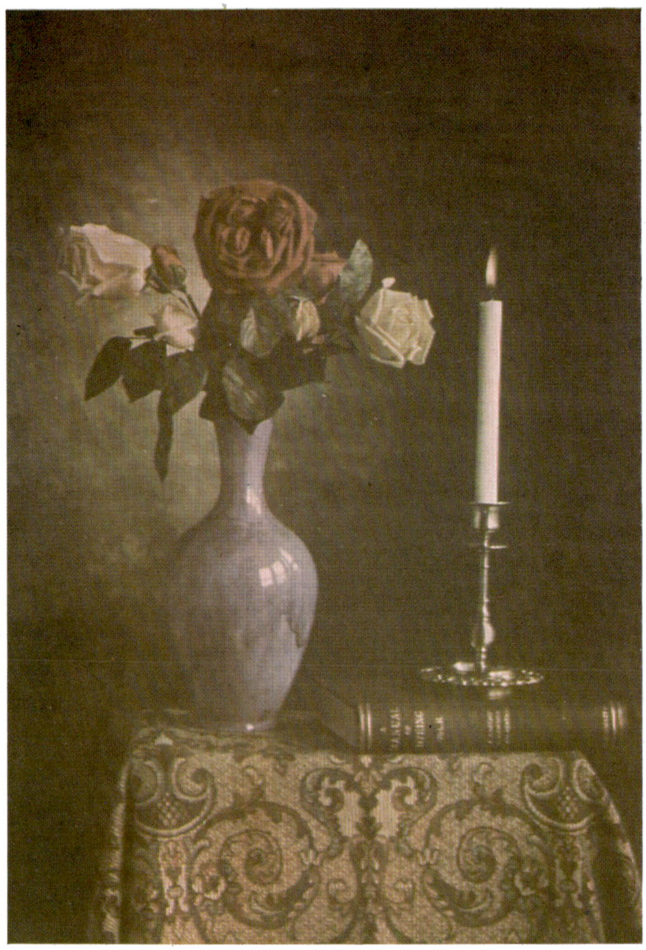

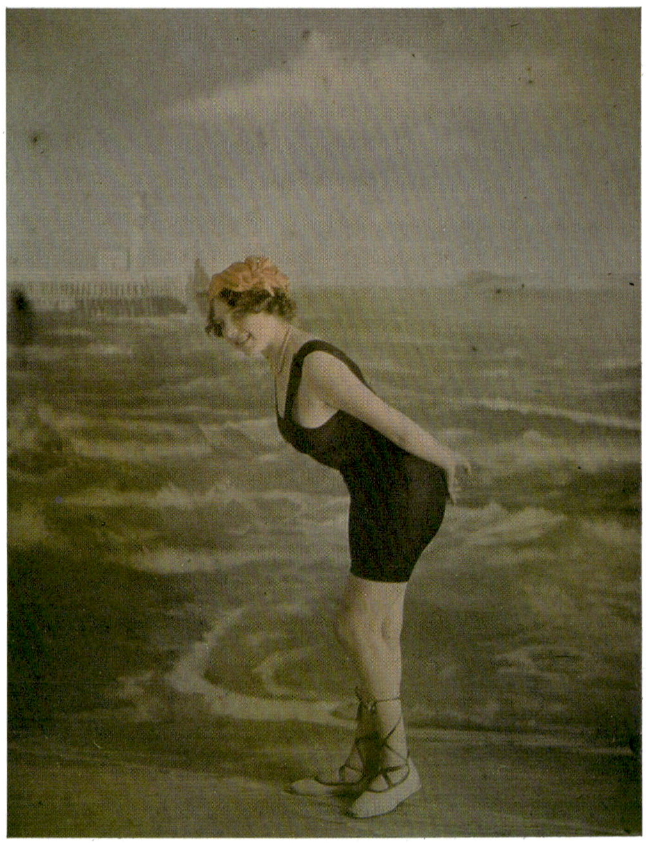

Oben: «Zehrwurzlilie und Anthurien» (1898) – ein Dia nach dem Joly Linienraster-Verfahren, das auf Seite 46 beschrieben wird. (70 x 70 mm)

Rechts: «Stilleben», eine große Joly-Rasterplatte im Format 95 x 142 mm (um 1898).

Unten rechts: «La vulgarisation No 24», eine um 1909 von einer Pariser Firma verkaufte Autochrome-Platte. (80 x 100 mm)

Rechts außen: «Altbekannte Blumen» (1919). Eine Autochrome-Platte von G. A. Barton, eine damals bekannte Amateurphotographin. (112 x 157 mm)

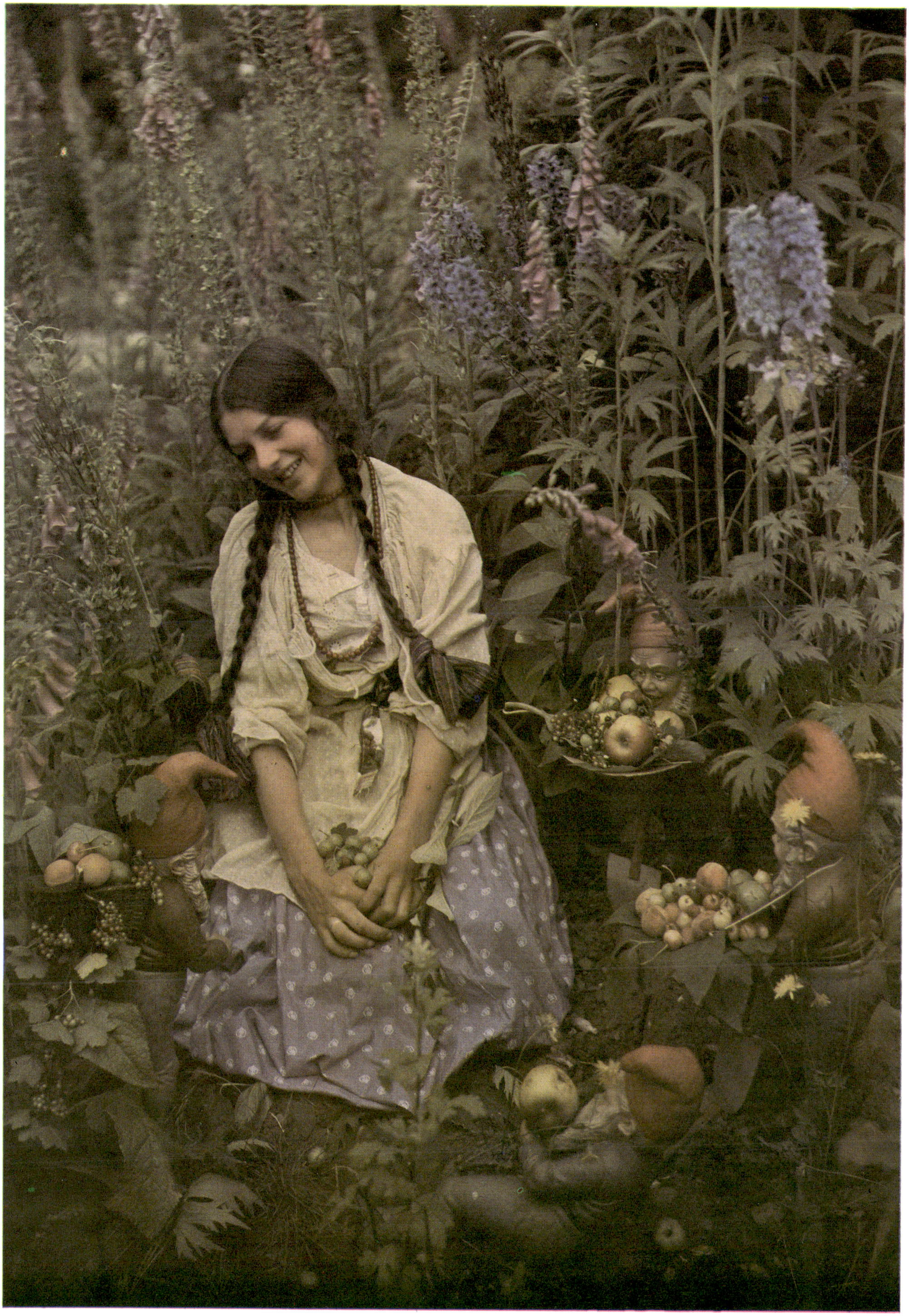

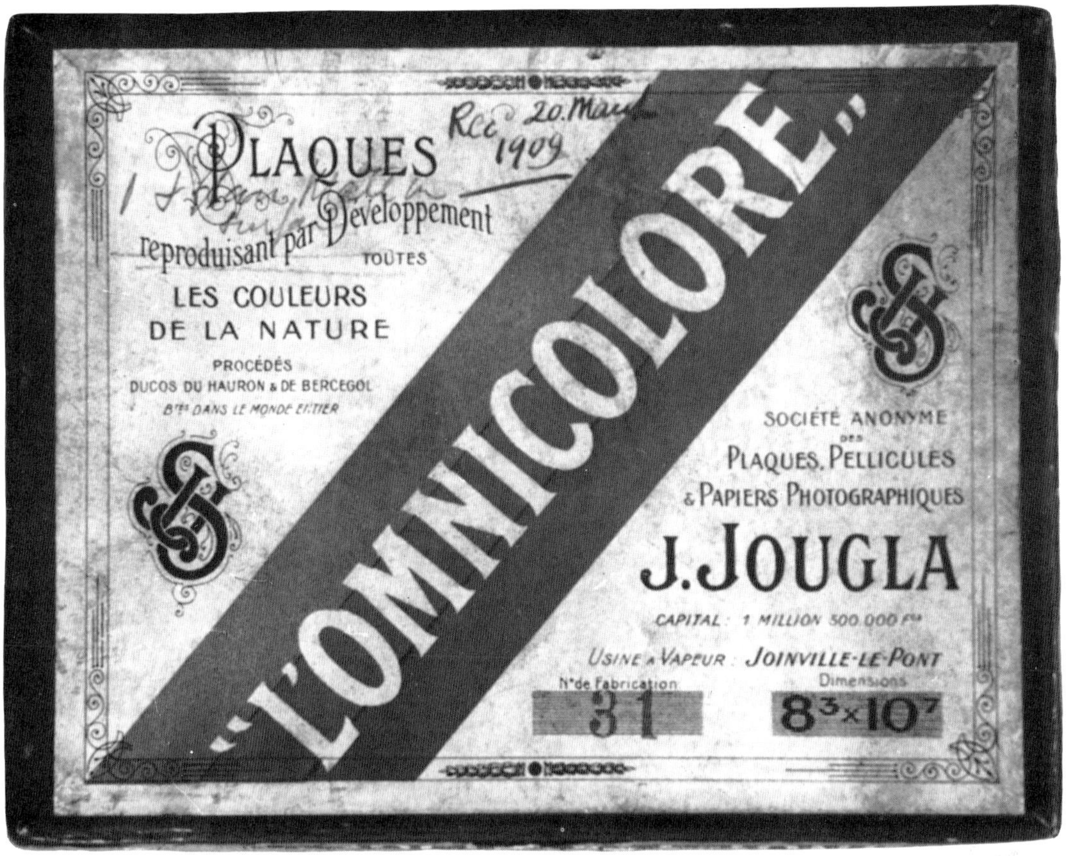

Die von Ducos du Hauron und de Bercegol erfundenen und von Jougla fabrizierten Omnicolore-Platten wurden ab 1907 verkauft.

Nach einer Lackierung wurde der Raster mit einer panchromatischen Emulsion beschichtet, die dann durch Umkehrentwicklung zu einem positiven Bild verarbeitet wurde. In der Hochsommersonne lagen die durchschnittlichen Belichtungszeiten bei 1/5 bis 1/10 Sekunde mit Blende 8. Das Verfahren wurde Omnicolore genannt und wurde mehrere Jahre lang von der Firma Jougla et Cie. verkauft. Die höhere Empfindlichkeit der Omnicolore-Platte im Vergleich zu Autochrome war eine Folge ihrer unzulänglichen Rasterelemente, die viele Lücken und Spalten aufwiesen und auch nicht sehr genau in ihrer Farbabsorbtion arbeiteten. Daher ist es keine Überraschung, daß die Farbwiedergabe der Omnicolore-Platten schlechter als die von Autochrome war.

1908 wurden zwei weitere Verfahren mit regelmäßigen Rastern eingeführt. C. L. Finlay's Thames Rasterplatten wurden im Frühjahr in London vorgestellt und kamen im Frühsommer auf den Markt. Die Herstellung des Rasters folgte einem Finlay im Jahre 1906 erteilten Patent; es bestand aus roten und grünen Kreisen von 0,06 mm Durchmesser, die sich fast berührten, und deren Zwischenräume mit blauem Farbstoff ausgefüllt waren. Während des Aufnahmevorgangs wurde der Raster mit einer panchromatischen Photoplatte in Kontakt gebracht, wobei das übliche Gelbfilter benutzt wurde. Die Platten waren ungefähr achtmal empfindlicher als Autochrome, da das Grün eine sehr verbesserte Lichtdurchlässigkeit – ungefähr 12 % – hatte und höherempfindliche Aufnahmeplatten benutzt werden konnten. Die belichtete Platte konnte durch Umkehrentwicklung zum Diapositiv verarbeitet werden, aber wurde gewöhnlich zum Negativ entwickelt und auf eine entsprechende Positivplatte kopiert, die dann mit einem speziellen Betrachtungsraster in Kontakt gebracht wurde. 1909 brachte die Thames Colour Plate Company eine sogenannte kombinierte Platte auf den Markt, bei der der Raster fest mit der Emulsionsschicht verbunden war. Vier Negativplatten und zwei Raster oder vier kombinierte Platten kosteten im Viertel-Plattenformat 2 Schilling und 6 Pence. Die Platten wurden in Formaten von 6 x 9 cm bis zu 21,6 x 16, 5 cm angeboten und blieben bis ungefähr 1910 auf dem Markt.

Die von dem Franzosen Louis Dufay erfundene Rasterplatte wurde hergestellt, indem eine Schicht mit Linienpaaren aus den Komplementärfarben Purpur und Grün im rechten Winkel mit einer Schicht mit Linienpaaren der nicht komplementären Farben Blaugrün und Gelb übereinandergelegt wurde. Durch diese Kombination wurden grüne Linien mit rein roten und blauen Quadraten zwischen ihnen erzeugt. Dufay bezeichnete sein Raster als vierfarbig, da die Kombination grüner und blaugrüner Elemente sowie grüner und gelber Elemente etwas unterschiedliche Farbtöne erzeugte, was in der Praxis aber keinen Unterschied machte. Der Raster besaß 60 bis 80 Elemente pro cm ^{2}. Das Verfahren wurde bei seiner Ankündigung im Sommer 1908 zuerst Diopticolor genannt (damals wurde der Raster mit einer Fettfarben-Drucktechnik, ähnlich Omnicolore erzeugt) aber der «vierfarbige» Prozeß wurde dann im Frühjahr 1909 unter der Bezeichnung Dioptichrome herausgebracht.

Der Raster wurde in einem Metallrahmen montiert, in dem die spezielle «Panchro Inversable»-Platte mit einer Andruckfeder befestigt wurde. Der Rahmen wurde in den Plattenhalter eingelegt und die Belichtung fand auf dem üblichen Wege durch den Raster hindurch statt . . . Die belichtete Platte wurde umkehrentwickelt und zur Betrachtung wieder in den Metallrahmen gesteckt. Im Sommer 1910 wurde ein neuer Typ mit einem fest verbundenen Raster eingeführt und um 1912 wurde die Herstellungsmethode für den Raster geändert: Er bestand nunmehr aus blauen Linien mit abwechselnden Reihen rautenförmiger roter und grüner Elemente.

Für ein Durchschnittsmotiv im vollen Sonnenschein benötigte die Dioptichrome-Platte eine Belichtung von einer Sekunde bei Blende 11. Der Raster ließ 21 % des auffallenden Lichtes durch – eine große Verbesserung gegenüber den 7,5 % der Autochrome-Platte. H. Essenhigh Corke, ein führender Farbphotograph, behauptete, daß «die Dioptichrome-Platte hinsichtlich Brillanz und Transparenz ein sehr großer Fortschritt gegenüber Autochrome» sei. Während Qualität und Farbsättigung tatsächlich gut waren, waren die Platten oft unzulänglich, denn sie besaßen winzige Löcher, die grüne Flecken um

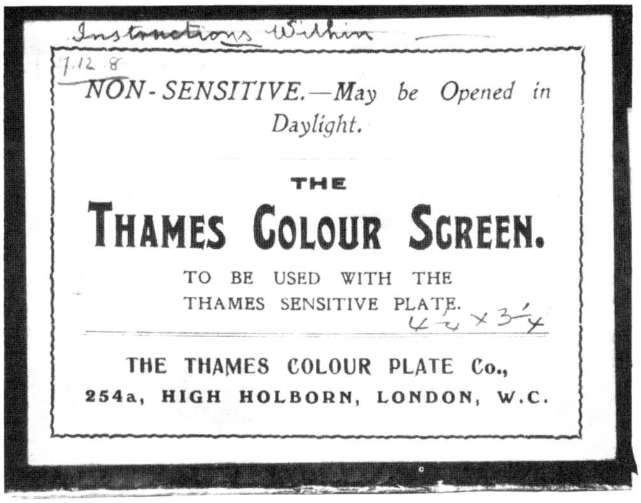
Instructions Within
1.12.8
NON-SENSITIVE.—May be Opened in Daylight.
THE
THAMES COLOUR SCREEN.
TO BE USED WITH THE THAMES SENSITIVE PLATE.
4¼ x 3¼
THE THAMES COLOUR PLATE Co.,
254a, HIGH HOLBORN, LONDON, W.C.

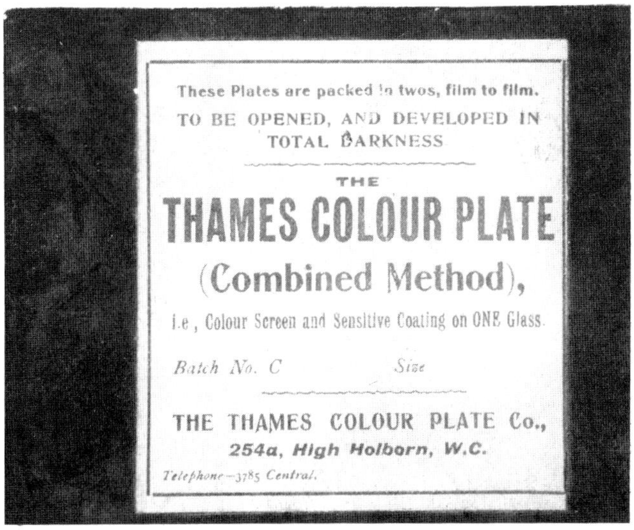
These Plates are packed in twos, film to film.
TO BE OPENED, AND DEVELOPED IN TOTAL DARKNESS
THE
THAMES COLOUR PLATE
(Combined Method),
i.e., Colour Screen and Sensitive Coating on ONE Glass.
Batch No. C Size
THE THAMES COLOUR PLATE Co.,
254a, High Holborn, W.C.
Telephone—3785 Central.

Die Thames Colour Platte wurde 1908 zuerst als separater Raster verkauft (oben). Von 1909 an war das Material als fest mit der Aufnahmeschicht verbundener Raster erhältlich (sogenannte combined method; unten). Die Reproduktion einer mit dem früheren Prozeß hergestellten Aufnahme ist auf Seite 66 zu sehen.

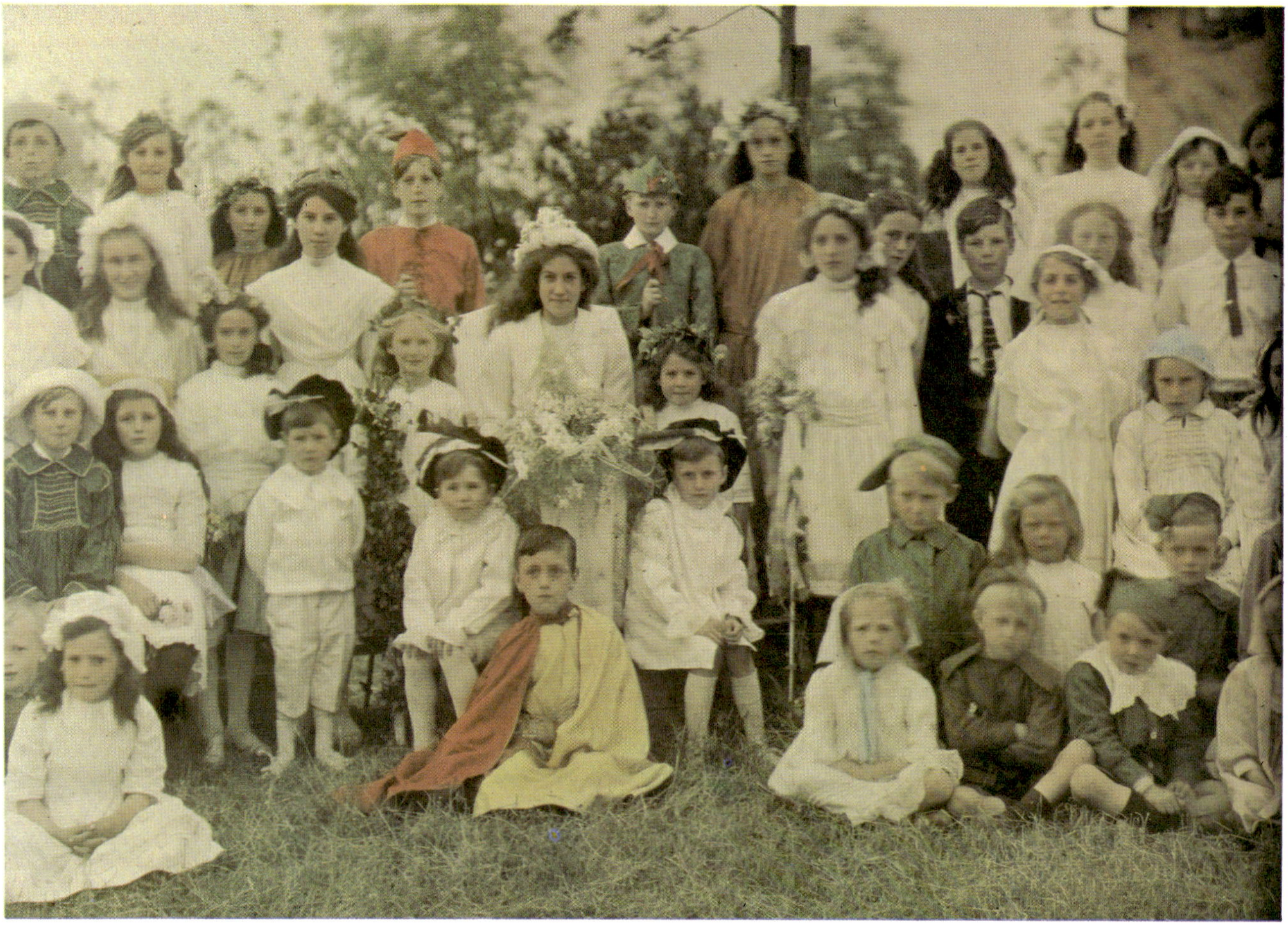

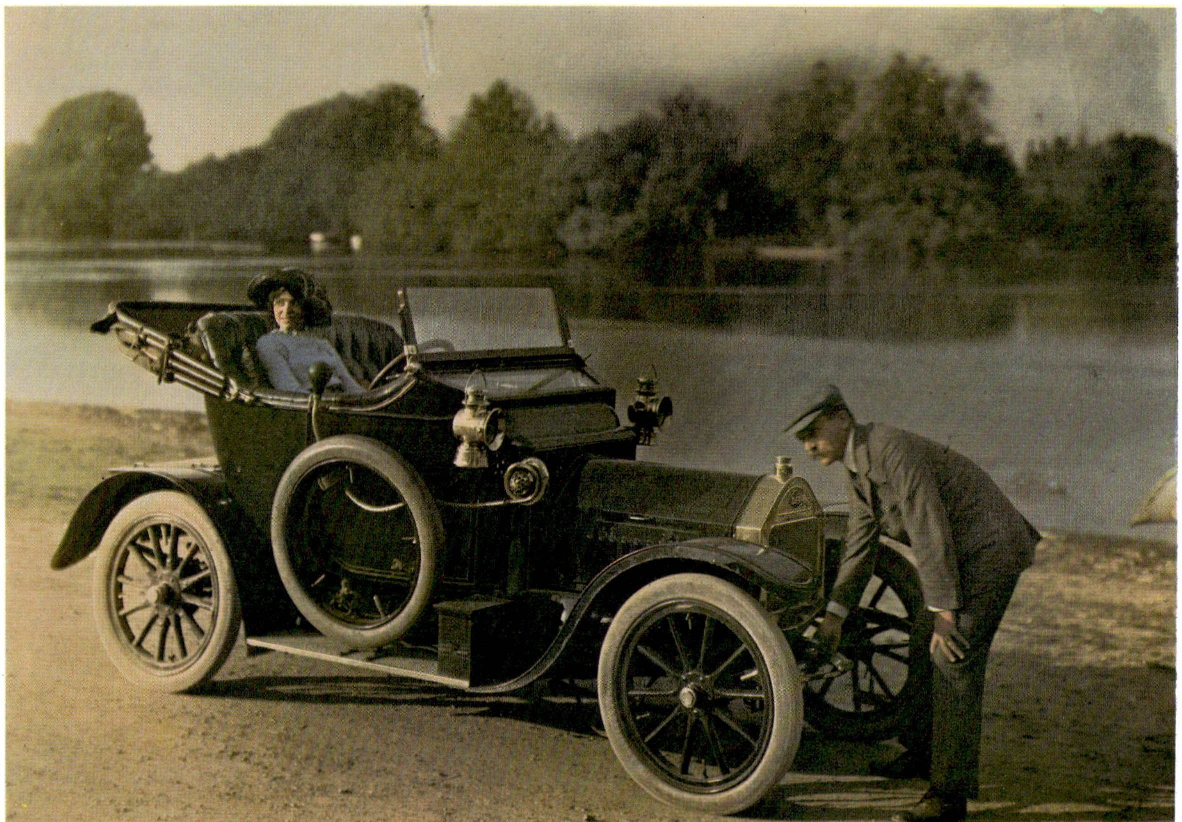

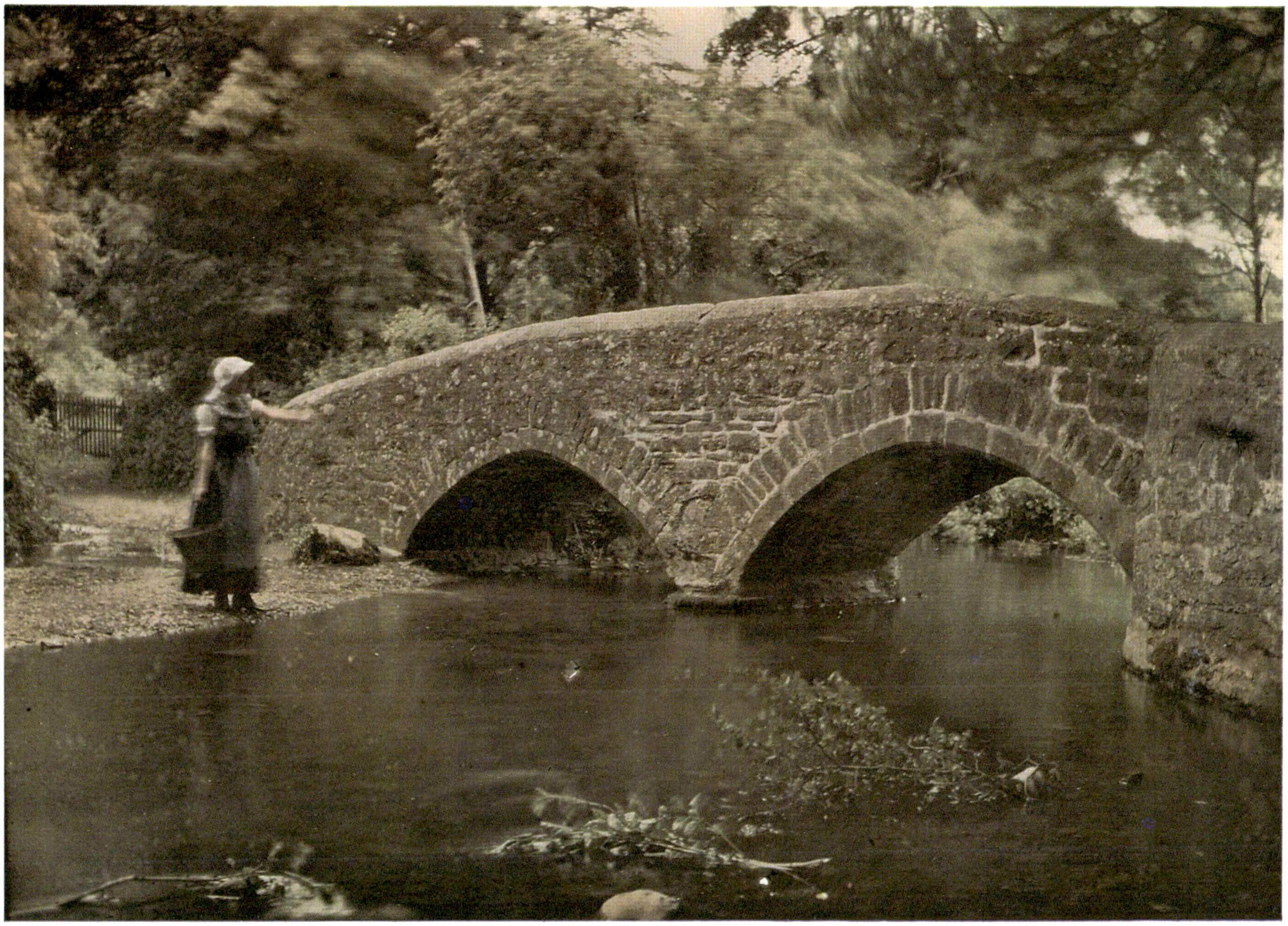

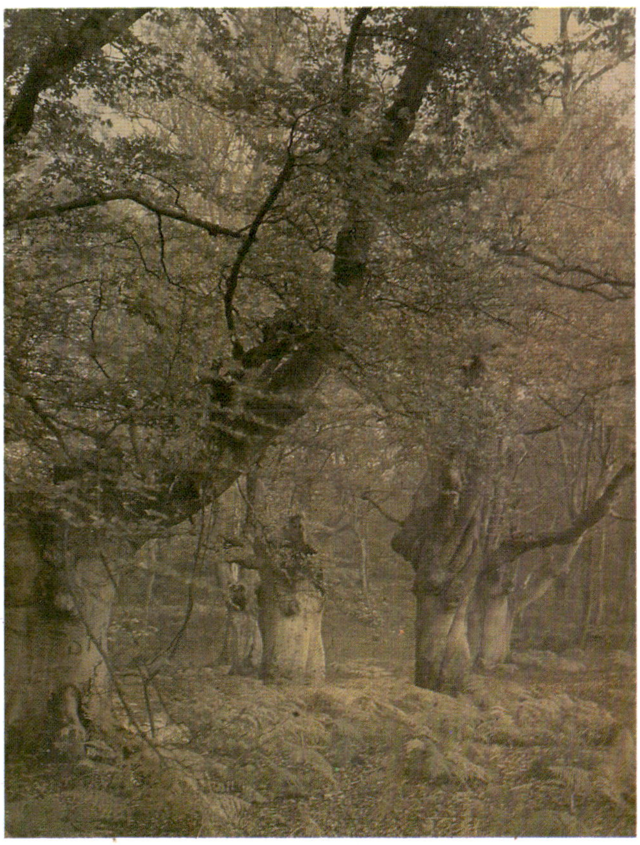

Seite 58

Links oben: «Die Maikönigin» (um 1913). Eine ungewöhnlich große Kindergruppe, von denen die meisten während der mehrere Sekunden dauernden Belichtung der Autochrome-Platte stillhalten konnten. (110 x 155 mm)

Links unten: «Das Automobil» – eine Autochrome-Platte aus dem Jahre 1910. (120 x 165 mm)

Oben: «Die Brücke» – eine Autochrome-Platte um 1912. Eine reizvoll komponierte Landschaftsaufnahme, bei der die Wasserträgerin Schwierigkeiten hatte, während der langen Belichtung stillzuhalten. (96 x 70 mm)

Links: «Burnham Beeches» (1911). Eine Herbstlandschaft, photographiert von G. H. Parker. (120 x 160 mm)

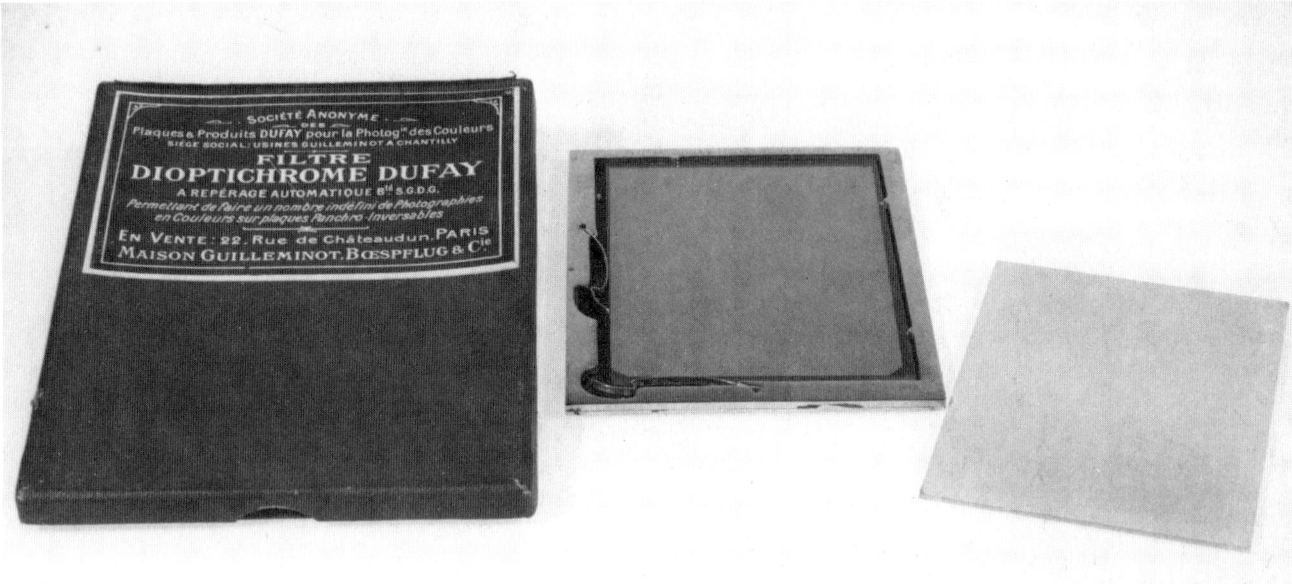

Der Dufay Dioptichrome-Prozeß von 1909 benutzte einen in einem Nickelrahmen angebrachten Raster (links), in den eine panchromatische Photoplatte (rechts) für die Aufnahme befestigt wurde. Das von dem Originalnegativ kopierte Diapositiv wurde zur Betrachtung wiederum in den Nickelrahmen eingelegt.

Rechts: Nach 1910 wurden die Dufay Dioptichrome-Platten mit fest auf die Emulsionsschicht kaschiertem Raster verkauft. Einige Bildbeispiele sind auf Seite 67 zu sehen.

jeden Rasterpunkt erzeugten. Die Dioptichrome-Platten blieben bis zum 1. Weltkrieg auf dem Markt, um dann durch die 1917 erstmals beschriebene Dufay Versicolor-Rasterplatte ersetzt zu werden. Hier wurde eine andersartige Methode der Rasterherstellung angewandt, nämlich eine Zelluloidfolie mit Prägewalzen bearbeitet.

Viele Ideen für Rasterplatten wurden in den Jahren vor dem 1. Weltkrieg patentiert und veröffentlicht. Zwei davon, die 1909 bis zur öffentlichen Vorstellung gelangten, obwohl sie danach kein großer geschäftlicher Erfolg wurden, waren die Aurora-Platte und der Veracolor-Prozeß. E. Fenske's Aurora-Platten wurden durch Zermahlen von Farbstoffklumpen und Zerstäuben der gemischten Pulverschicht auf eine klebrige Unterlage erzeugt. Die eckiggeformten Partikel, die von auffallend unterschiedlicher Größe waren, bildeten einen unregelmäßigen Raster. Das ungewöhnliche Kennzeichen dieses Verfahrens war, daß der Raster mit einer separaten Negativplatte benutzt wurde – somit war das der einzige unregelmäßige Rasterprozeß dieser Art. Das Problem, die Positivplatte mit dem Originalaufnahmeraster wieder zur Deckung zu bringen, war beträchtlich.

Der Veracolor-Raster von Szczepanik und Hollborn bestand aus in den drei Grundfarben eingefärbten Gelatine- oder Gummischichten. Diese Schichten wurden nach dem Trocknen zu feinem Puder zerrieben und dann zu einem Pulver mit neutralem Gesamtcharakter vermischt. Die Pulvermischung wurde dann auf eine feuchte Kolodiumschicht gepreßt, bis die Farbstoffe aus den Partikeln in das Kollodium wanderten, um darin einen unregelmäßigen Raster zu bilden. Das nun farblose Gummipulver wurde weggewaschen, und der Raster wurde mit einer Emulsionsschicht bedeckt, die auf die bekannte Weise belichtet und umkehrentwickelt wurde.

Geoffrey S. Whitfield aus London erfand und veröffentlichte 1912 ein Verfahren mit regelmäßigem Raster, der auf einer Kollodiumschicht erzeugt wurde, die zuerst rot eingefärbt wurde. Die Oberfläche wurde dann teilweise mit einer Schablone aus Linien, die in wasserunlösliches Material eingeprägt waren, bedeckt und die Platte wurde ausgebleicht. Die so hergestellten durch-

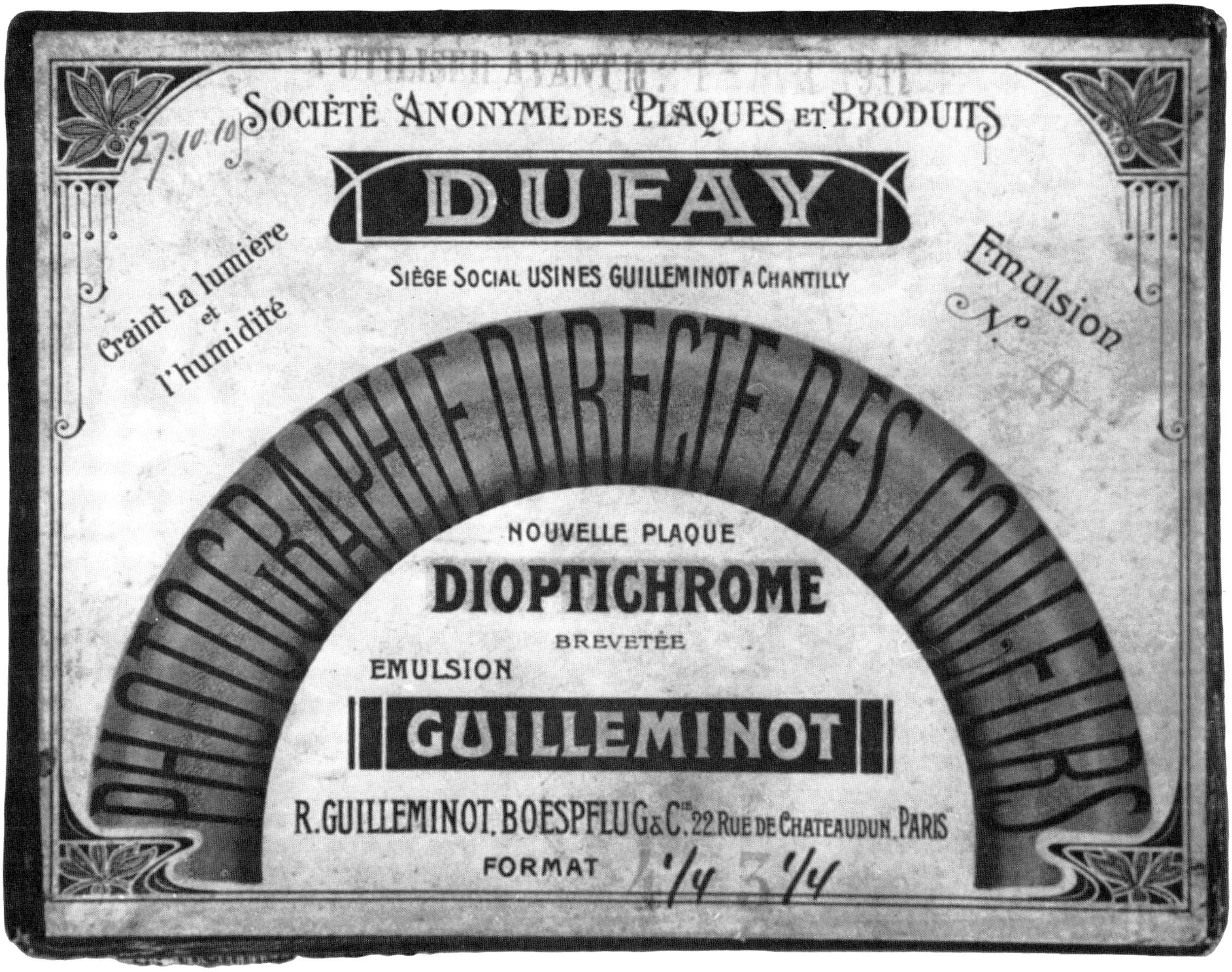

sichtigen Stellen wurden grün gefärbt, und dann wurde eine zweite Schablone mit wasserfesten Linienstrukturen aufgedruckt, gefolgt von einem zweiten Bleichbad. Die übriggebliebenen freien Quadrate wurden blau eingefärbt, so daß ein Muster mit jeweils zwei blauen Quadraten und einem roten und grünen Quadrat entstand. Die Elemente waren ungefähr 0,08 mm groß. Es wurden sowohl getrennte wie auch fest mit der Emulsion verbundene Raster hergestellt und unter dem Namen Paget Colour-Platten verkauft. Sie wurden auf der Photographischen Kunst- und Handwerksausstellung in London im Mai 1912 gezeigt und im April 1913 auf den Markt gebracht. Die Paget Colour-Platten waren so empfindlich, daß sie mit 1/25 Sekunden bei Blende 4,5 belichtet werden konnten. Das *«British Journal of Photography»* berichtete von ihnen: «Die Farbwiedergabe der Paget-Platten erreichte niemals die reichhaltigen warmen Farbtöne von Autochrome», aber sie waren durchaus zu einer delikaten Wiedergabe gedämpfter Farbtöne fähig. In den frühen 20er Jahren wurden sie zurückgezogen, da die Herstellungskosten für die Raster nach dem 1. Weltkrieg fast unerschwinglich geworden waren.

Kurzfristig war das Paget-Verfahren auch in Form von Papierbildern erhältlich. So wurde es auf der Ausstellung der Royal Photographic Society 1912 gezeigt. Ein weniger bunter Betrachtungsraster wurde mit einem Glasdia zur Deckung gebracht und auf der Rückseite ein Silberpapier aufgeklebt. Das aus dem Raster und dem Silberpapier bestehende Bild konnte dann von der Glasunterlage zum Betrachten abgezogen werden. Eine verbesserte Version wurde 1914 vorgestellt; hier wurde die Negativplatte auf ein mit Emulsion beschichtetes Silberpapier kopiert und ein spezieller Betrachtungsraster wurde auf das von der Entwicklung noch nasse Papier aufgezogen. Nach der Trocknung konnte die Unterlage des Rasters von dem Bild abgezogen werden. Ein damaliger Betrachter verglich das Bild mit einer «Daguerreotypie plus dem Charme der Farbe».

Das Verfahren war wenig erfolgreich, da die Farbsättigung zugunsten der Refelxionsfähigkeit der Papierbilder eingeschränkt war. Hinzu kam, daß – wie das *«Bri-*

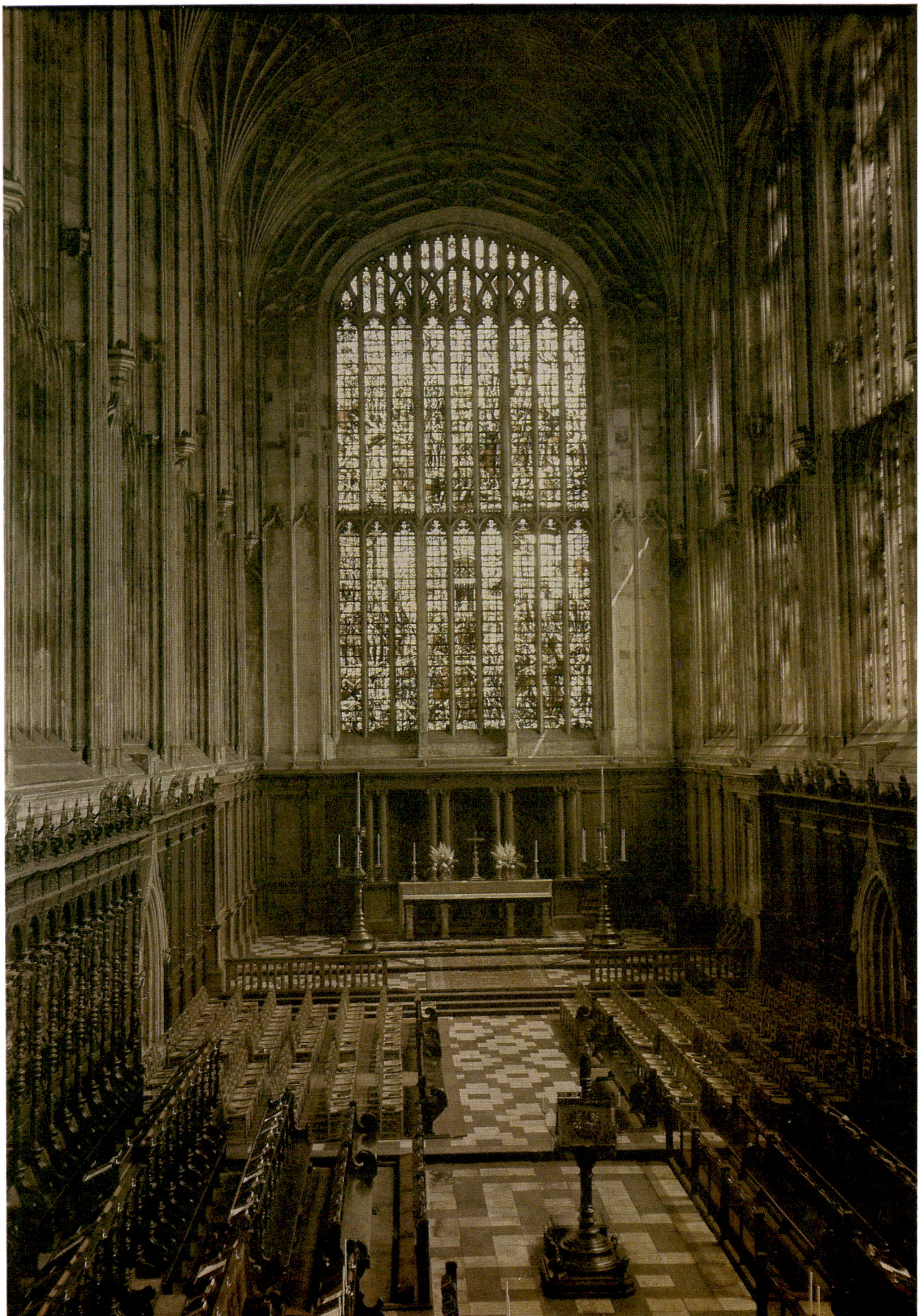

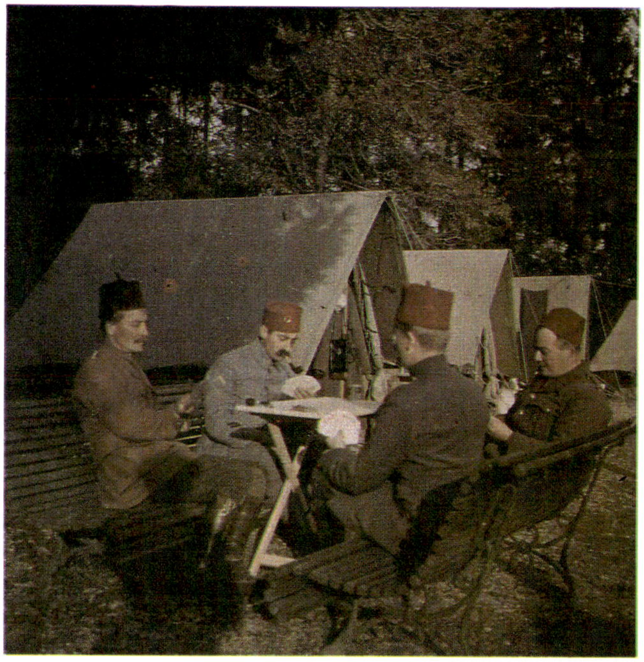

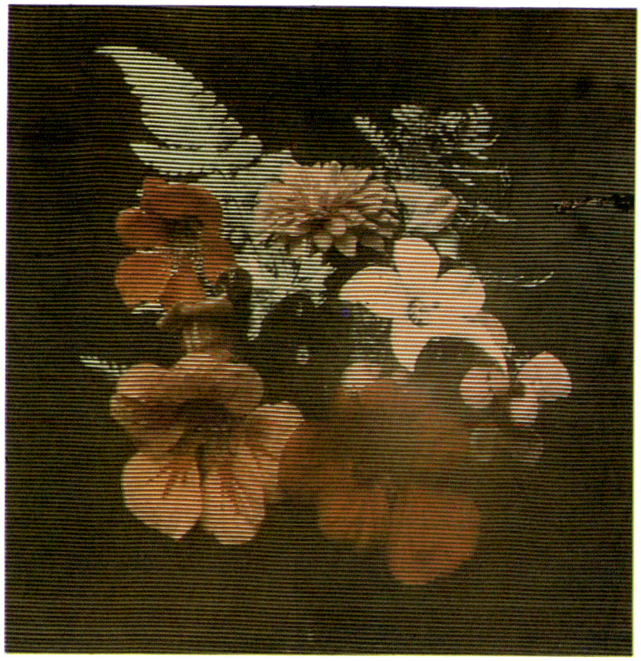

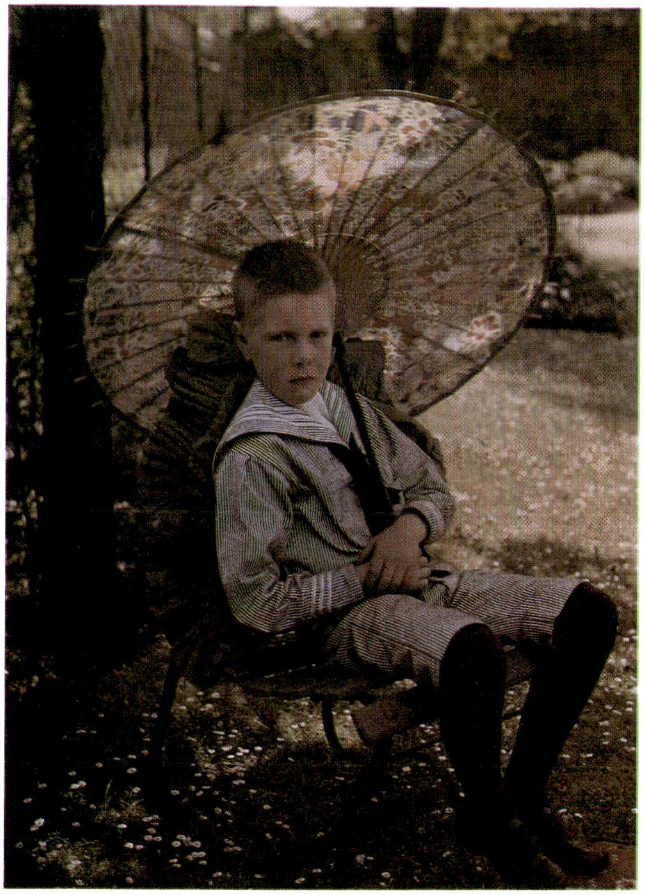

Links außen: Die Kapelle des Kings College in Cambridge (um 1912). Eine beachtliche Autochrome-Aufnahme, bei der die Belichtung mehrere Minuten gedauert haben muß. (110 x 155 mm)

Oben links: Französische Soldaten erholen sich beim Kartenspiel (1916). Von einer stereoskopischen Autochrome-Platte (60 x 60 mm).

Oben rechts: Eine am 19. September 1909 auf Krayn Linienrasterfilm photographierte Blumenstudie. Das Verfahren wird auf Seite 53 beschrieben. (60 x 62 mm)

Links: Junge mit Sonnenschirm (1908). Trotz der offensichtlichen Ungeduld seines Modells hat der unbekannte Photograph eine reizvolle Aufnahme auf seiner Autochrome-Platte aufgenommen. (73 x 98 mm)

tish Journal of Photography»* bemerkte, die für den Raster benutzten Farbstoffe «nicht als besonders dauerhaft betrachtet werden können». Sie reichten aus, wenn sie nur vorübergehend als Projektionsdia dem Licht ausgesetzt wurden, aber würden ausbleichen, wenn sie monatelang bei Raumbeleuchtung aufbewahrt werden, wie es bei einem an die Wand gehängten Papierbild der Fall wäre. Das Paget-Kopierverfahren war jedoch einer der sehr wenigen *additiven* Farbkopierprozesse, die jemals praktiziert wurden.

Die letzte Rasterplatte, die vor dem 1. Weltkrieg erschien, war die Leto Colour-Platte, entwickelt und patentiert von O. S. und H. E. Dawson, und im April 1913 von der Leto Photo Materials Company auf der Photographischen Kunst- und Handwerksausstellung in London ausgestellt. Es war ein Verfahren mit separatem Raster, der aus grünen Linien mit einer Reihe roter Kreise dazwischen bestand. Die freien Räume zwischen den Kreisen waren blau gefärbt. Die kommerzielle Bedeutung des Verfahrens war unbedeutend.

Während des Krieges erschien eine wichtige neue Rasterplatte die auf Patenten von J. H. Christensen aus dem Jahre 1908 beruhte. Er hatte vorgeschlagen, eine konzentrierte Lösung von Gummi in Alkohol herzustellen. Diese Gummilösung wurde nach Aufteilung in drei Mengen rot, grün und blau eingefärbt und in Terpentin emulgiert. Die drei Emulsionen wurden dann gemischt und auf eine mit klebrigem Lack versehene Platte ausgegossen, wo die Gummitröpfchen in Form eines unregelmäßigen Mosaiks haften blieben. Sie wurden dann festgewalzt, bis jedes Partikelchen lückenlos mit seinen benachbarten Elementen in Berührung kam, so daß es keine mit undurchsichtigem Material auszufüllende Zwischenräume, wie bei der Autochrome-Platte, mehr gab.

Christensens Patente wurden von der Agfa in Deutschland erworben, und 1912 zeigte Dr. Adolf Miethe erste Versuchsergebnisse in Berlin. Die Agfa Farbenplatte kam 1916 in Deutschland auf den Markt. Sie besaß eine ähnliche Empfindlichkeit wie Autochrome und wurde in einem ähnlichen Umkehrprozeß entwickelt. Das «*British Journal of Phography*» berichtete: «Die Farbelemente sind verhältnismäßig feinkörnig und so lichtdurchlässig, daß . . . Positive in reicher, aber erfreulicherweise weicher Farbgebung erreicht werden». Die Agfa Farbenplatte war eine ernsthafte Konkurrenz für Autochrome, obwohl sie unter demselben Problem der Klumpenbildung bei den Rasterkörnern litt.

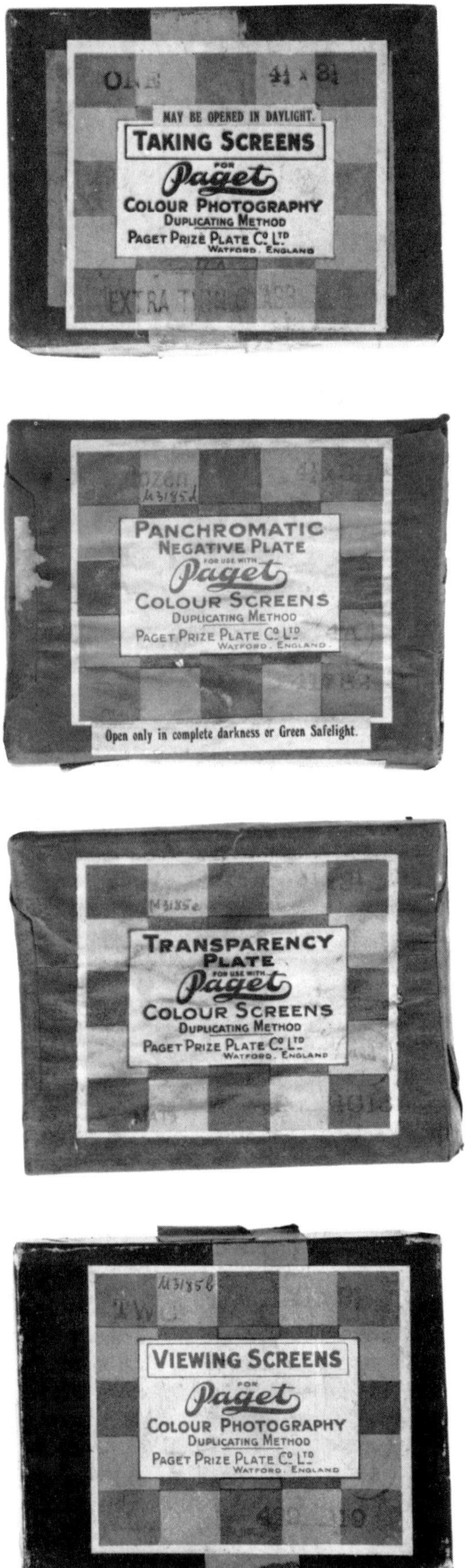

◁ *Beim Paget Colour Prozeß von Whitfield wurden für die Aufnahmen auf den Paget Panchromatic-Platten separate Aufnahemraster benutzt. Die Negativplatten wurden auf Paget Diapositivplatten (Transparency Plate) kopiert und diese wurden deckungsgleich mit den Paget Betrachtungsrastern (Viewing screens) zusammengeklebt.*

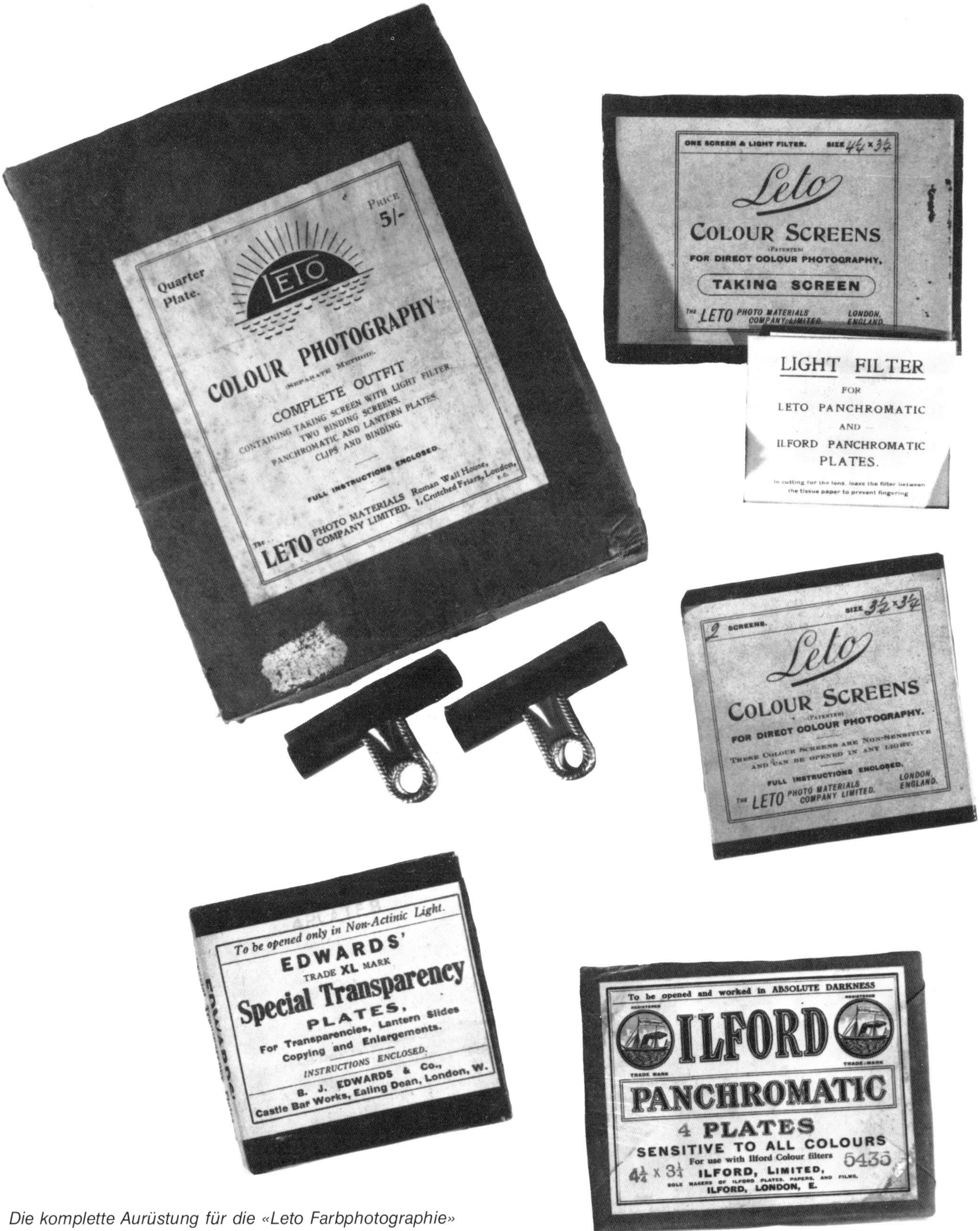

Die komplette Aurüstung für die «Leto Farbphotographie» war im Jahre 1913 vorübergehend auf dem Markt. Ebenso wie beim Paget Prozeß wurden separate Aufnahme- und Betrachtungsraster und -platten benutzt.

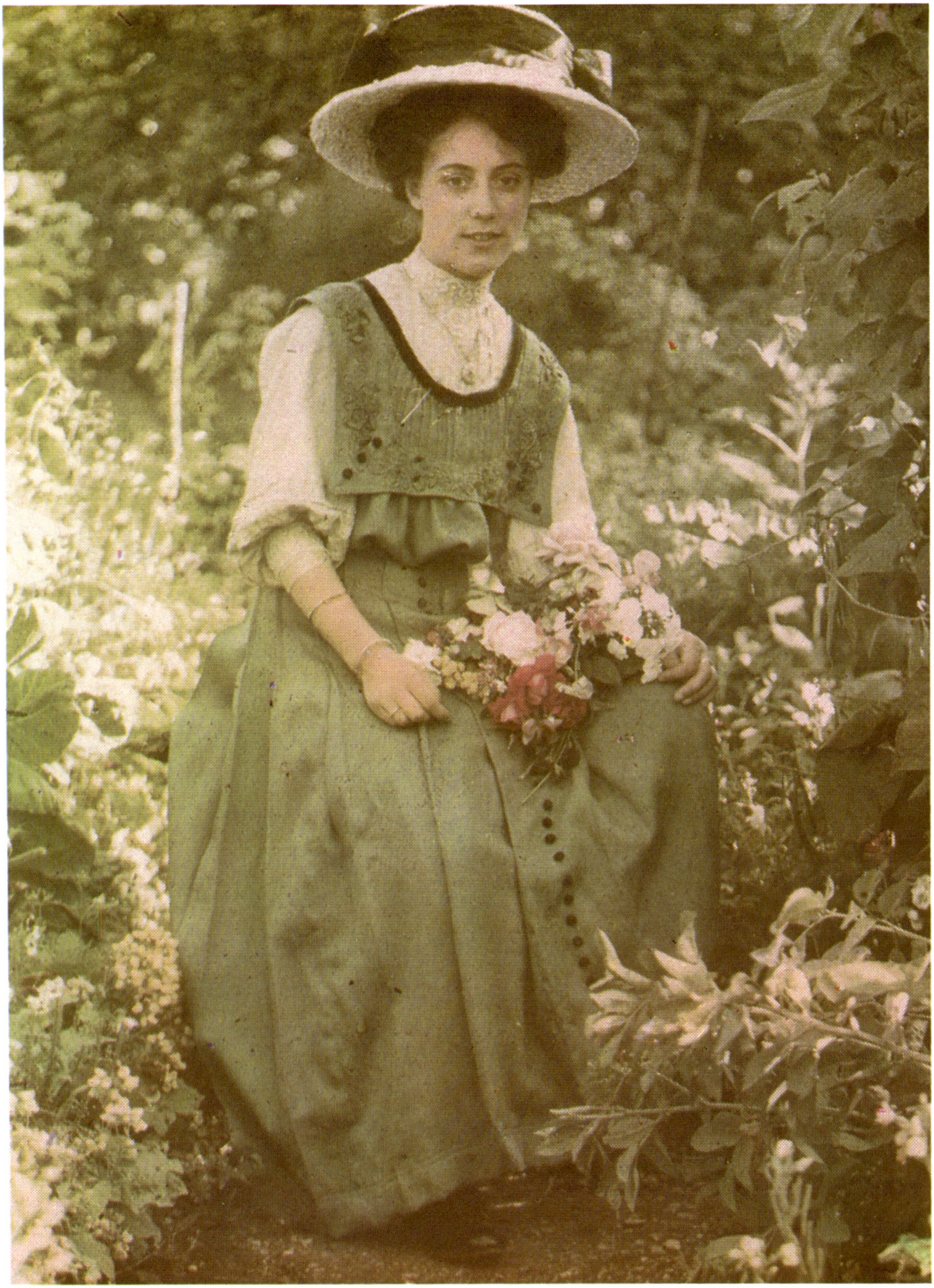

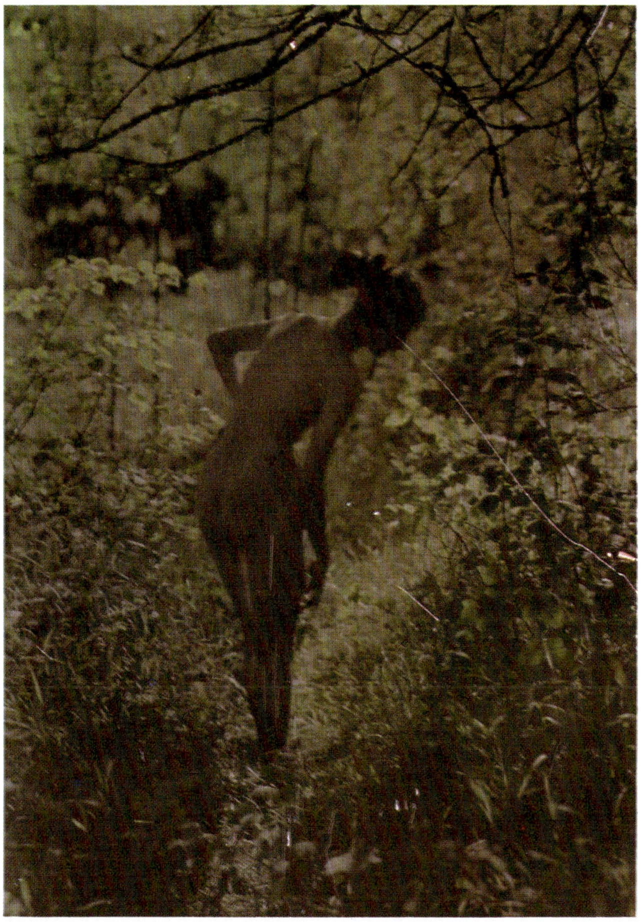

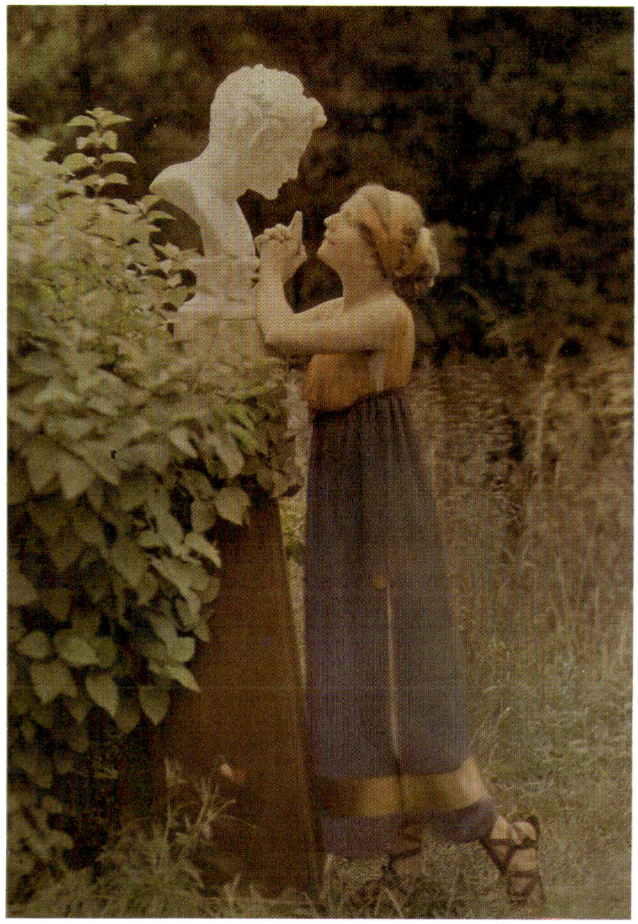

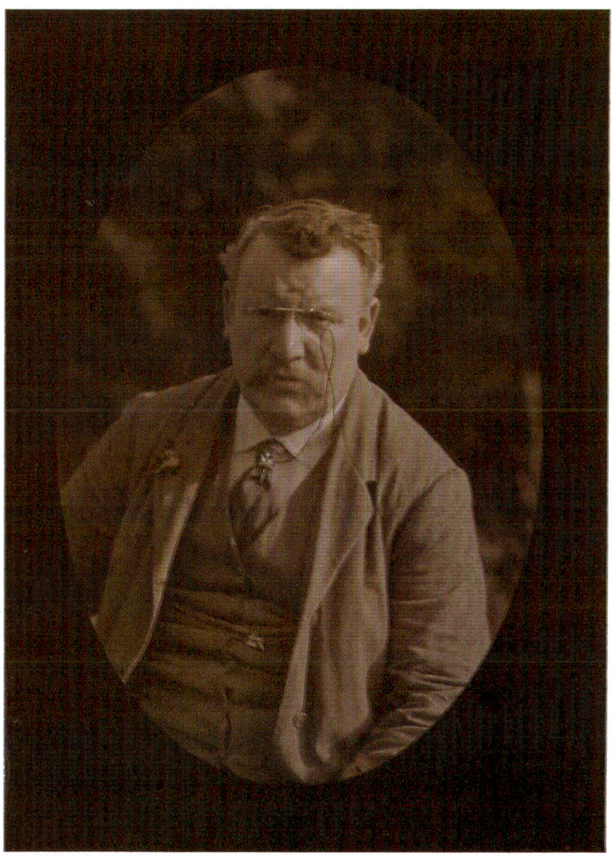

Links außen: «Wilhelminische Dame» photographiert am 21. August 1909 auf einer Thames Colour Platte mit getrenntem Raster (siehe Seite 57). Dieser von Clare L. Finlay erfundene Prozeß war nur ungefähr zwei Jahre lang auf dem Markt. (75 x 102 mm)

Oben links: Diese Aktaufnahme wurde 1912 auf einer verbesserten Dufay Dioptichrome Platte mit festem Raster (Format 110 x 160 mm) photographiert – siehe Seite 60.

Oben rechts: «Griechische Studie» – Aufnahme auf einer verbesserten Dufay Dioptichrome–Platte um 1913. (75 x 104 mm)

Links: Diese Aufnahme, die ein Portrait des Erfinders Louis Dufay darstellen soll, wurde mit dessen verbesserter Dioptichrome-Platte mit festem Farbraster im Jahre 1912 photographiert. (120 x 170 mm)

But could I take colour pictures on the Lignose Colour Films?

Why not? The film is almost as easy to use as ordinary film and far easier than a colour plate.

All you have to do is:

1. Focus the camera as when using an ordinary roll film or film-pack, and load the **Lignose** colour spool or film-pack exactly as you would one of the ordinary kind.
2. Attach the **Lignose** colour filter to the lens mount.
3. Expose correctly. A special exposure table is supplied for use with the **Lignose** colour films. For outdoor subjects the exposures are about 60 times what you would give when using a medium speed ortho plate. For interior subjects, the exposures are about 80 times.
4. Develop and reverse the film just as you would one of the well known colour plates, or hand it to your dealer to be finished. A fully descriptive instruction leaflet is supplied with every film.

The advantages of **Lignose** colour films over colour screen plates are:

1. **Simplest manipulation.** There is only one small item to receive attention, namely, the slipping of the **Lignose** colour filter on the lens. No special care is needed in focussing, because the very thin colour films do not upset the focus as does a colour plate owing to the thickness of the glass. And then the **Lignose** roll film and film-packs afford the immense boon of daylight loading now so universally popular.
2. **Latitude in exposure.** It is easy to give the correct exposure for **Lignose** colour films on account of the greater latitude of the emulsion in this respect.
3. **No breakages and little weight.** These two characteristics of **Lignose** colour films become available for the first time in colour photography. They make all the difference in the practical production of colour transparencies.

Hitherto in colour photography it has been: "Oh, it means plates." Now with **Lignose**, it is film. For the first time in the history of photography the pleasure of making colour pictures is available to film users.

Oben: Teil einer Werbebroschüre für den Lignose Naturfarbenfilm (1926).

Der ehemalige Paget-Prozeß wurde 1926 in Form des Duplex-Prozesses von Charles Baker wiederbelebt. Verbesserte separate Raster von derselben Anordnung wie bei den Paget-Platten und neue, von Wellington und Ward hergestellte Negativplatten ermöglichten nun Belichtungen von 1/30 Sekunden bei Blende 4,5 in offenen Landschaften. Die neuen Platten wurden nur in zwei Formaten hergestellt, nämlich 6 x 9 cm und 8,5 x 10,8 cm. Ebenfalls 1926 tauchte ein Farbrasterverfahren auf Filmunterlage anstelle von Glas auf. Es war nicht der erste Farbrasterfilm, den 1910 hatte bereits die deutsche *Neue Photographische Gesellschaft* einen Rollfilm mit einem festen Raster aus roten Linien und eckigen grünen und blauvioletten Elementen verkauft, der auf einer Erfindung von Robert Krayn beruhte (vgl. auch oben), aber nur einen mittelmäßigen Geschäftserfolg hatte. Unüblich daran war, daß der belichtete Film negativ entwickelt wurde, um dann auf einen ähnlichen Rasterfilm als Diapositiv kopiert zu werden.

Das neue Verfahren von 1926, der Lignose Naturfarbenfilm, benutzte einen unregelmäßigen Mosaikraster mit Elementen, deren Durchschnittsgröße 0,009 mm betrug und im Erscheinungsbild dem Raster der Agfa Farbenplatte sehr ähnlich war.

Die immer noch sehr lange Belichtung betrug das 60fache eines Schwarzweißfilms; der Film wurde umkehrentwickelt. Insgesamt waren die Ergebnisse sehr gut, und der «*New Photographer*» berichtete: «Die Filme sind bemerkenswert frei von Fabrikationsfehlern, die doch sonst bei einer solchen Art von Material kaum vermeidbar sind.» Der Lignosefilm war erhältlich als Planfilm (in 9 Formaten) Filmpack (in 5 Formaten) und Rollfilm (in ebenfalls 5 Formaten).

Eine der letzten Farbrasterplatten auf Glas erschien im Sommer 1929. Es war Finlay Colour, bestehend aus einem Raster mit roten, grünen und blauen Quadraten, deren Anordnung mit den früheren Duplex-Platten von Baker und den Paget-Platten identisch war. Als Aufnahmematerial wurde eine neue höchstempfindliche Negativplatte, wie z. B. Ilford Hypersensitive oder Barnet Ultrasensitive Platten, benutzt, welche kürzere Belichtungszeiten ermöglichten und einen größeren Belichtungsspielraum besaßen. Unter der Bezeichnung Finlaychrome war ab 1931 ein Material mit festem Raster auf einer Diapositivplatte erhältlich. Finlay Colour erlebte eine kurze Wiedergeburt im Jahr 1953, als das Verfahren unter dem Namen Johnson's Colour Screen Process wieder erschien.

1931 führte Franz Piller ein Verfahren zur Herstellung von farbigen Papierbildern ein. Im Prinzip ähnelte es dem früheren Paget-Kopierverfahren, jedoch besaß der Aufnahmeraster rote, grüne und blaue Linie (zwölf je Millimeter). Das durch diesen Linienraster belichtete Negativ wurde auf ein Photopapier mit Aluminiumschichtträger kopiert, auf das ein Raster aus farbigen Linien gedruckt war, die genau denen des Aufnahmerasters entsprachen. Ein spezieller Kopierrahmen mit Micrometerjustierung und Registriermarken gestattete eine exakte Deckung der Negativplatte und des Papiers beim Kopiervorgang. Die Farbwiedergabe der Kopien war ziemlich entsättigt, jedoch «erfreulich und zufriedenstellend», wie das *British Journal of Photography* bemerkte. Das Piller-Verfahren war kommerziell nicht sehr erfolgreich.

Der zunehmende Trend in der gesamten Photographie von Glasplatten zu Filmunterlagen überzugehen, beeinflußte in den 20er und 30er Jahren die Entwicklung verschiedener langlebiger Farbrasterverfahren. 1931 brachte die Firma Lumière einen Planfilm in 19 Formaten auf den Markt, der der Autochrome-Platte entsprach und Filmcolor genannt wurde. Die neuen Filme waren

Rechts: Eine Anzeige für den Finlay Colour-Prozeß, ein Konkurrenzprodukt zu dem früheren Paget Color-Prozeß. ▷

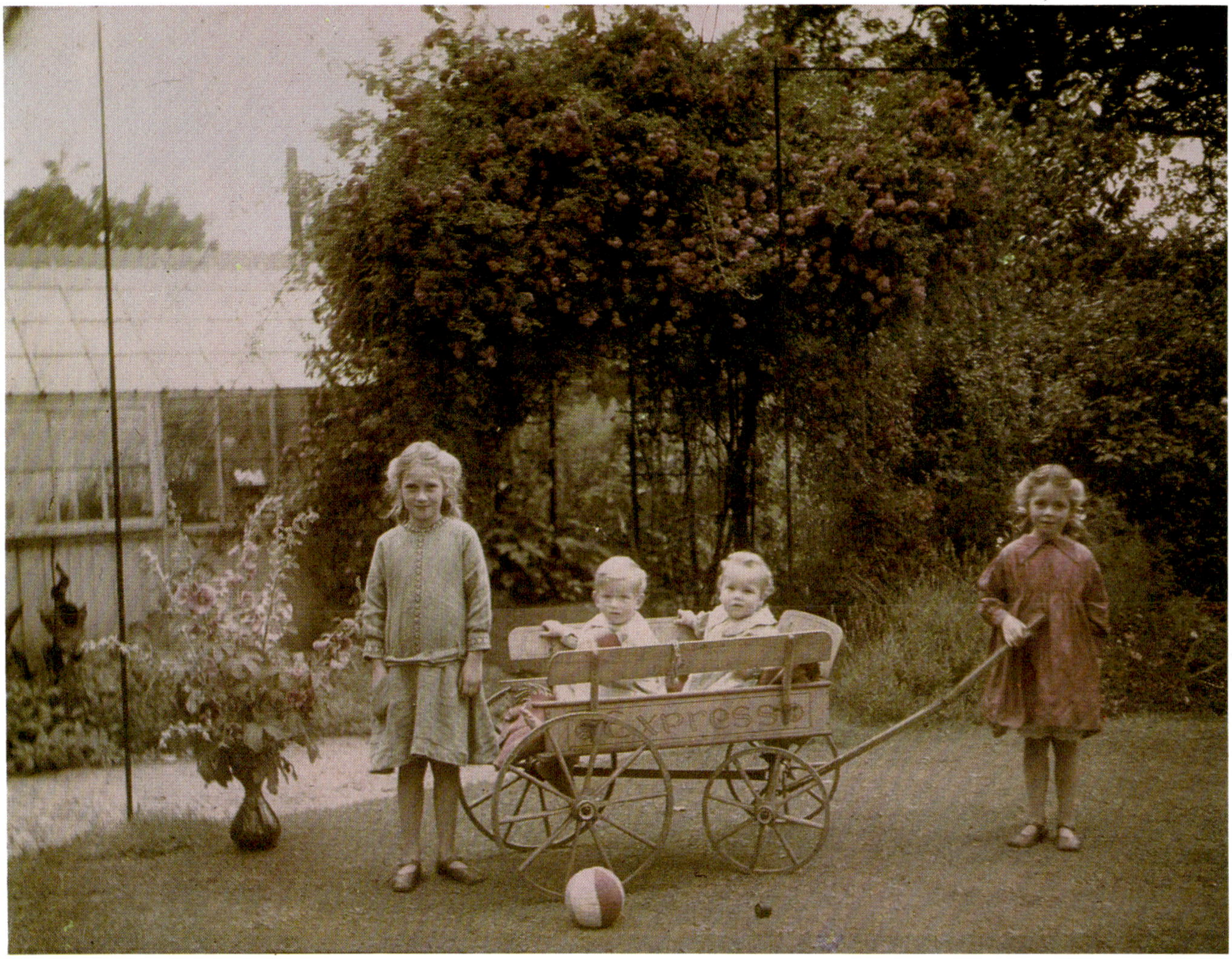

Oben: «Spaß mit der Karre» (um 1914). Eine Paget Color-Platte mit festem Raster; dieser von Geoffrey Whitfield erfundene Prozeß wird auf Seite 60 beschrieben. (97 x 72 mm)

Rechts: «Die Rosenlaube» (um 1914). Ein von einem ziemlich farbbewußten Photographen auf einer Paget Color-Platte mit festem Raster photographiertes Portrait. (72 x 97 mm)

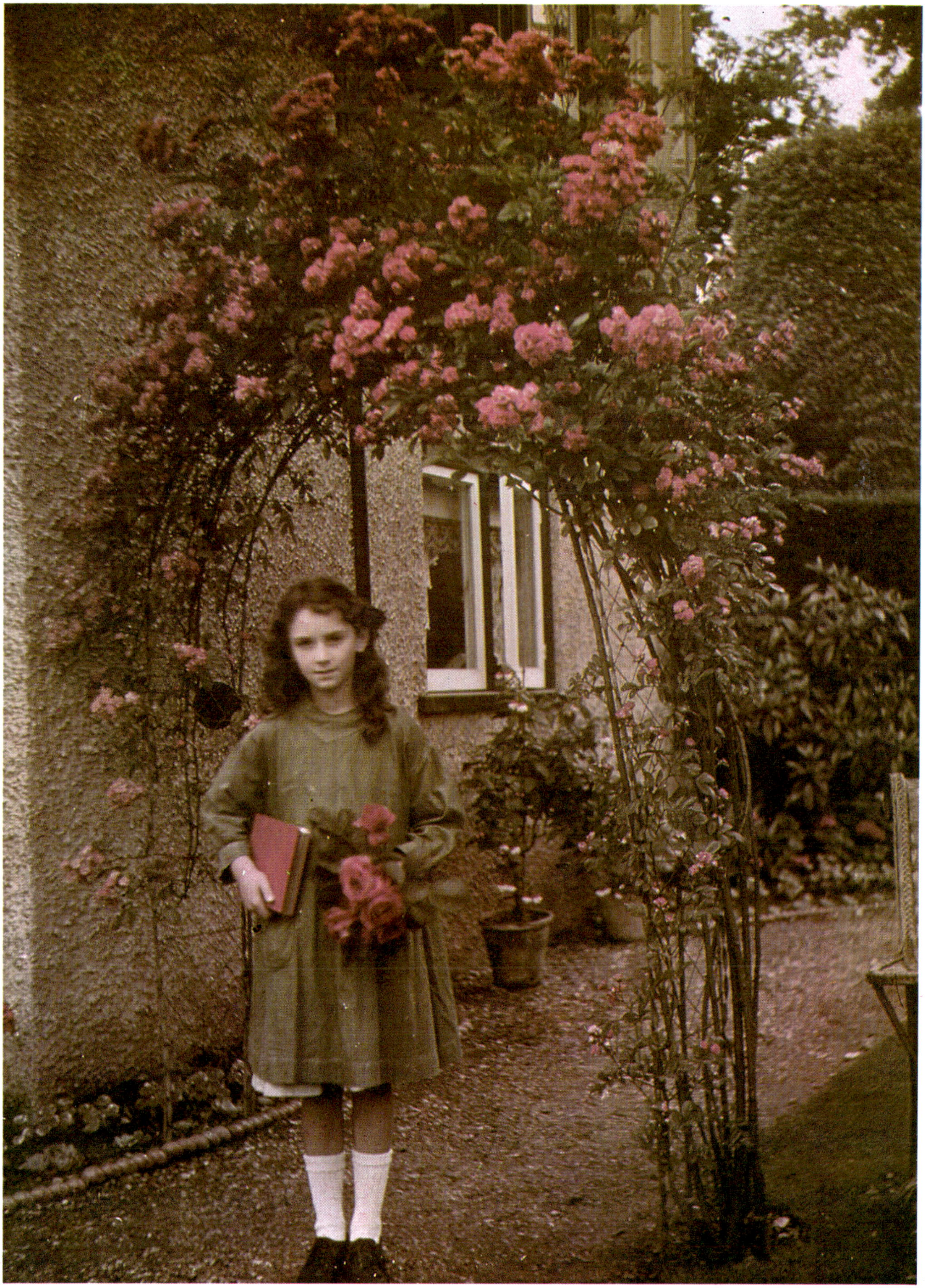

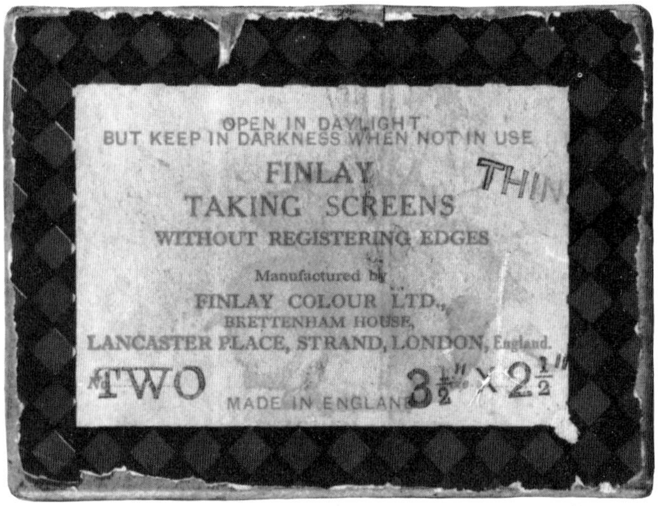

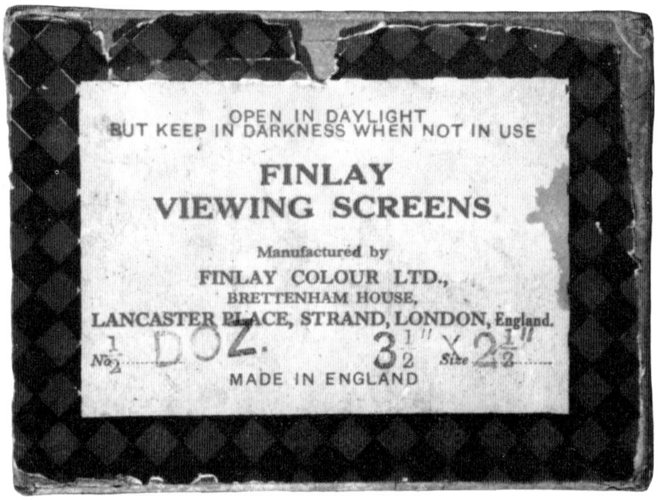

Beim Finlay-Verfahren wurden separate Aufnahme- und Betrachtungsraster benutzt, die jeweils mit entsprechenden Negativ- und Positiv-Photoplatten kombiniert waren.

etwas empfindlicher als die Platten und bequemer zu handhaben. Filmpacks und Rollfilme folgten bald und Mitte der 30er Jahre hatte Filmcolor tatsächlich die Autochrome-Platten ersetzt. Ein Rollfilm im Format 6 x 9 cm mit vier Aufnahmen kostete 1935 5 Schilling und 6 Pence, im Vergleich dazu mußte man für einen entsprechenden Schwarzweiß-Film mit acht Aufnahmen einen Schilling bezahlen. Nachdem die Agfa die Rechte am Lignose-Naturfarbenfilm übernommen hatte, folgte sie 1932 mit entsprechenden Agfacolor-Filmen in Rollfilm- und Filmpack-Formaten sowie als Planfilme. 1934 erschienen Agfacolor-Ultra Rollfilme und Filmpacks, die nun sechs- bis achtmal empfindlicher als die früheren Agfa Farbenplatten waren und somit Belichtungszeiten von 1/30 Sekunden bei Blende 4,5 in guter Beleuchtung zuließen. Für Tageslichtaufnahmen war kein Korrekturfilter mehr nötig, wie es bis dahin immer für Rasterplatten erforderlich war, und die Farbwiedergabe wurde allgemein als hervorragend bezeichnet.

Als letzter additiver Rasterfilm erschien Dufaycolor auf dem Markt, hervorgegangen aus der früheren Dioptichrome-Platte. Dieser neue Film besaß einen sehr feinen, regelmäßigen Raster auf einer mit Kollodium beschichteten nicht brennbaren Filmunterlage. Nachdem diese Schicht blau eingefärbt worden war, wurde eine Anordnung wasserunlöslicher schwarzer Fettfarben-Linien daraufgedruckt, von denen zwanzig auf einen Millimeter entfielen, und deren Zwischenräume ihrem Durchmesser entsprachen. Dann wurde der Farbstoff zwischen diesen Linien ausgebleicht und der Film mit Grün nachgefärbt, so daß abwechselnd grüne und blaue Linien entstanden. Nach dem Abwaschen der ersten Anordnung der schwarzen Fettfarben-Linien wurde im rechten Winkel eine zweite Anordnung auf die Schicht kopiert, wobei dieses Mal die Linien dicker waren als die Lücken zwischen ihnen. Der Film wurde wiederum ausgebleicht. Die so entstandenen klaren Felder zwischen den Linien wurden dann rot eingefärbt. Schließlich entfernte man die Fettfarben-Linien und es blieb ein Raster von roten Linien, die mit Reihen grüner und blauer Rechtecke abwechselten, übrig. Die drei Grundfarben bedeckten jeweils eine ungefähr gleiche Fläche. Der Raster wurde dann lackiert und mit einer panchromatischen Emulsion übergossen.

Dufaycolor wurde zunächst von der Firma Spicer-Dufay 1932 in England als Kinofilm herausgebracht, und kam erst 1935 als photographisches Material auf den Markt. In diesem Jahr brachte Ilford Rollfilme, Planfilme und Filmpacks heraus und bot einen Entwicklungsdienst für die Rollfilme an. Ein Rollfilm 6 x 9 cm mit sechs Bildern kostete 1935 das Dreifache eines Schwarzweißfilmes mit acht Aufnahmen, hinzu kamen noch die Entwicklungskosten. Der Dufaycolor-Film wurde umkehrentwickelt und besaß etwa ein Drittel der Empfindlichkeit eines gewöhnlichen Schwarzweißfilmes jener Zeit, das heißt ungefähr eine Empfindlichkeit von ASA 10 (11 DIN). Das reichte, um kurze Belichtungszeiten von 1/50 Sekunden bei Blende 8 im Sonnenlicht zu erhalten. Die sehr feine Rasterstruktur, erhöhte Empfindlichkeit und der verhältnismäßig einfache Entwicklungsprozeß machten Dufaycolor-Filme sowohl bei Amateur- als auch Berufsphotographen beliebt; daher blieben sie bis in die 50er Jahre auf dem Markt. Rasterverfahren konnten allerdings nicht mit den modernen rasterlosen Farbverfahren konkurrieren und waren daher in den späten 50er Jahren alle vom Markt verschwunden. Ihr Prinzip lebt allerdings im Farbfernsehen fort, wo das Bild auf dem Schirm in Form winziger roter, grüner und blauer

Rechts: Ein Werbeposter für den Dufaycolor Film, mit dem das große Sortiment der auf dem Markt befindlichen Filmtypen und -formate dargestellt wurde.

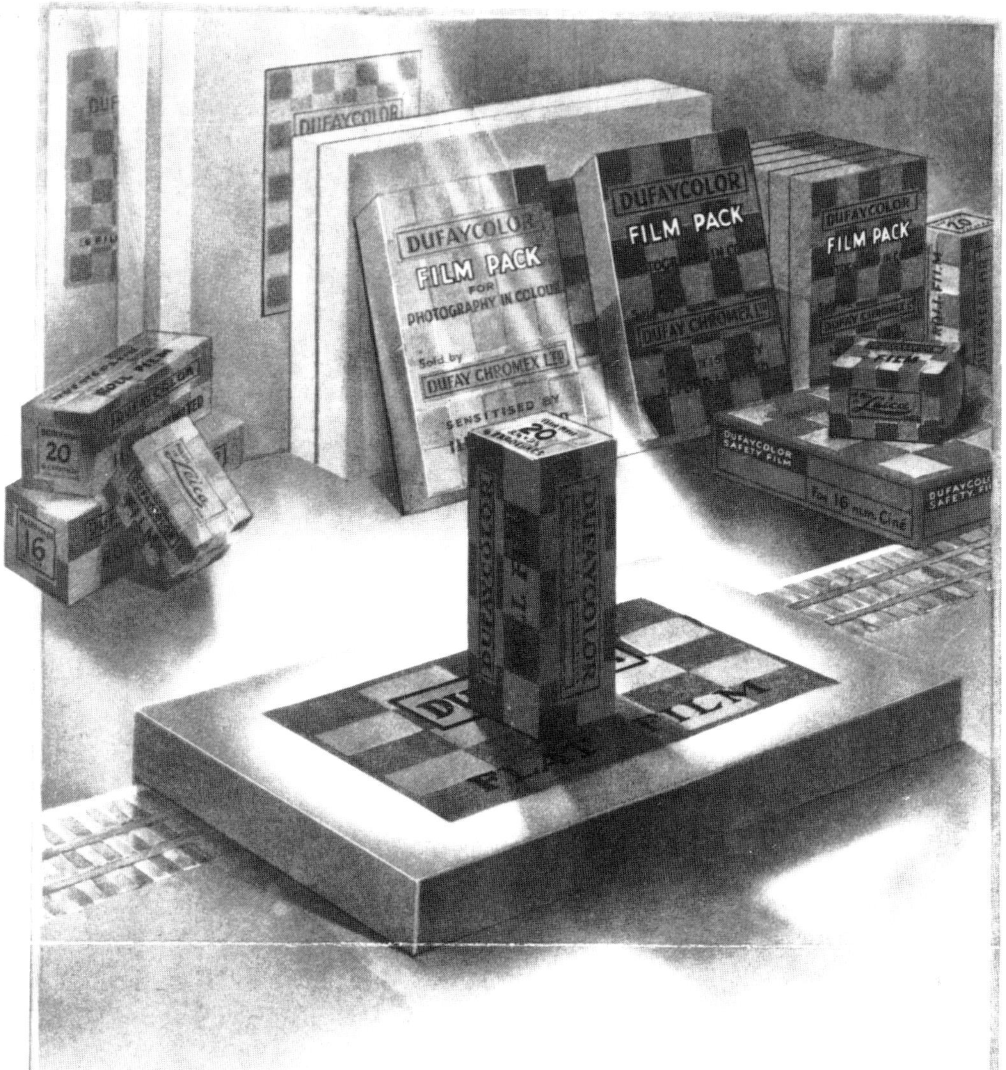
DUFAYCOLOR
FILM PACK
FOR
PHOTOGRAPHY IN COLOURS
Sold by
DUFAY CHROMEX LTD
SENSITISED BY
DUFAYCOLOR
FILM PACK
DUFAY CHROMEX LTD
DUFAYCOLOR
SAFETY FILM
For 16 mm. Ciné
DUFAYCOLOR
FLAT FILM

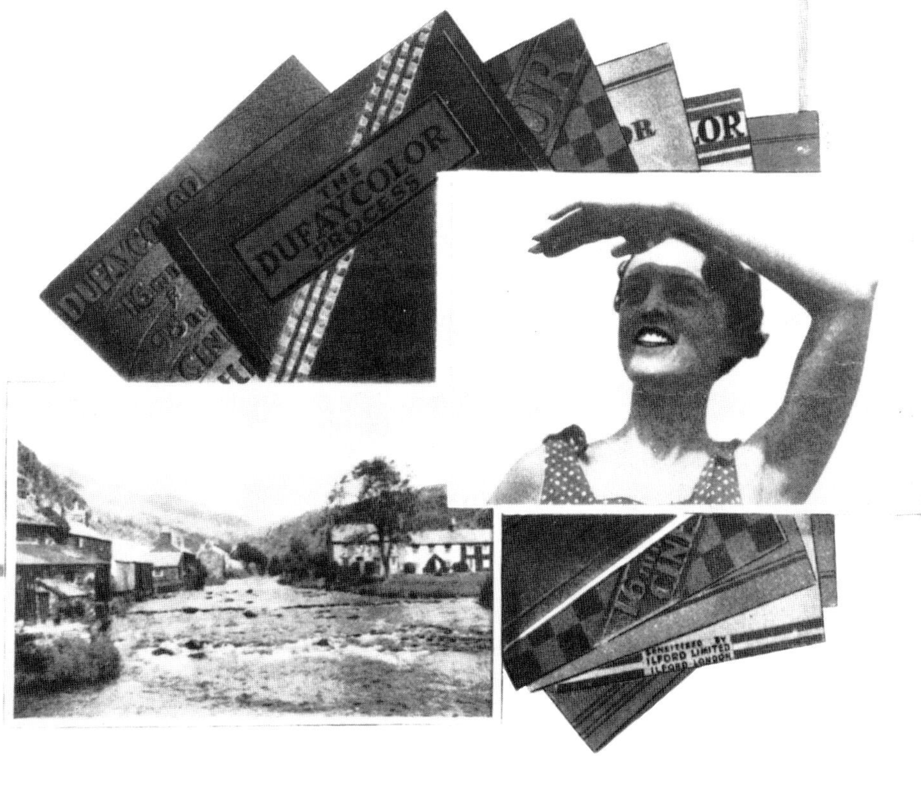
THE
DUFAYCOLOR
PROCESS
SENSITISED BY
ILFORD LIMITED
ILFORD LONDON

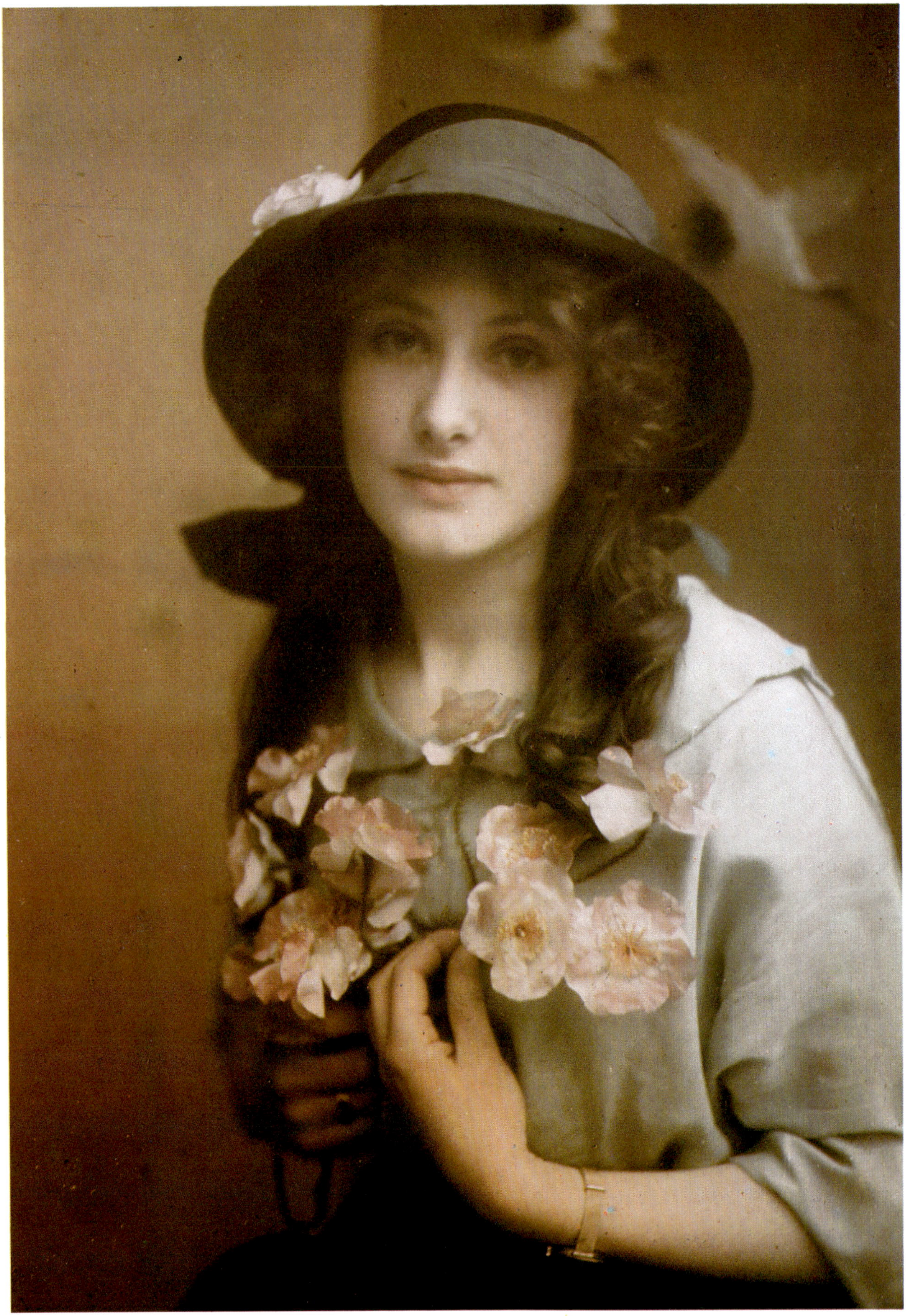

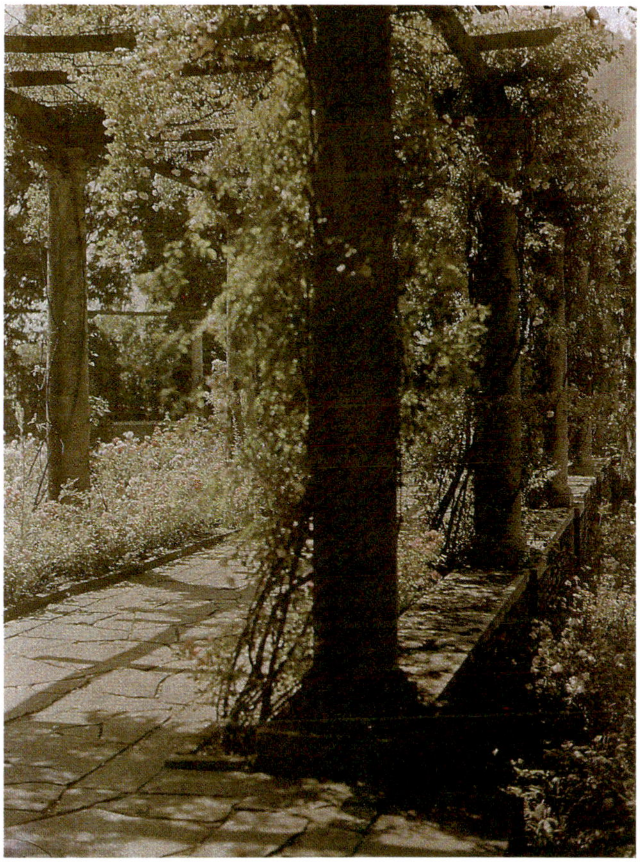

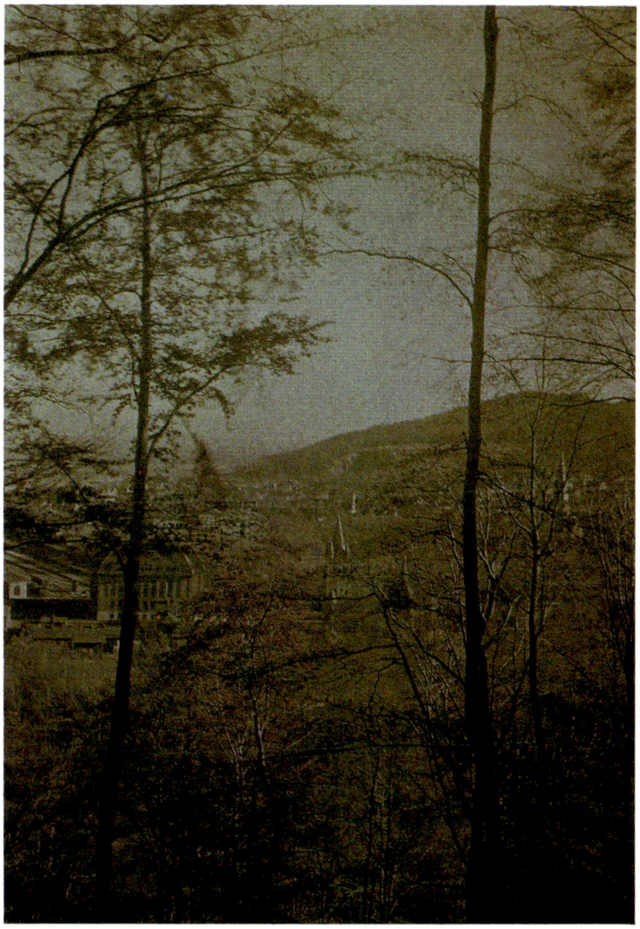

Links außen: «Mädchen mit Blumen» (um 1913). Eine Aufnahme mit dem separaten Paget Farbraster, von A. C. Banfield, FRPS. (110 x 154 mm)

Oben: «Gartenweg» (um 1928) – eine Agfa Farbenplatte, beschrieben auf Seite 64. (80 x 102 mm)

Unten: «Bayerische Landschaft» (um 1928) – eine Agfa Farbenplatte im Format 117 x 167 mm.

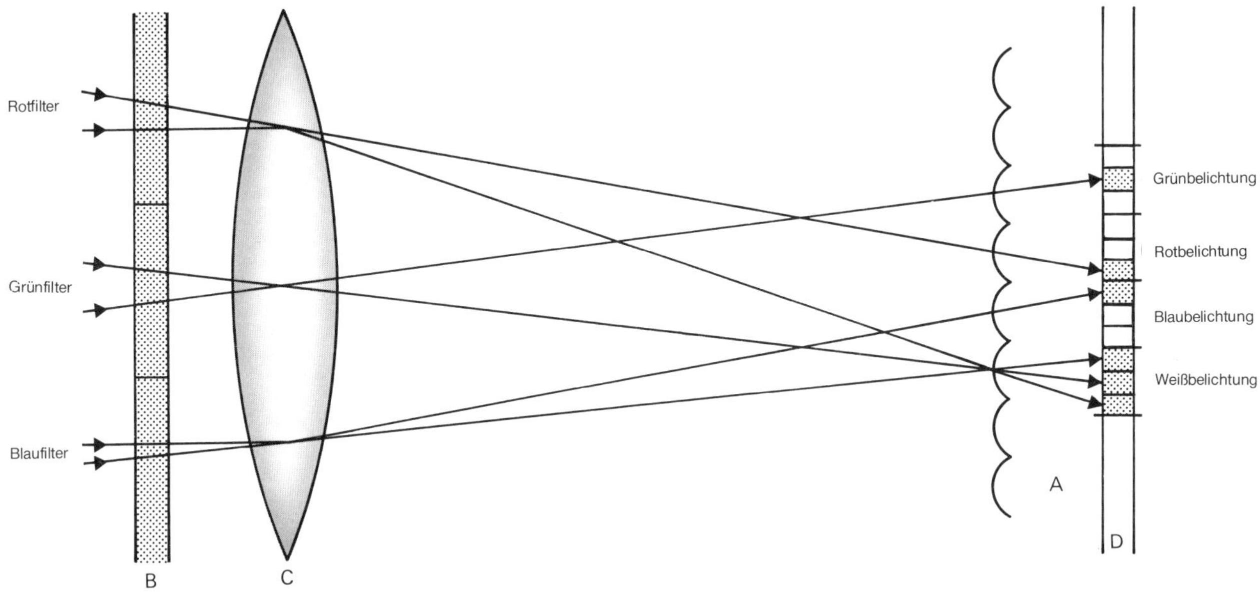

Oben: Das Prinzip des Berthon/Keller-Dorian-Linsenrasterfilms. Jedes der linsenförmigen Partikel auf dem Film A erzeugte ein Bild der drei Farbfilterstreifen B, die vor der Linse C angebracht waren, in der Emulsionsschicht D. Das Licht fiel durch die roten, grünen und blauen Segmente des Filters und erzeugte in der Filmschicht hinter jedem Linsenrasterelement eine streifenförmige Abbildung; die Lage der Belichtungsstreifen wurde durch den Farbeindruck des photographischen Objekts an dieser Stelle bestimmt. Der Film wurde umkehrentwickelt und nach dem umgekehrten Prinzip des Aufnahmevorgangs projiziert: Jedes Linsenelement warf die von den streifenförmigen Bildeindrücken der Filmschicht stammenden Lichtstrahlen durch die Linse und die farbigen Filterstreifen auf die Leinwand, um dort ein Farbbild zusammenzusetzen.

Rechts: Ein 1927 mit der Leica aufgenommenes Dia auf Berthon/Keller-Dorian-Kleinbildfilm. Durch die linsenförmige Struktur wurde ein aus Linien zusammengesetztes Bild erzeugt, wie man deutlich in dem unteren vergrößerten Ausschnitt sehen kann. ▷

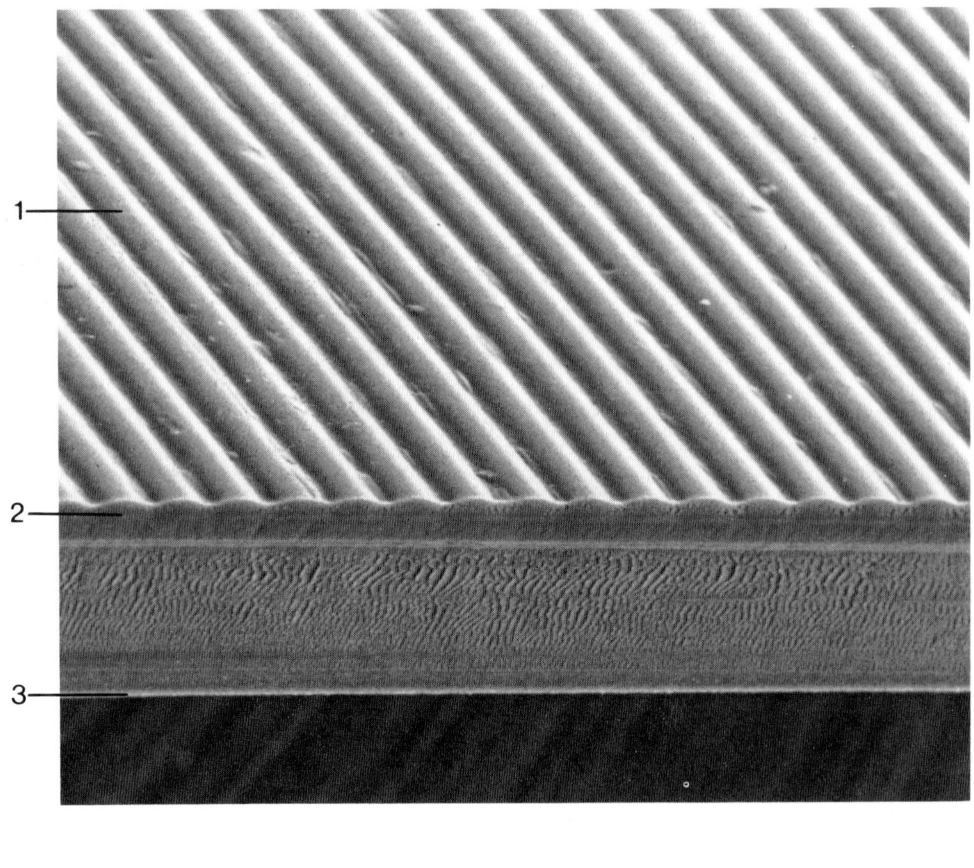

Ein Stück Linsenrasterfilm, 180fach in einem Elektronenmikroskop vergrößert. Die Linsenelemente auf der Oberfläche 1 sind an der Schnittkante 2 zu sehen. Die lichtempfindliche Emulsion 3 befindet sich in einer dünnen Schicht an der Unterseite des Films.

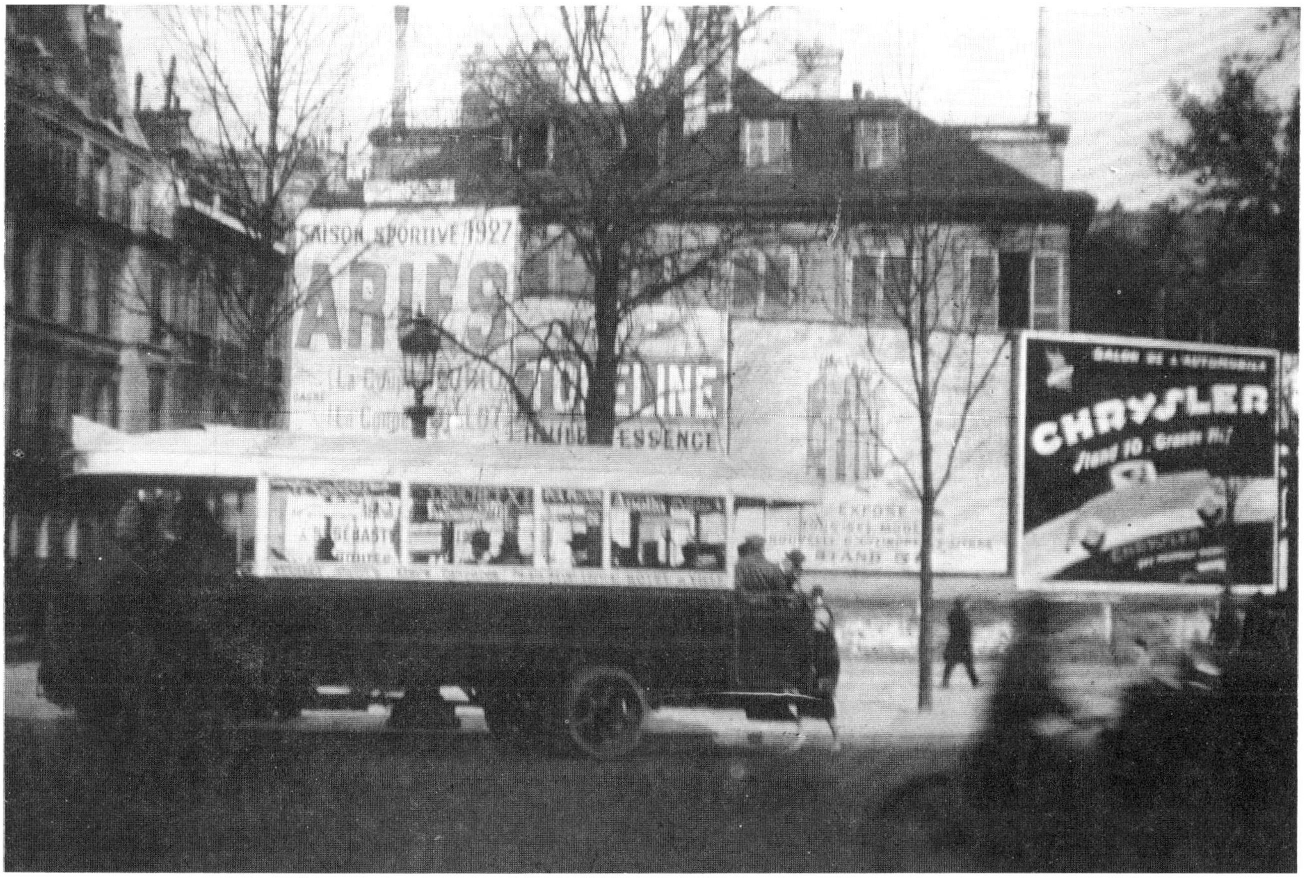
SAISON SPORTIVE 1927
ESSENCE
CHRYSLER

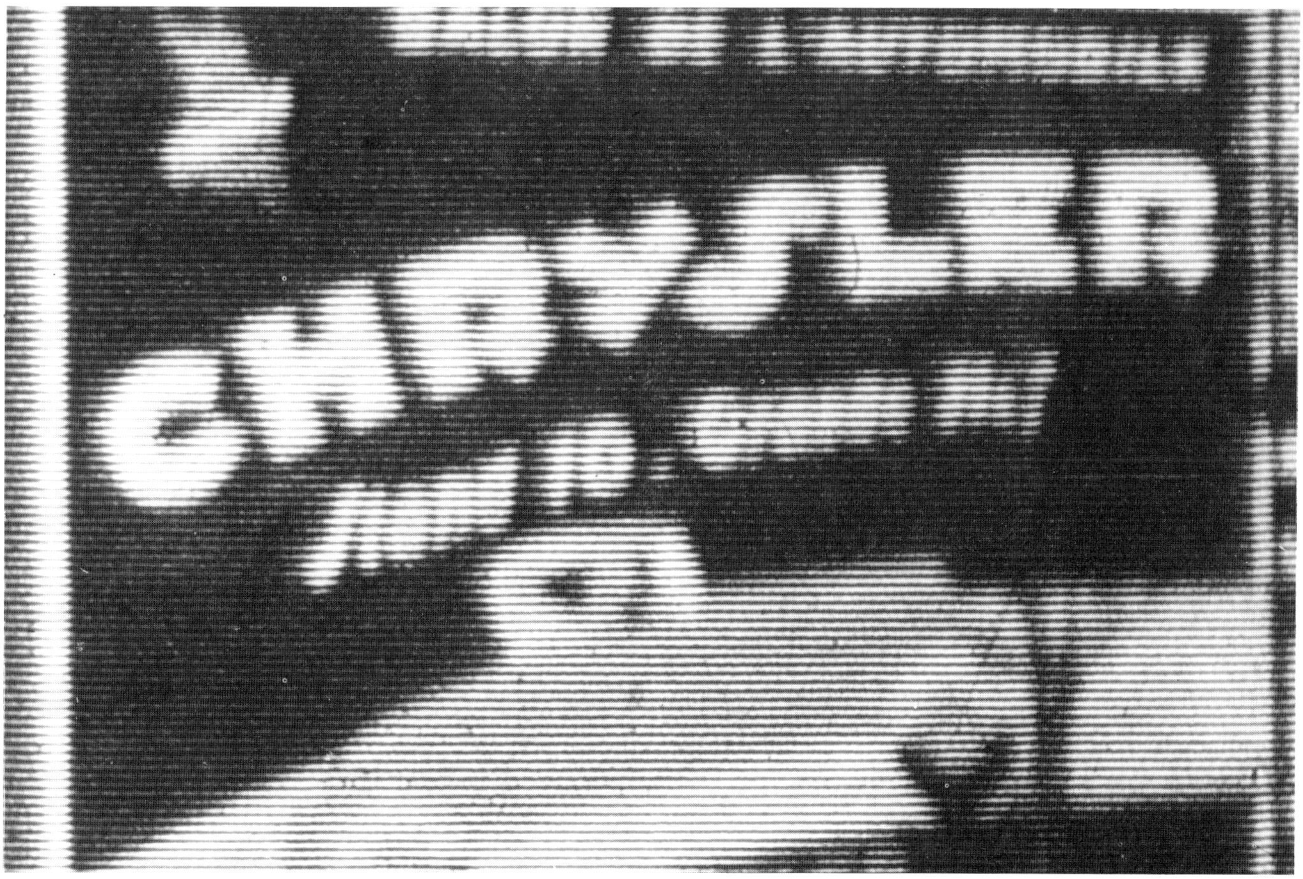

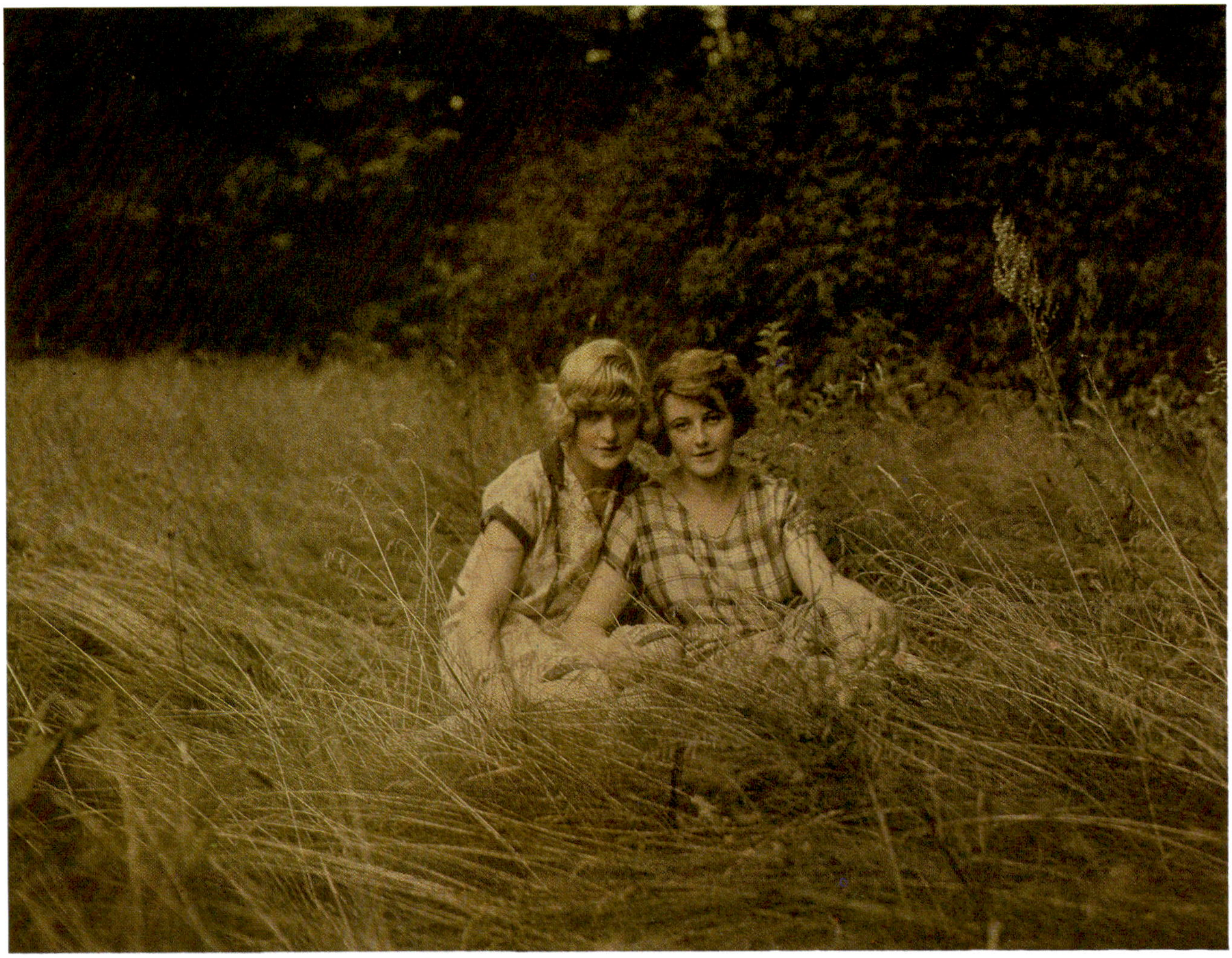

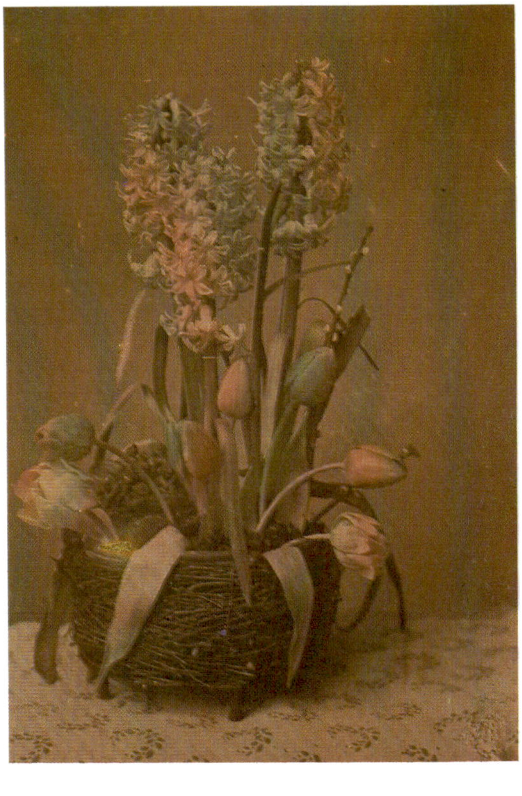

Oben: «Die beiden Freundinnen» – eine Aufnahme auf Lignose Naturfarbenfilm (um 1927). Der Lignose Film (vgl. Seite 68) war der erste auf dem Markt erfolgreiche Farbraster-Rollfilm. (106 x 78 mm)

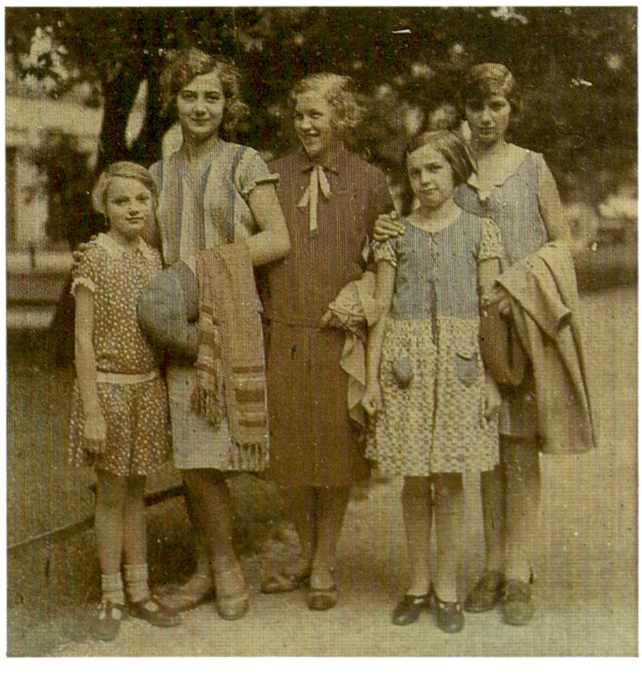

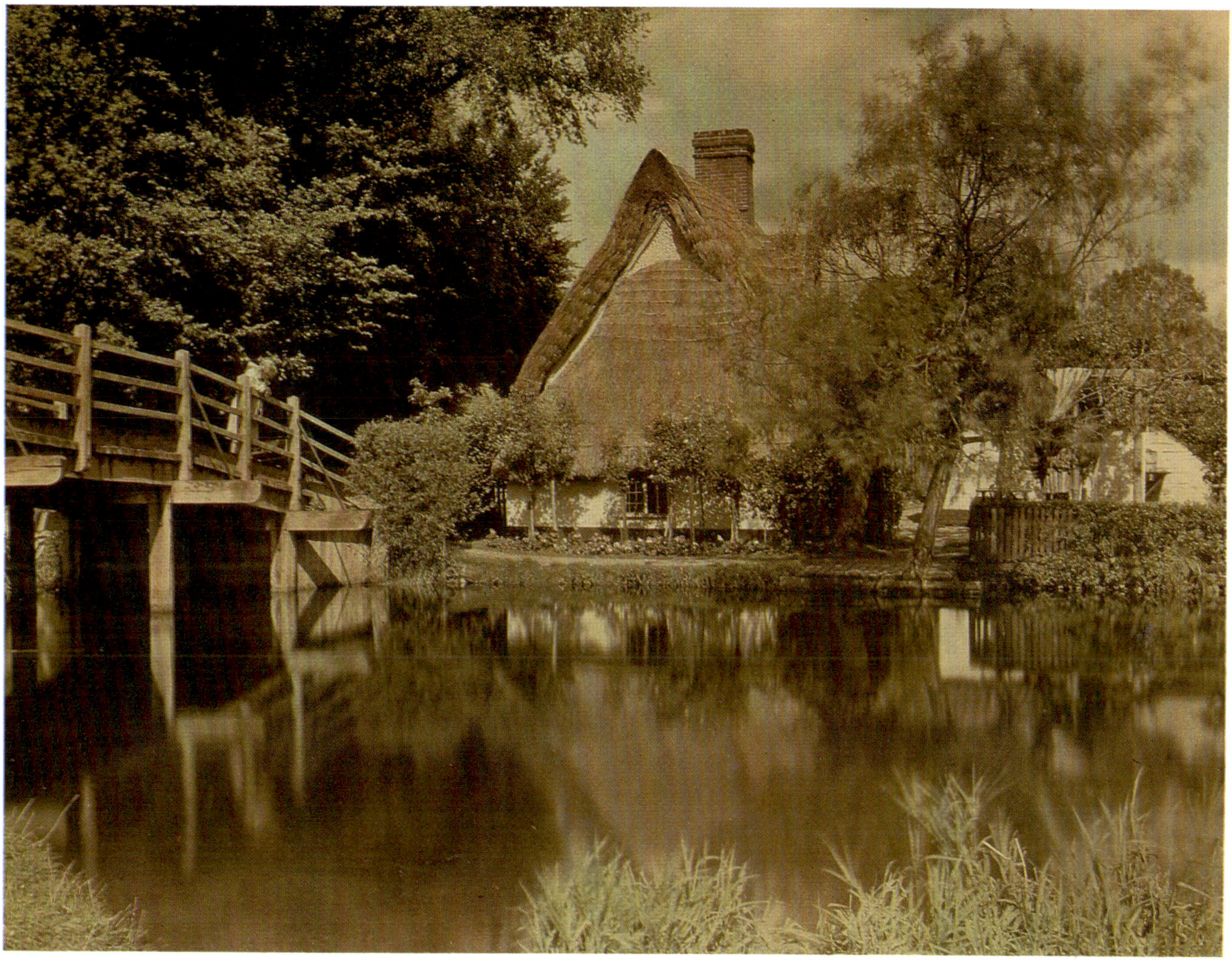

Oben: «Die Brücke von Flatford, Suffolk» (1931). Eine Finlay Colour Platte mit festem Raster, ein Konkurrenzprodukt zum früheren Paget-Verfahren, das verbesserte Negativplatten benutzte (siehe Seite 68). (210 x 157 mm)

Links außen: «Blumenstudie», eine Reproduktion von einem Krayn Linienraster-Positivfilm, kopiert von einem Krayn Linienraster-Negativfilm. Dieser 1910 eingeführte Prozeß wird auf Seite 68 beschrieben. Die grünlichen senkrechten Linien sind Moirée-Effekte, die sich beim Übereinanderkopieren von Rasterfilmen ergeben können. (72 x 105 mm)

Mitte links: Ein Piller Farbbild (1931). Als eines der sehr seltenen additiven Farbkopierverfahren benutzte Piller ein aluminiumbeschichtetes Papier, das mit feinen roten, grünen und blauen Rasterlinien versehen war. Das Verfahren wird auf Seite 68 beschrieben. (75 x 55 mm)

Links: Ein Filmcolor-Dia von Lumière, aus einem Stereo-Bildpaar aus dem Jahre 1935. Filmcolor besaß dieselbe Rasterstruktur wie die Autochrome-Platte, befand sich jedoch auf einer Filmunterlage anstatt auf einer Glas-Platte. (54 x 60 mm)

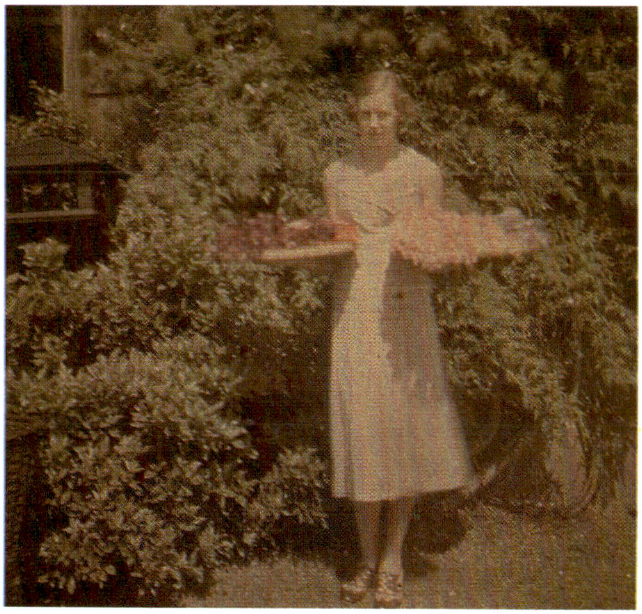

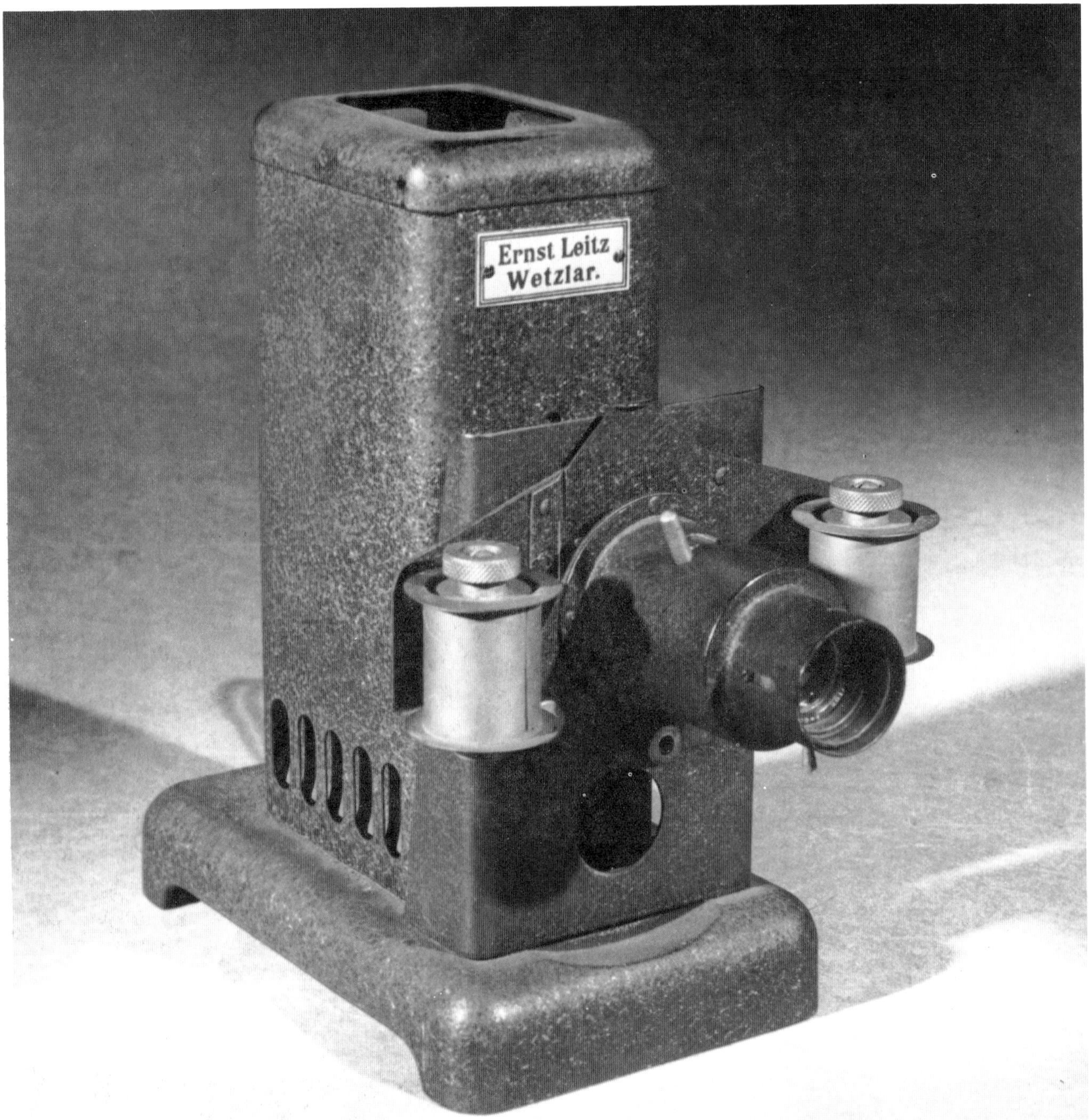

Filmstreifenprojektor von Leitz (1927), vorgesehen zur Projektion von Linsenraster-Dias auf Berthon/Keller-Dorian-Film.

Elemente zusammengesetzt ist, die durch die Sendesignale zum Leuchten gebracht werden; auch die elektronischen Farbfernsehkameras teilen den Farbeindruck in die drei additiven Grundfarben auf.

Eine elegante farbphotographische Methode, bei der Filme mit aufgeprägten kleinen Linsen benutzt wurden, wurde erstmals 1909 von dem Franzosen R. Berthon vorgeschlagen und patentiert. Er befestigte unmittelbar vor dem Kameraobjektiv ein Spezialfilter mit drei roten, grünen und blauen Streifen, die vollständig die Vorderlinse abdeckten. Der Schichtträger des Films war mit Gruppen winziger Linsen bedeckt, die ein Bild der streifenförmigen Filter auf die Filmschicht warfen, die vom Objektiv abgewandt angeordnet war. Man kann dieses Verfahren daher als «optisches Linienraster» bezeichnen. Das von dem Objektiv ausgehende Licht wurde von dem Streifenfilter entweder absorbiert und durchgelassen, so daß z. B. rote Partien des Motives auf dem Film nur an den Stellen abgebildet wurden, wo die Linsen im Film eine Abbildung des roten Filters erzeugten. Nach der Umkehrentwicklung wurde der Film mit einem entsprechenden optischen System, also einem Streifenfilter vor dem Projektionsobjektiv, vorgeführt. Der Linsenraster führte die durch das Bild fallende Lichtanteile genau wieder dem entsprechenden Filterstreifen zu, so daß auf der Leinwand ein Bild in allen Farben erschien, erzeugt von vielen Reihen winziger roter, grüner und blauer Streifen unterschiedlicher Stärke. Die Grundidee von Berthon wurde von einem anderen Franzosen, A. Keller-Dorian, weiterentwickelt, der verschiedene Methoden zur Erzeugung des Linsenrasters erfand. Erste Vorführungen dieses KDB-Prozesses (**K**eller-**D**orian, **B**erthon) als Kinofilm fanden 1923 und später noch statt, jedoch schränkten die großen Schwierigkeiten der Kopienherstellung nach dem Linsenrasterfilm seinen Gebrauch im Kino stark ein. Die Eastman Kodak Company stellte einen 16 mm Schmalfilm für das Heimkino nach dem Linsenrasterverfahren her. Hier waren 22 zylinderförmige Linsen pro Millimeter in die Filmschicht eingeprägt. Der 1928 unter der Bezeichnung Kodacolor herauskommende Film blieb bis 1937 auf dem Markt. Der KDB-Film konnte in Kleinbildkameras, wie z. B. der Leica benutzt werden, deren Objektiv mit einem dreistreifigen Spezialfilter ausgestattet waren. 1928 stellte Leitz einen Filmstreifenprojektor her mit einem fest in das Objektiv eingebauten Streifenfilter, um Linsenrasterfilme vorzuführen. 1933 brachte Leitz einen Objektivvorsatz für Leica-Kameras und den neuen Agfacolor-Linsenrasterfilm heraus. Der Prozeß hatte in der Photographie jedoch nur eine geringe Bedeutung.

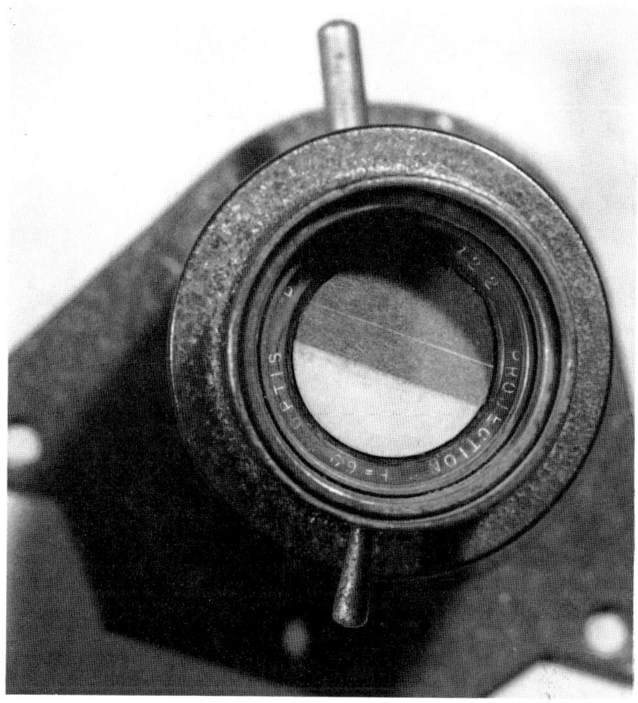

Das mit dem Dreistreifen-Farbfilter ausgestattete Objektiv des Leitz Projektors.

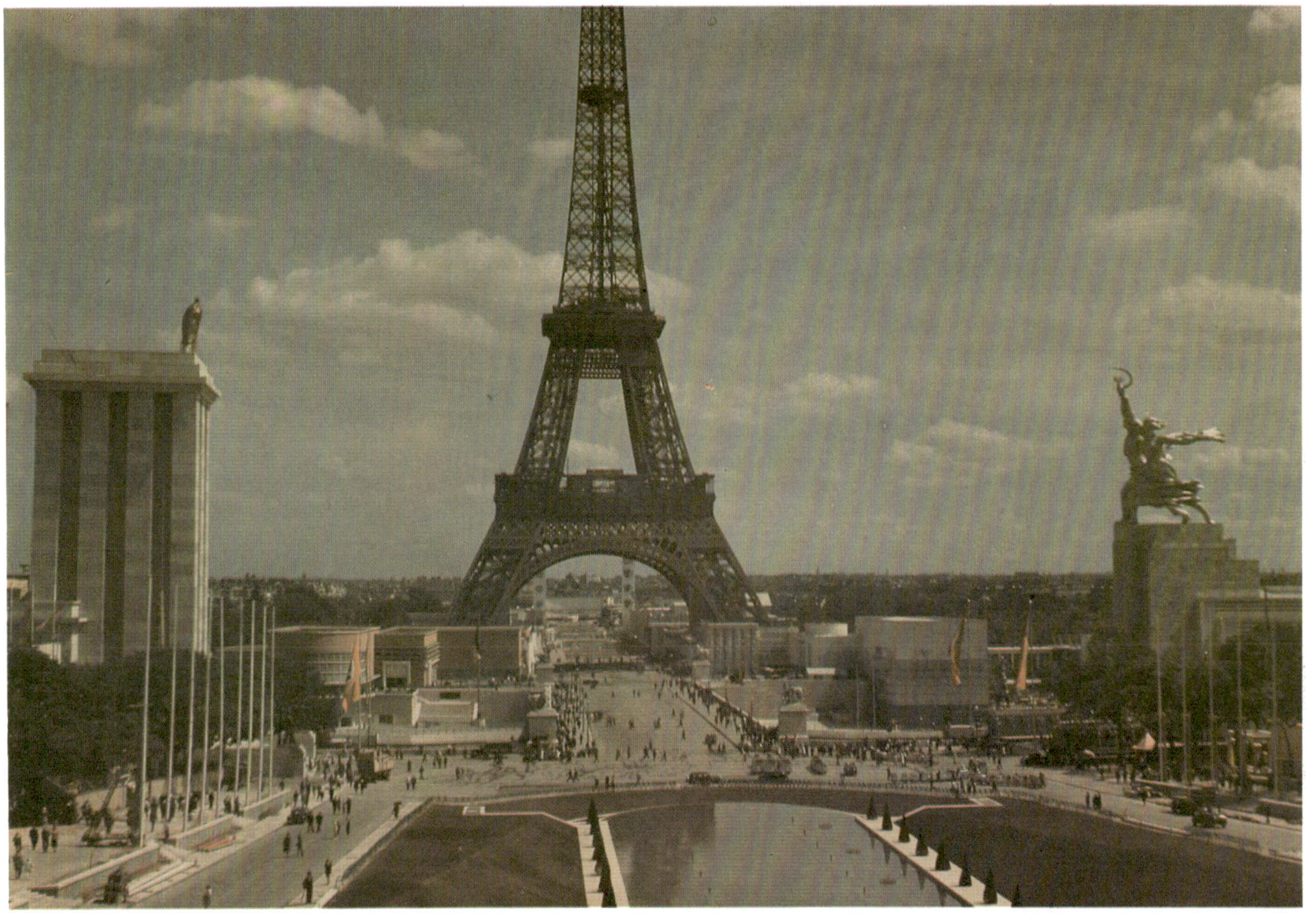

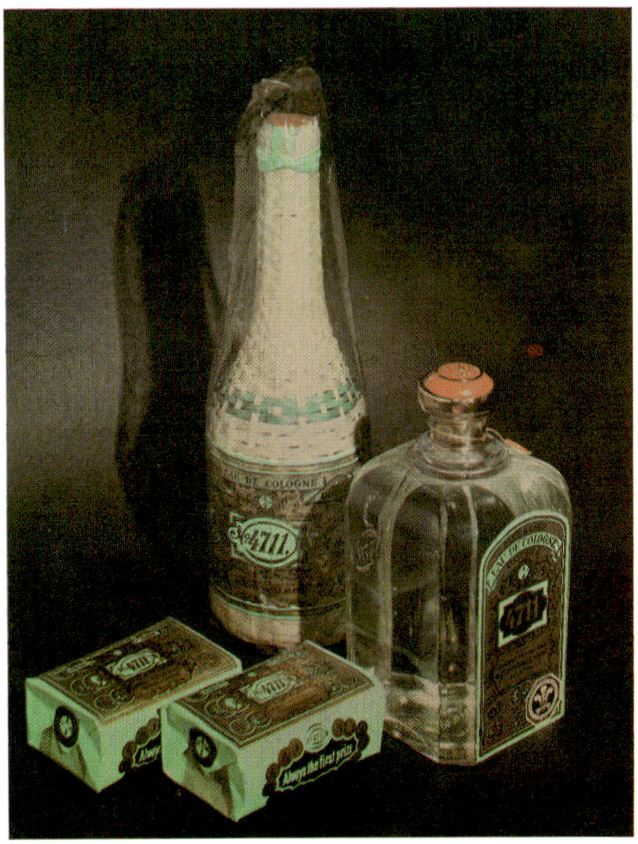
No 4711.
4711
Always the first prize

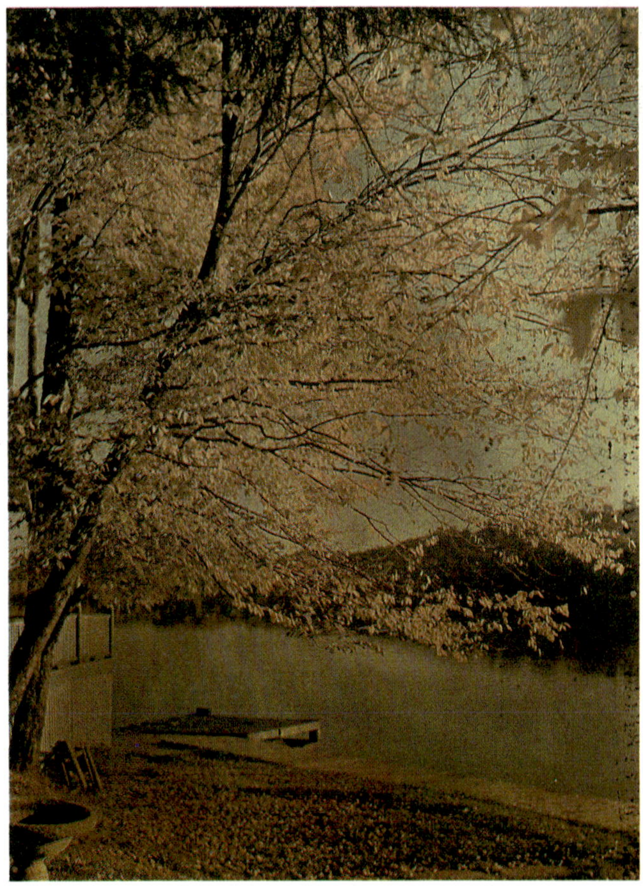

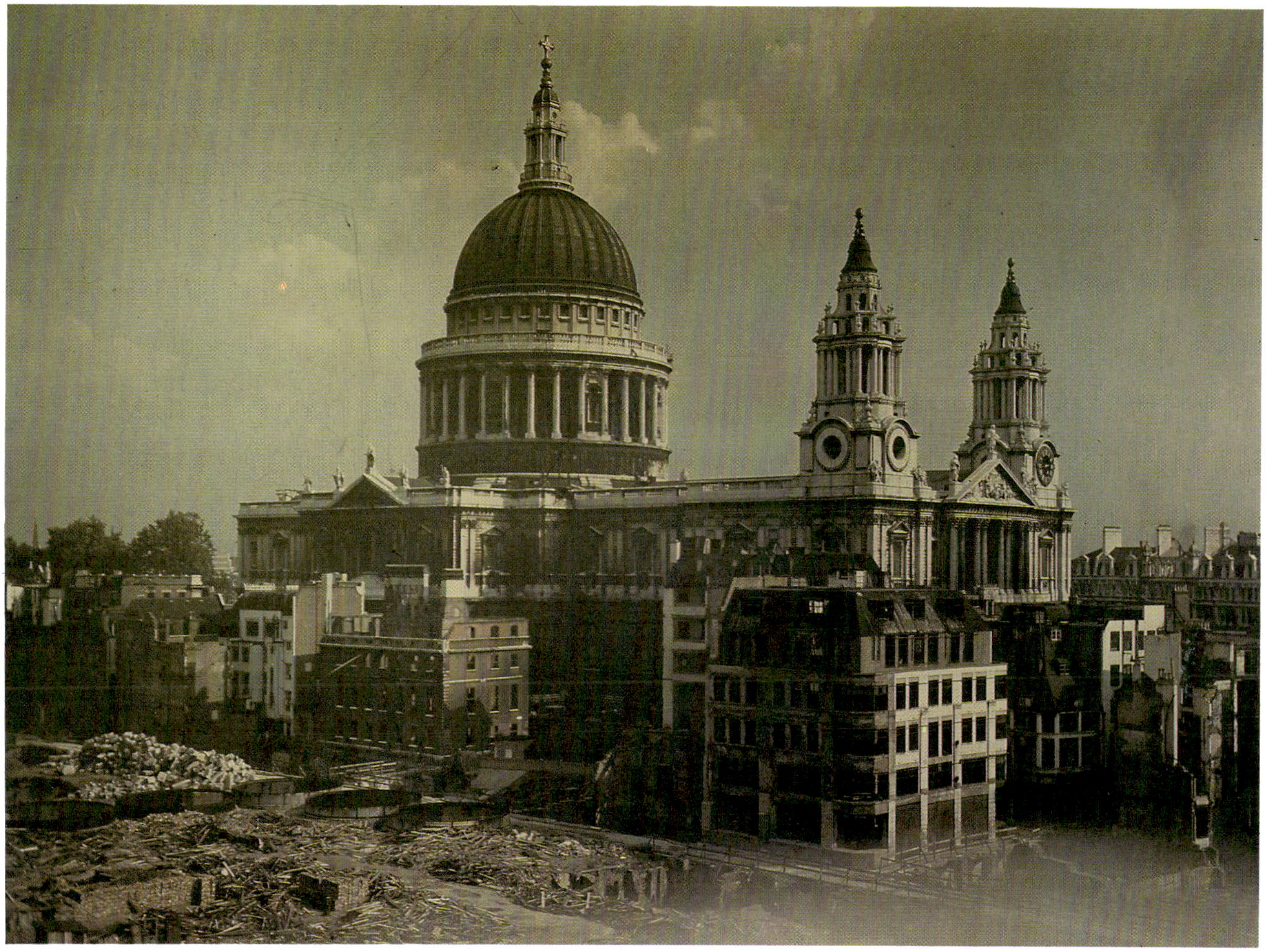

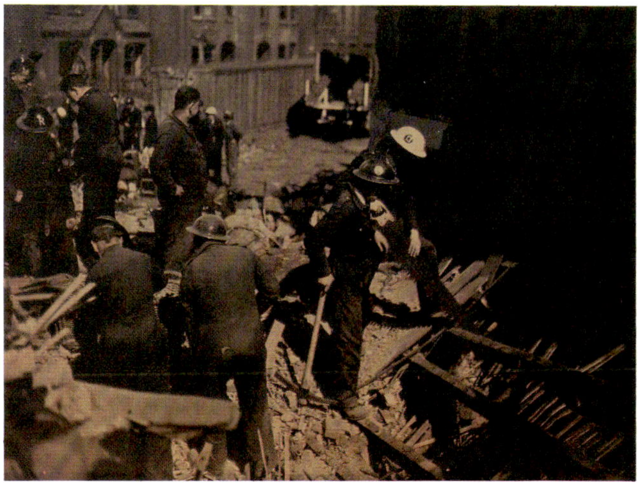

Oben: Die St. Pauls Kathedrale in London während des Krieges (um 1943). Ein Dia auf Dufaycolor-Rollfilm. (110 x 83 mm)

Links: London nach einem deutschen Luftangriff, aufgenommen auf Dufaycolor Rollfilm um 1943. (110 x 83 mm)

Oben links: Pariser Weltausstellung, 1937 – ein Dia auf Dufaycolor Rollfilm. (52 x 81 mm)

Links außen: Werbung für «4711», aufgenommen von Dr. D. H. Spencer auf Dufaycolor Planfilm 1938. (190 x 235 mm)

Mitte links: «Der See», aufgenommen auf Agfacolor Kornrasterfilm um 1932. (83 x 115 mm)

Subtraktive Farbmischung

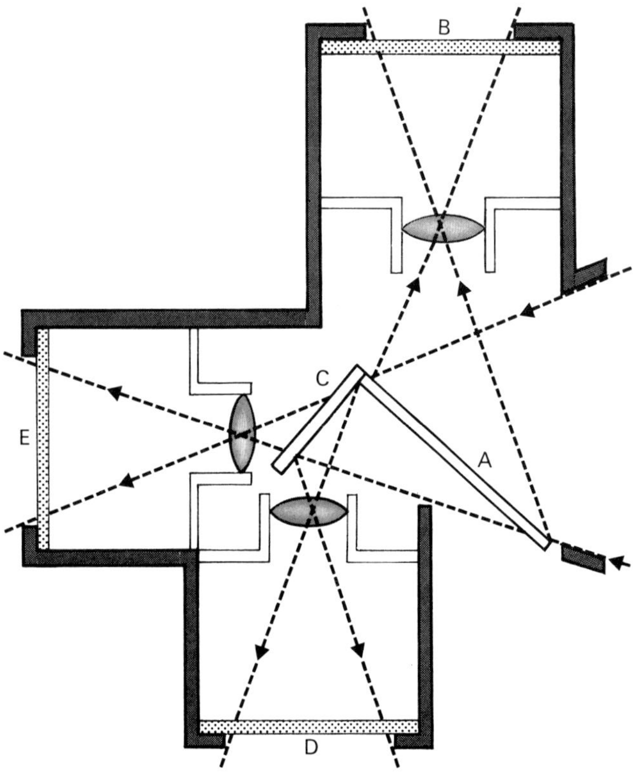

Oben: Die von Ducos du Hauron entworfene Farbkamera bestand aus einer Kombination von drei kleinen Kameras. Das vom Aufnahmeobjekt stammende Licht fiel auf den teildurchlässigen Spiegel A und wurde zu einem Drittel nach oben reflektiert und durch ein Objektiv und das Violettfilter B auf eine blauempfindliche Photoplatte gelenkt. Zwei Drittel der Lichtstrahlen fielen durch das Spiegelelement A hindurch auf den teildurchlässigen Spiegel C, wobei ein weiteres Drittel von dort auf das unten befestigte Grünfilter D und die dahinter befindliche grünempfindliche Platte reflektiert wurde. Das letzte Lichtstrahldrittel passierte den Spiegel C und traf auf das Orangefilter E mit der dahinter befindlichen Photoplatte.

Bei den bisher geschilderten Verfahren setzte sich das Farbbild aus drei Lichteindrücken in den Grundfarben Rot, Grün und Blau zusammen, die entweder durch Projektion oder andere optische Hilfsmittel zur Kombination gebracht wurden, oder die in einem Farbraster enthalten waren, dessen winzige Elemente sich im Auge des Betrachters bei einem gewissen Abstand zusammenmischten. Der englische Fachmann Dr. D. A. Spencer hat dieses additive Prinzip mit der Modelliertechnik verglichen, wobei mit einem leeren Ständer begonnen wird und immer mehr Ton hinzugefügt wird, bis das ganze Kunstwerk komplett ist. Jedoch gibt es noch einen anderen Weg, ein ähnliches Werk zu erschaffen: Der Bildhauer nimmt einen Klotz aus Holz oder Stein und entfernt davon das nicht benötigte Material. In der Photographie können wir daher mit weißem Licht beginnen, das alle Farben enthält, und können jene Farben ausblenden, die wir zur Wiedergabe der ursprünglichen Szene nicht benötigen. Wir haben schon auf die Arbeit von Ducos du Hauron Bezug genommen, die er 1862 geschrieben hat. Darin hat er ein Verfahren zur Herstellung farbiger Papierbilder beschrieben; Einzelheiten dazu sind in seinem französischen Patent aus dem Jahre 1868 und in seinem Buch «*Les Couleurs en Photographie*» aus dem folgenden Jahr enthalten.

Er schlug vor, von einem Aufnahmeobjekt drei Negative mit Hilfe orangefarbenen, grünen und violetten Lichts zu belichten. Von diesen sollten drei Positive hergestellt werden, kopiert auf einem teildurchsichtigen Papier «präpariert mit den Komplementärfarben». Das

Rechts: Die Sanger-Shepherd Strahlenteilerkamera von 1902 (unten) besaß nahe hinter dem Objektiv zwei Reflektoren, die das Licht auf zwei an beiden Seiten der Kamera plazierte Photoplatten ablenkten; das zwischen beiden hindurchfallende Licht erreichte eine dritte Photoplatte im rückwärtigen Teil. Die Filter waren unmittelbar vor den Platten angebracht. Die Sanger-Shepherd Einbelichtungskamera von 1907 benutzte Prismen hinter dem Objektiv, um den Lichtstrahl in drei Teile aufzuteilen und so drei Negativbilder auf einer Photoplatte zu belichten. ▷

SANGER-SHEPHERD ONE-EXPOSURE CAMERA.

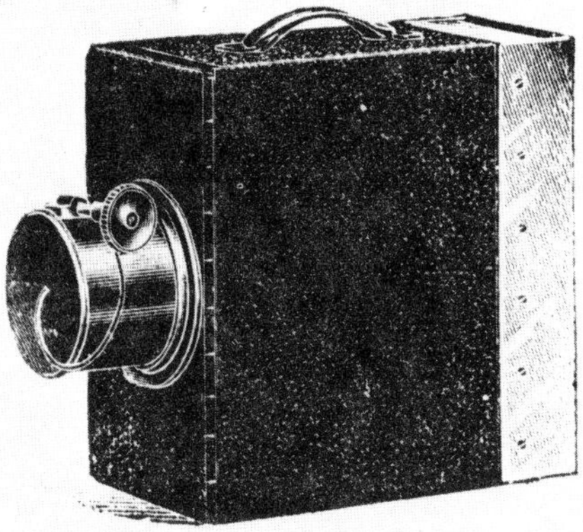

QUITE THE SIMPLEST WAY FOR AMATEURS TO PHOTOGRAPH IN NATURAL COLOURS WHICH FOR PURITY ARE ONLY EQUALLED BY THOSE UPON THE FOCUSSING-GLASS.

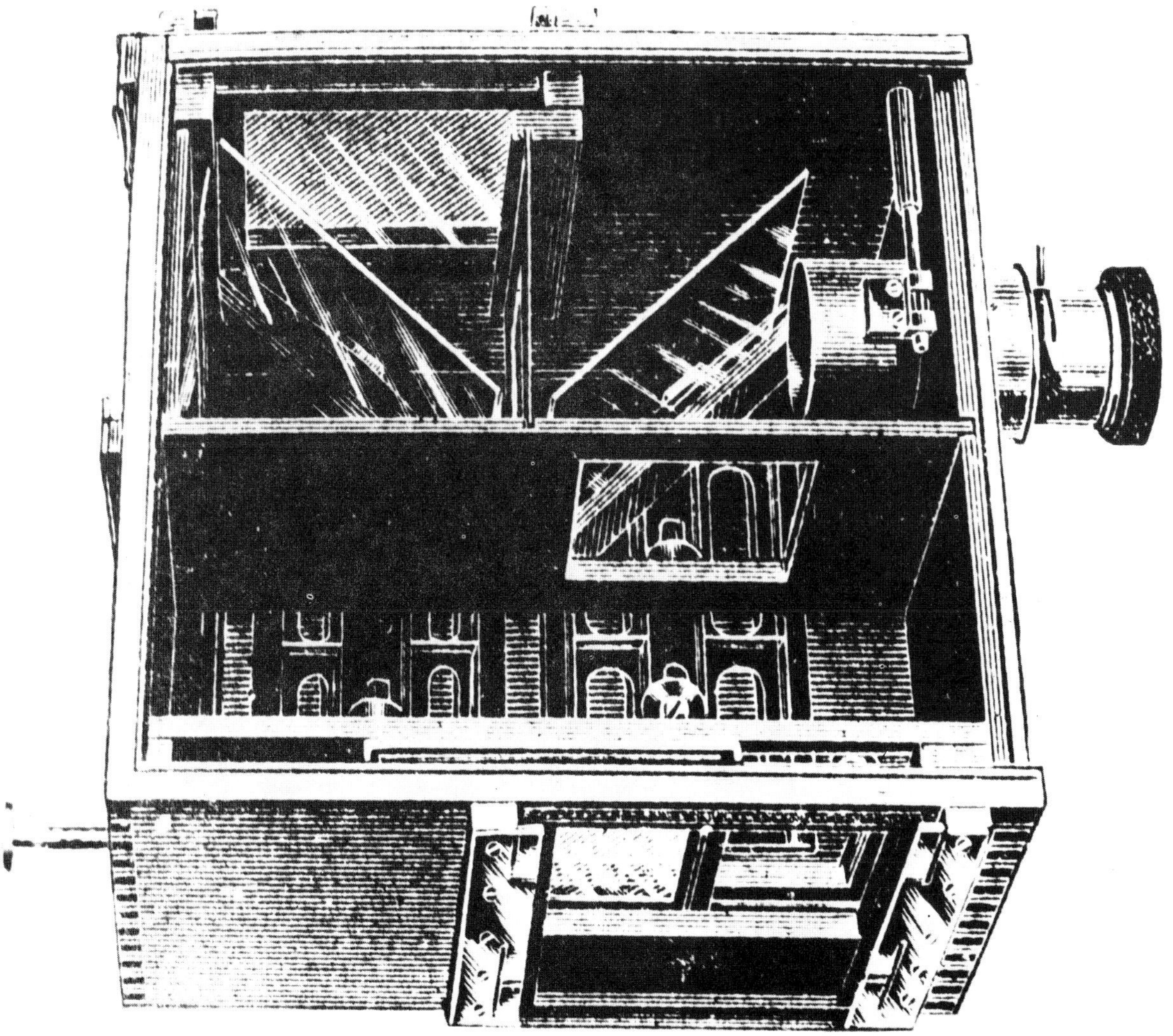

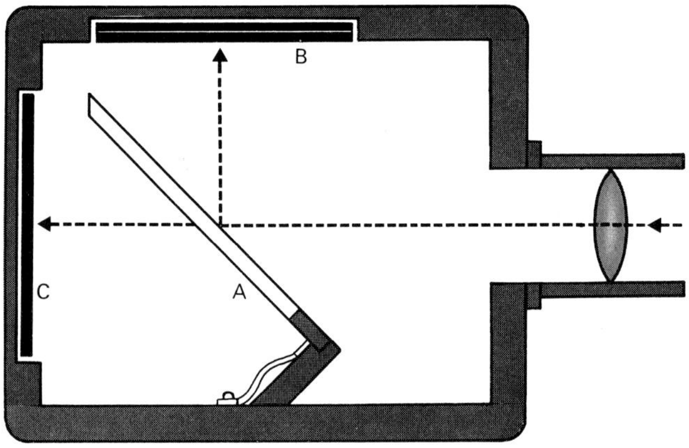

Bennetto's Farbkamera aus dem Jahre 1897 besaß einen einzigen Reflektor aus rotem Glas A, der im Winkel von 45° im Kameragehäuse angebracht war. Das von diesem reflektierte Licht erreichte den oben liegenden Bipack B, dessen untere Photoplatte blauempfindlich und obere Photoplatte zusätzlich grünempfindlich war. Ein zwischen beiden Platten angebrachte Gelbfilter sollte das unerwünschte blaue Licht von der hinteren Platte fernhalten. Der rote Reflektor ließ einige Lichtanteile zur Belichtung der rotempfindlichen Platte C an der Rückwand der Kamera hindurch.

Teilbild von Orange wurde in Blaugrün gedruckt, das grüne Teilbild in Purpur und das violette in Gelb. Wenn diese drei Positive sorgfältig übereinandergelegt erscheinen, ergibt das eine Reproduktion in allen Farben. Jede der drei zum Aufnahmefilter komplementärfarbigen Schichten absorbiert oder *subtrahiert* eine der Grundfarben. So beeinflußt ein blaugrünes Teilbild, je nach seiner Dichte, die Menge roter Lichtanteile, die hindurchfallen und übt so dieselbe Funktion aus wie ein schwarzweißes Teilbild, das im additiven Verfahren mit einem roten Filter projiziert wird. Ähnlich beeinflußt das Purpurbild den hindurchfallenden Grünanteil und das Gelbbild den Blauanteil des weißen Lichts. Wenn man die drei Farbfolien übereinanderlegt, mischen sie sich zu allen anderen Farben. So wird Rot durch Übereinanderlegen von Purpur und Gelb wiedergegeben, Grün durch die Kombination von Blaugrün und Gelb und Blau schließlich durch die Mischung von Blaugrün und Purpur. Diese Art der Farbmischung ist dieselbe wie die des Malers, dessen «Rot» und «Blau» in Wirklichkeit Purpur und Blaugrün entsprechen.

Das subtraktive Verfahren hat eine Reihe von Vorteilen. Bei den additiven Verfahren müssen Filter benutzt werden, die naturgemäß mehr als 2/3 des durchfallenden Lichtes absorbieren, so daß sogar der hellste Teil einer Szene nur durch die geringe Lichtmenge von ca. 10 %, die auf die Photoschicht fällt, wiedergegeben wird. Im subtraktiven Verfahren wird Weiß dagegen durch klares Glas oder weißes Papier wiedergegeben, so daß nur ein geringer Teil des Betrachtungslichts – bedingt durch die Eigenfärbung der Schicht und des Schichtträgers – absorbiert wird. Neben anderen Vorteilen macht diese Eigenschaft Farbbilder auf Papierunterlage praktisch möglich. Da das im subtraktiven Verfahren sich ergebende Bild aus Farbstoffen oder sehr feinen Pigmenten besteht, sind keine störende Rasterstrukturen sichtbar und auch keine umständlichen Betrachtungsgeräte erforderlich.

1869 zeigte Ducos du Hauron Beispiele seiner farbigen Landschaftsaufnahmen, die er nach dieser Methode auf Papier kopiert hatte. Sein englisches Patent von 1876 gibt eine deutliche Beschreibung des Grundprinzips des subtraktiven Farbverfahrens. Er betonte, daß eine Dreifarbenkamera nötig wäre, um alle drei Farbauszüge gleichzeitig aufzunehmen, und schlug eine Konstruktion vor, die aus drei Objektiven und Spiegeln besteht. Die Suche nach geeigneten Konstruktionen für solche Kameras beschäftigte in den komenden Jahren die schöpferische Phantasie unzähliger Erfinder. Ducos du Hauron forderte auch Photoplatten, welche nicht nur für Blau empfindlich sind, und schlug vor, sie durch Behandlung mit Aurin oder Eosin für grüne Lichtanteile und mit Chlorophyll für orangefarbene Lichtanteile empfindlich zu machen. Wie wir schon gehört haben, hat Dr. Vogel drei Jahre vorher schon den Weg für die Benutzung von Sensibilisierungsfarbstoffen gewiesen.

Die Entwicklung praktischer Farbverfahren auf der Grundlage der von Ducos du Hauron entworfenen Prinzipien folgte zwei Grundzügen. Einer war die Konstruktion eines Apparates, um die drei Farbauszugsnegative aufzunehmen, welche erforderlich waren, um den roten, grünen und blauen Farbanteil eines Motivs festzuhalten. Der andere war die Ausarbeitung von Methoden für die Herstellung und Überlagerung dreier komplementärfarbiger Positivschichten. Diese beiden Gesichtspunkte kann man getrennt betrachten, da die Methoden, nach denen die Negative aufgenommen werden, keinen Einfluß auf die Kopierverfahren haben und umgekehrt.

Das französische Patent Ducos du Hauron's von 1874 und sein entsprechendes englisches Patent von 1876 beschreiben den Prototyp einer Farbkamera, die bereits die Prinzipien vieler späterer Konstruktionen enthielt:

> «Die vom Aufnahmeobjekt einfallenden Lichtstrahlen treffen auf eine nicht versilberte Glasplatte mit parallelen Flächen, die im Winkel von 45° angeordnet ist (je nach Kameramodell auch in anderer Winkelstellung). Ein Teil der Lichtstrahlen wird in Richtung des ersten Objektivs reflektiert. Der größere Teil dieser Lichtstrahlen durchdringt aber die erste Glasplatte und fällt auf eine zweite – ebenfalls im Winkel von 45° – einem zweiten Objektiv zugeordnet, auf das wiederum nur ein Teil der Lichtstrahlen reflektiert wird. Schließlich treffen die durch dieses zweite Glas hindurchgehenden Lichtstrahlen auf ein drittes Objektiv . . . Aufgrund dieser Anordnung sind die von den drei Objektiven erzeugten Bilder geometrisch miteinander identisch.»

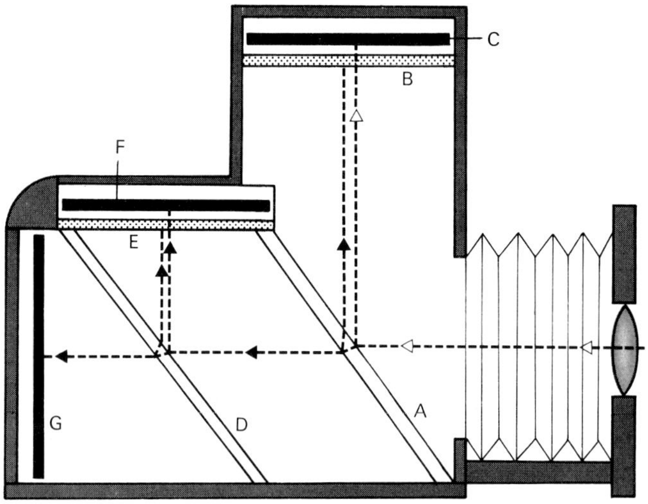

In der Butler Farbkamera von 1905 reflektierte ein teildurchlässiger, blaugrün eingefärbter Spiegel weißes Licht von seiner Oberfläche durch das Rotfilter B auf die rotempfindliche Photoplatte C, Blaugrüne Lichtstrahlen wurden von der rückwärtigen Fläche des Reflektors A ebenfalls nach oben zur Platte C reflektiert, jedoch durch das Filter B davon abgehalten. Es fiel auch auf den gelb eingefärbten teildurchlässigen Spiegel D, um von dort auf das Blaufilter E und die dahinter befindliche Photoplatte F abgelenkt zu werden. Der zur Platte F reflektierte gelbe Lichtstrahl wurde vom Filter E absorbiert. Die grünempfindliche Platte D im Rückteil der Kamera wurde durch den durch die Spiegelelemente A und D fallenden Lichtanteil belichtet.

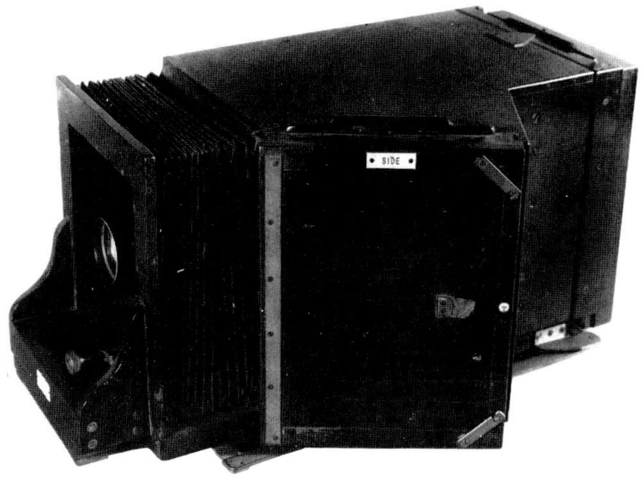

Die von A. E. Conrady und Aaron Hamburger 1912 konstruierte und patentierte Farbkamera besaß einen einzigen teildurchlässigen Spiegel, der einen Teil der Lichtstrahlen auf eine Einzelphotoplatte in einer seitlich angebrachten Kassette ablenkte und einen weiteren Lichtanteil auf einen Bipack, bestehend aus zwei Platten, am rückwärtigen Teil der Kamera hindurchließ. Eine Verbindung zwischen dem Objektiv und der rückwärtigen Plattenkassette paßte die Lage der letzteren automatisch an die Entfernungeinstellung des Objektivs an, um sonst mögliche optische Verzerrungen auszugleichen. Durch ein kompliziertes System von Schrauben und Federn wurde der Reflektor genau justiert, um die reflektierten und die durchgelassenen Lichtstrahlen deckungsgleiche Bilder erzeugen zu lassen. Die von W. Watson and Sons gebaute Kamera wurde in den Dover Street Studios in London benutzt.

Viele der in späteren Jahren entworfenen und patentierten Dreifarbenkameras waren völlig unpraktikabel. Dies gilt vor allen Dingen für jene mit drei separaten Objektiven oder außen angebrachten Spiegel- oder Prismensystemen, die den Lichtstrahl teilen sollten. Solche Systeme erzeugen Teilbilder aus etwas unterschiedlichen Blickwinkeln und machen somit eine genaue Übereinstimmung unmöglich. Hier können nur wenige der bedeutenderen, kommerziell erfolgreichen Konstruktionen besprochen werden.

Das englische Patent von J. W. Bennetto aus dem Jahre 1897 beschreibt eine Kamera mit einem einzigen teildurchlässigen Spiegel aus rotem Glas. Das Licht fällt von vorne auf diesen Spiegel, der in einem Winkel von 45° im Innern der Kamera angeordnet ist. Der Spiegel reflektiert den größten Teil des auftreffenden Lichts auf einen sogenannten Bipack (bestehend aus zwei emulsionsseitig zueinander angeordneten Photoplatten) der sich an der Oberseite der Kamera befindet. Die näher zum Reflektor liegende Platte war nur für Blau empfindlich, während die zweite Platte des Bipacks außerdem noch grünempfindlich war. Ein zwischen beide Platten gelegtes Gelbfilter hielt die unerwünschten blauen Strahlenanteile fern. Der Lichtanteil der den rot gefärbten Spiegel durchdrang erreichte eine rotempfindliche Platte im rückwärtigen Teil der Kamera. Eine Variante dieser Konstruktion von Bennetto, bei der der Spiegel im schiefen Winkel zur rückwärtigen Platte angeordnet war, um die Verzerrung des durch den Reflektor fallenden Bildes auszugleichen, wurde 1910 für O. Pfenniger patentiert und von den Dover Street Studios in London benutzt, welche von 1911 bis 1913 den Polychromide Kopierprozeß ausübten.

Die 1897 patentierte Kamera von E. T. Butler benutzte zwei teildurchlässige Spiegel, die ähnlich zum Kromskop von Ives hintereinander angeordnet waren (vgl. Kap. 2). Der erste Spiegel warf das Licht durch ein Rotfilter auf eine Photoplatte im Oberteil der Kamera, während das durch den Spiegel fallende Licht auf den zweiten fiel, von dem aus ein Teil durch ein Blaufilter auf eine zweite, oben liegende Photoplatte geworfen wurde. Das übrige Licht, das durch beide Spiegel gefallen war, erreichte durch einen Grünfilter die dritte Platte im rückwärtigen Teil. Butler meldete 1905 ein verbessertes Mo-

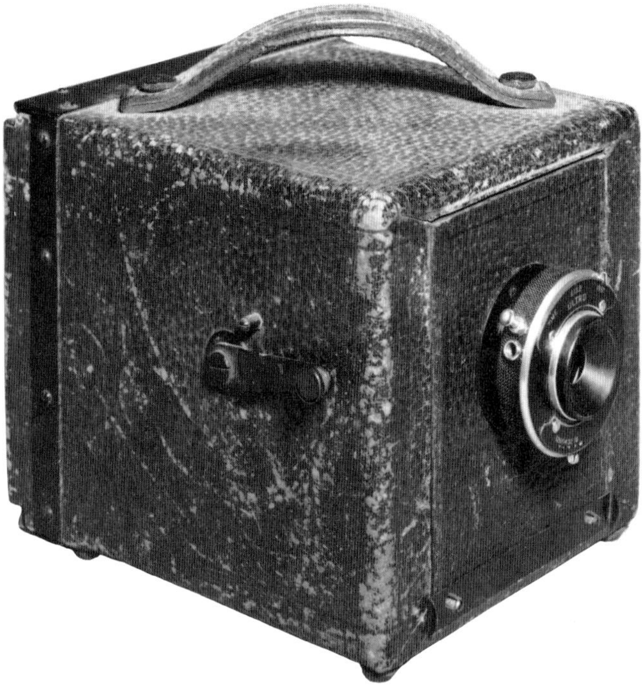

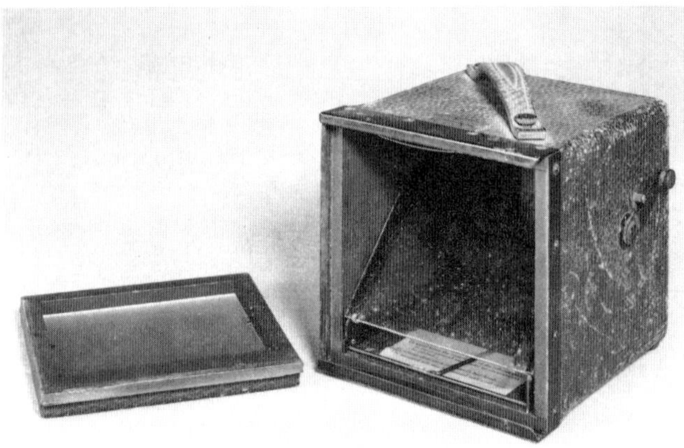

Die Hicro Universal Kamera (1914) benutzte eine Platteneinheit, die aus einem Bipack und einer Einzelplatte bestand. Wenn der teildurchlässige Spiegel durch den seitlich am Kameragehäuse angebrachten Spiegel wegbewegt wurde, fiel die Einzelplatte nach vorne auf den Boden der Kamera, wo sie durch das von dem wieder herabgelassenen Spiegel reflektierte Licht belichtet werden konnte. Der Bipack im hinteren Teil wurde von dem hindurchgehenden Lichtanteil belichtet. Das Hicro-Kopierverfahren von Ives wird auf Seite 101 beschrieben. Ein Bildbeispiel ist auf Seite 95 zu sehen.

dell mit blaugrün und gelb eingefärbten Glasreflektoren zum Patent an. Kameras, die auf der Konstruktion von Butler beruhten, wurden viele Jahre lang verkauft und benutzt.

Die Sanger-Shepherd-Kamera aus dem Jahre 1902 besaß ebenfalls zwei Spiegel, die jedoch anders angeordnet waren. Das durch das Aufnahmeobjektiv einfallende Licht traf zuerst auf einen im Winkel von 45° angeordneten teildurchlässigen Spiegel, welcher einen gewissen Anteil zu einem Rotfilter und einer dahinter angebrachten Photoplatte reflektierte. Das durch den Spiegel fallende Licht traf auf einen anderen, im rechten Winkel angeordneten, der einen weiteren Teil des Lichts zu einem Blaufilter mit dahinter befindlicher blauempfindlicher Photoplatte an der anderen Seite der Kamera ablenkte. Schließlich errreichte das durch beide Spiegel fallende Licht einen Rotfilter und eine Photoplatte im Rückteil der Kamera (diese Konstruktion wurde bei vielen der späteren Strahlenteilerkameras benutzt, von denen wir hier vor allem die Bermpohl- und Devin-Kameras nennen wollen, die in den 30er Jahren sehr beliebt waren). 1907 vertrieb Sanger-Shepherd dann eine sehr kompakte Dreifarbenkamera, in der Prismen hinter dem Objektiv die Aufgabe der Strahlenteilung übernahmen und drei Farbauszugsnegative nebeneinander auf einer einzigen Platte belichtet wurden, wobei sich die zugehörigen Farbfilter jeweils davor befanden.

Die Tripak-Kamera von F. E. Ives aus dem Jahre 1910 benutzte einen einzigen Strahlenteiler vom Typ Bennetto. Die drei Photoplatten waren in einem einzelnen, speziellen Plattenhalter untergebracht. Die rot- und grünempfindlichen Platten waren Schicht-auf-Schicht aufeinandergelegt, während sich die blauempfindliche Platte auf dem Boden der Kamera und im rechten Winkel zum Bipack befand. Diese Kamera besaß die Form einer Box; die Kassette wurde eingesetzt, nachdem der Spiegel von Hand in den oberen Teil der Kamera geschwenkt wurde. Wenn der Abdeckschieber entfernt wurde, fiel die blauempfindliche Platte auf den Boden der Kamera, um dort horizontal liegenzubleiben. Der Spiegel wurde dann in einem Winkel von 45° heruntergedreht, so daß ein Teil des Lichts auf die Platte am Boden relektiert wurde. Das durch den Spiegel fallende Licht belichtete den Bipack an der Rückseite der Kamera. Um die Photoplatten herauszunehmen, mußte der Spiegel weggedreht und die Kamera umgekippt werden, damit die blauempfindliche Platte in die Kassette zurückfiel. Die Kamera wurde von der Hess-Ives Corporation in Philadelphia als «Hicro-Universal»-Kamera 1914 auf den Markt gebracht und von den Hawk-Eye-Werken der Eastman Kodak Company produziert; es gab zwei Typen, für das Plattenformat 8,25 x 10,8 cm und 8,25 x 14 cm.

Die Kamerakonstruktion von H. Workman, die 1915 in England patentiert wurde, benutzte eine kubenförmig angeordnete Prismengruppe, wobei zwei der Innenflä-

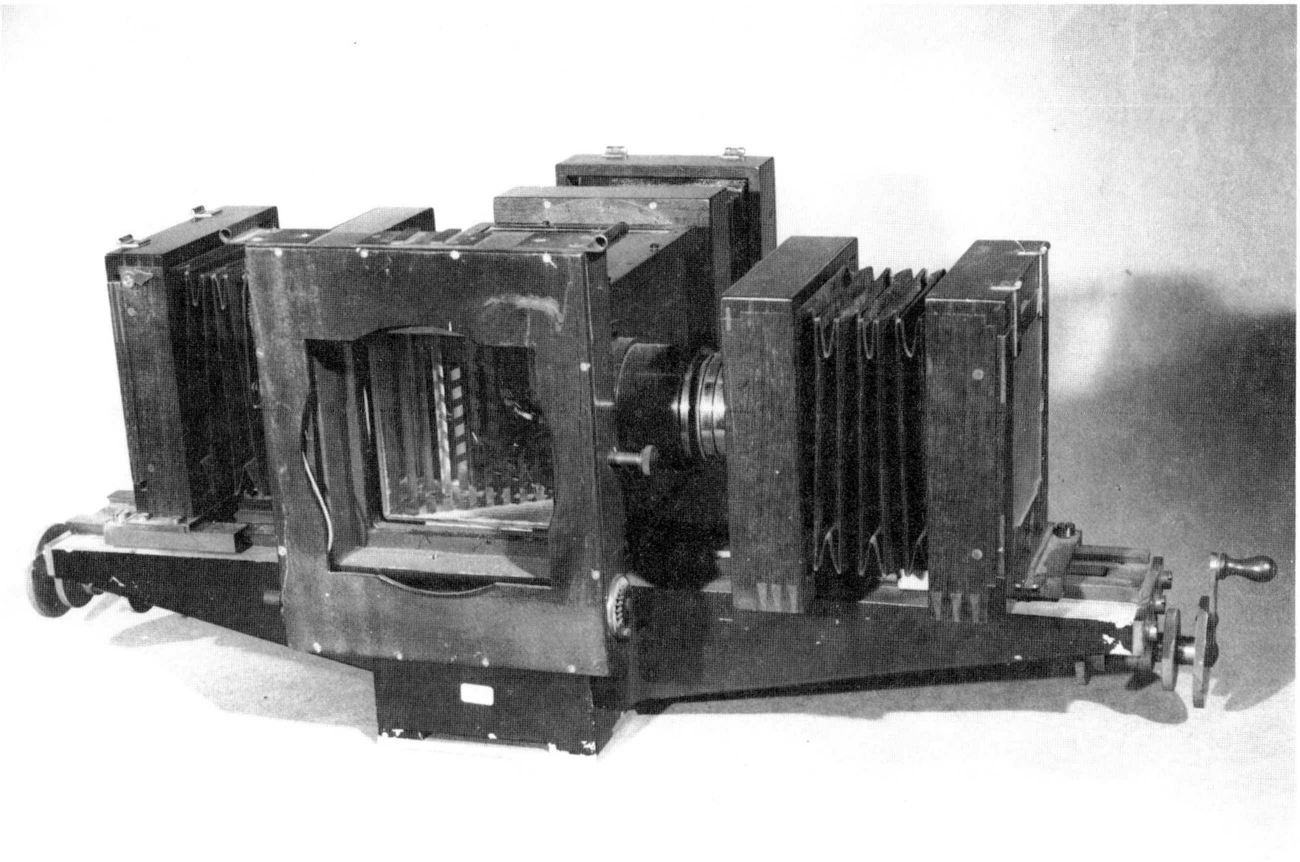

chen parallel angeordnete Silberstreifen trugen, eine senkrecht und die andere waagerecht verlaufend. Drei kleinere Plattenkameras mit Cooke-Objektiven waren so angeordnet, daß die Objektive drei Seiten des vierseitigen Prismenblocks zugewandt waren. Das von den senkrecht verlaufenden Silberstreifen der Prismeninnenflächen reflektierte Licht wurde zu der Kamera auf der rechten Seite abgelenkt, das von den waagerechten Streifen reflektierte Licht zur linken Kamera. Das durch die Streifen durchfallende Licht erreichte die hinten befindliche Kamera. Die Farbfilter waren vor den Plattenkassetten angebracht; die Scharfeinstellung geschah durch Vor- und Rückwärtsbewegen der drei Kamerarückteile mit einer einzigen Handkurbel. Die Belichtung erfolgte durch einen großen Schlitzverschluß vor dem Prismenblock.

Die 1924 patentierte Jos-Pe-Kamera wurde von 1925 an fabriziert. Sie erhielt 1926 auf der Frankfurter Messe eine Medaille. Benannt nach ihrem Finanzier, **Jos**ef-**Pe**ter Welker, wurde sie in zwei Typen hergestellt: Die «Uka» war die professionelle Version für das Plattenformat 9 x 12 cm; die «Liliput», das Amateurmodell, für Platten 4,5 x 6 cm. Zwei kleine teildurchlässige Spiegel waren ziemlich dicht hinter der Rücklinse des Aufnahmeobjektivs angeordnet und reflektierten das Licht auf die beiden an den Kameraseiten angeordneten Photoplatten, während die dritte Platte im Rückteil der Kamera

Die «Triple»-Farbkamera von Workman aus dem Jahre 1915 bestand aus drei kleinen Kameragehäusen, die im rechten Winkel zueinander kombiniert waren und deren Plattenkassetten gleichzeitig durch Drehen der rechts außen zu sehenden Kurbel fokussiert werden konnten. Ein in der Mitte in einem besonderen Gehäuse angebrachter Prismen-Glasblock, dessen Oberfläche mit horizontalen und vertikalen Silberstreifen beklebt waren, reflektierte das von vorne einfallende Licht in die drei Kameras, die mit Cooke Objektiven ausgestattet waren. Die Belichtung wurde durch einen vorne angebrachten großen Schlitzverschluß gesteuert.

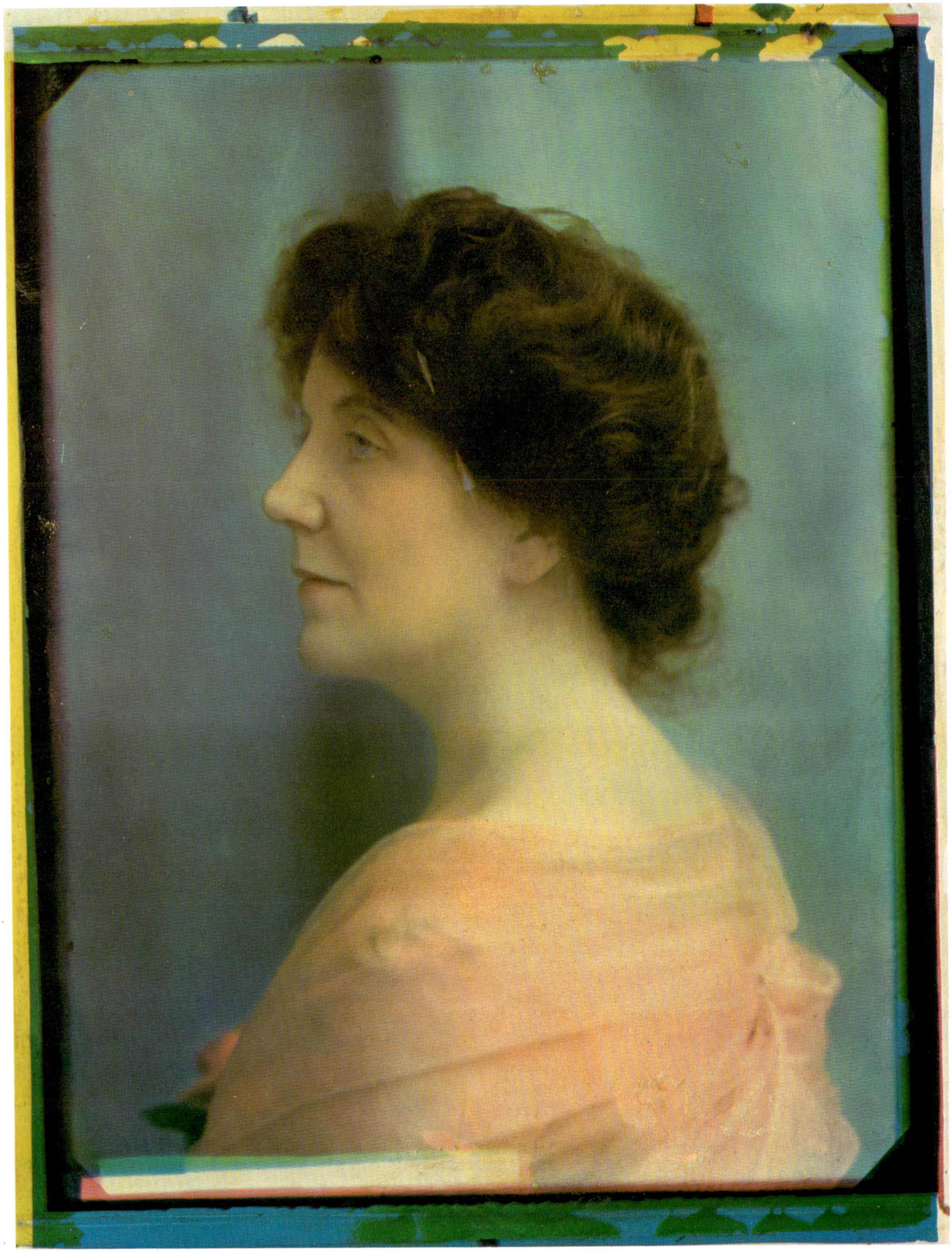

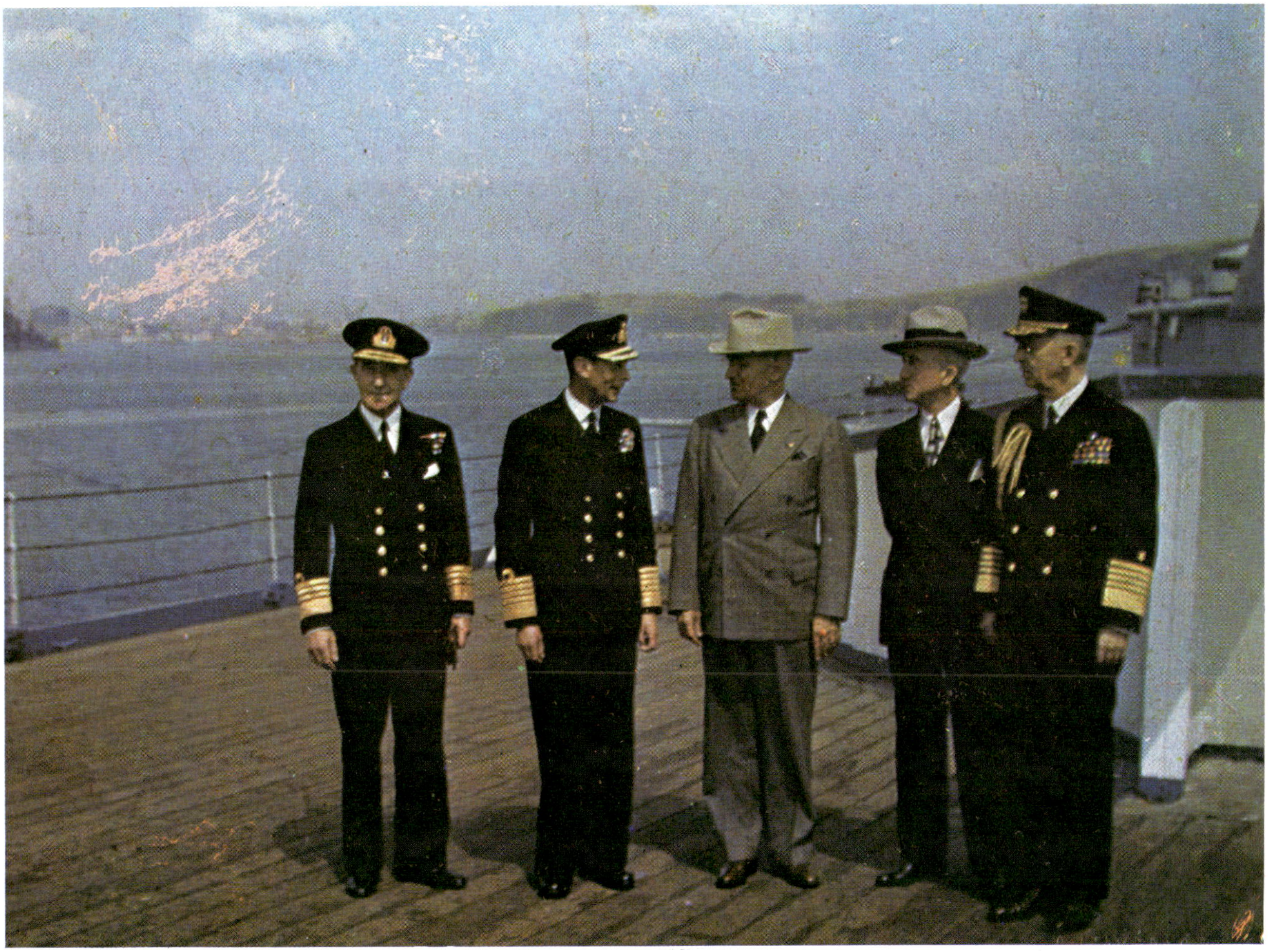

Links: «Miss Lena Ashwell», eine dreifarbige Carbon-Vergrößerung nach Farbauszugsnegativen, aufgenommen von A. C. Banfield (1907). An den Ecken des nicht gerahmten Bildes kann man gut die drei übereinandergelegten Farbfolien erkennen. Das Verfahren wird auf Seite 97 beschrieben (178 x 230 mm).

Oben: König George V. und Präsident Truman an Bord des englischen Schiffes «Renown» (1945), eine dreifarbige Carbon-Vergrößerung nach einem Dufaycolor-Dia (110 x 150 mm)

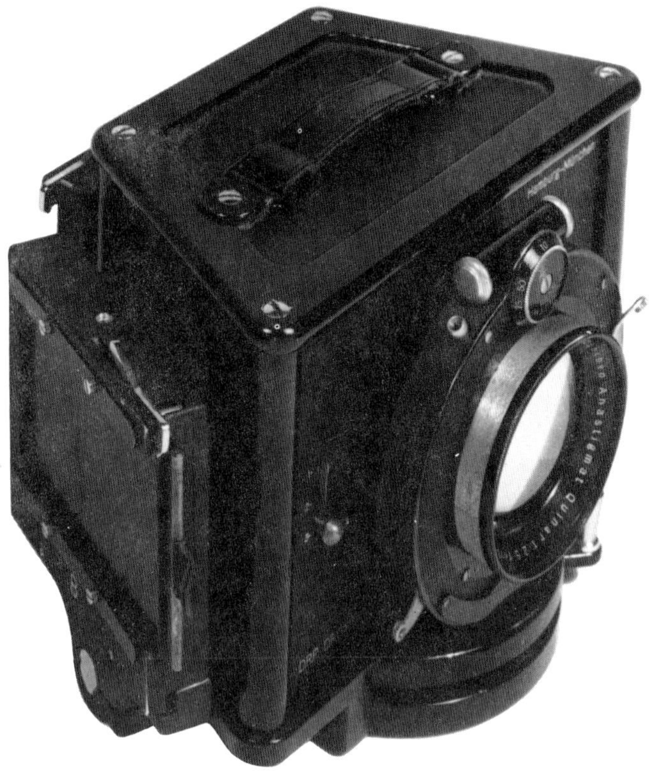

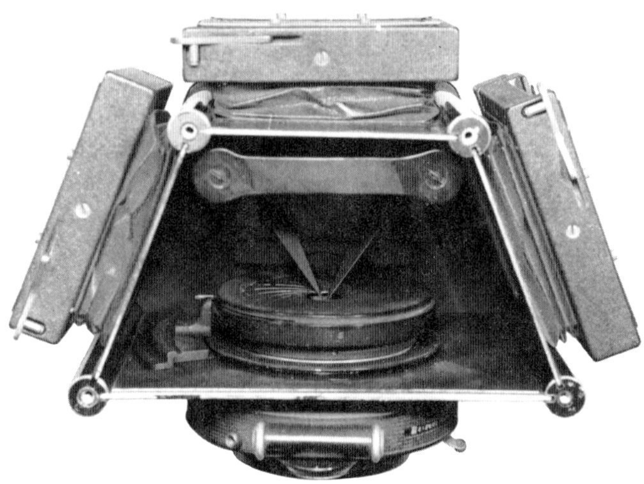

Die Jos-Pe Kamera aus dem Jahre 1925 besaß zwei kleine Reflektoren unmittelbar hinter dem Objektiv, um das Licht auf die jeweils seitlich angeordneten beiden Photoplatten abzulenken, während die dritte Photoplatte an der Rückseite der Kamera durch das zwischen beiden hindurchfallende Licht belichtet wurde. Mit der Entfernungseinstellung wurden alle drei Plattenkassetten gleichzeitig fokussiert. Hier ist die kleinere Amateurausführung «Liliput» zu sehen, mit der Aufnahmen im Format 4,5 x 6 cm gemacht wurden.

durch die Lücke zwischen den beiden Spiegeln belichtet wurde. Die Entfernungseinstellung erfolgte für alle drei Kamerarückteile gleichzeitig. Die Hersteller behaupteten, daß bei Sonnenschein so kurze Belichtungszeiten wie 1/50 Sekunde möglich waren.

Die 1930 patentierte Strahlenteilerkamera von Albert George Hillman benutzte ein ungewöhnliches Spiegelsystem hinter dem Objektiv. Ein kranzförmiger Spiegel befand sich in der Mitte des Strahlenganges und reflektierte das Licht auf eine Plattenkassette an der rechten Seite. Um diesen Spiegel herum befand sich ein anderer, zackenförmiger Spiegel, der das Licht auf eine zweite Plattenkassette auf der linken Seite warf. Das durch die Lücke zwischen beiden Spiegeln fallende Licht erreichte eine im rückwärigen Teil der Kamera angebrachte Platte. Von dieser Kamera, die von der Firma Adam Hilger hergestellt wurde, wurde behauptet, daß bei Blende 3,5 Belichtungszeiten von nur 1/100 Sekunden Dauer möglich wären. Die 1936 gebaute Mikut-Farbkamera benutzte hinter dem Objektiv ein Prismensystem, um die Lichtstrahlen in drei Teile aufzuteilen. So konnten die drei Farbauszüge nebeneneinander auf einer einzigen Platte belichtet werden. Die Farbauszugsfilter befanden sich direkt vor der lichtempfindlichen Schicht. Die Kamera wies einige fortschrittliche Merkmale auf, insbesondere einen gekuppelten Entfernungsmesser.

Die tschechische Coloretta-Kamera (später «Spektaretta») wurde 1937 patentiert und arbeitete als Besonderheit mit 35 mm-Kleinbildfilm. Der Film wurde um das stufenförmige Rückteil eines Prismenblocks hinter dem Objektiv herumgeführt. Die einfallenden Lichtstrahlen wurden auf den Innenflächen des Prismenblocks in drei Strahlengänge aufgeteilt und auf den Kleinbildfilm gelenkt. So ergaben sich gleichzeitig drei aufeinander folgende Farbauszüge.

Solche Strahlenteilerkameras – auch Einbelichtungskameras genannt – wurden bevorzugt für die Aufnahme bewegter Objekte benutzt. Wo das nicht der Fall war, wie z. B. bei Stilleben, konnten die drei Teilnegative nacheinander aufgenommen werden, wozu sich jede herkömmliche Kamera eignete. Nach jeder Belichtung mußte das Farbfilter vor dem Objektiv ausgewechselt werden; dieser Vorgang war aber sehr ermüdend, wenn man viele Farbaufnahmen zu machen hatte. Um den Belichtungsvorgang durch die drei Filter zu vereinfachen, wurden verschiedene sogenannte Wechselschlitten konstruiert.

Ein frühes Beispiel dafür wurde 1896 in Deutschland für Gustav Selle patentiert. Eine längliche Plattenkassette, ausgestattet mit den drei Filtern, Blau, Grün und Rot, konnte für die drei Teilbelichtungen jeweils um ein Aufnahmeformat im Kamerarücken weitergeschaltet werden. Im Kapitel «Additive Farbmischung» sind wir schon auf eine entsprechende Grundidee von F. E. Ives eingegangen, und ein ähnliches Modell wurde um 1900 von

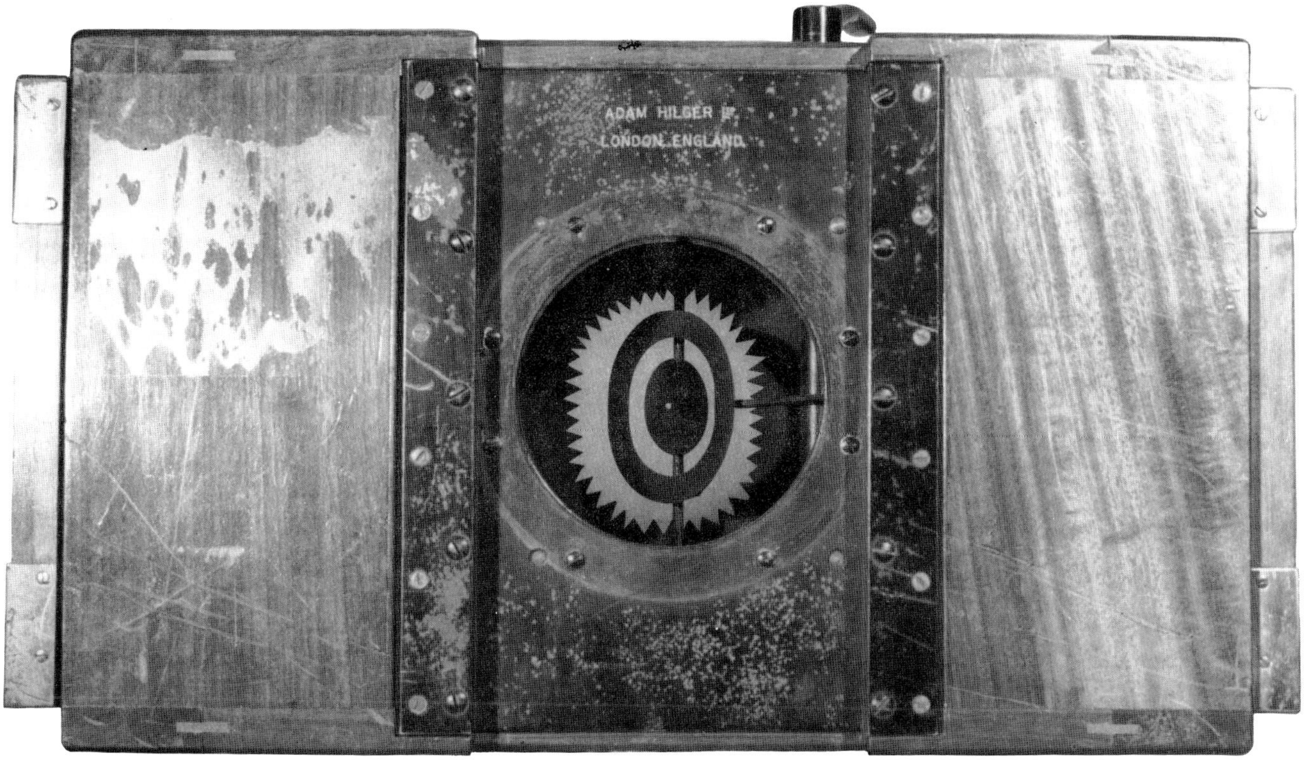

Sanger-Shepherd eingeführt. Bei diesem Modell waren die drei Farbfilter in einem Rahmen montiert, der vor einem länglichen Plattenhalter angebracht war und mit diesem zusammen hin- und herbewegt werden konnte. Der Plattenhalter und der Filterrahmen wurden durch Federn, die zuerst aus Messing und nach 1902 aus Silber bestanden, in der richtigen Lage gehalten, und ein Haken justierte sie für jede Belichtung aus. Ein solcher Wechselschlitten war von Sanger-Shepherd in einer Reihe von Plattengrößen erhältlich und konnte an den meisten Plattenkameras als Zubehörteil angebracht werden. Ein verbessertes Schnellwechsel-Modell wurde 1907 herausgebracht, wobei ein Mechanismus Plattenhalter und Filter von Aufnahme zu Aufnahme bewegte. Die Gesamtzeit für die drei Teilbelichtungen betrug «bei Landschaftsaufnahmen kaum mehr als 3 Sekunden», wie es in der Werbung dafür hieß. Ebenfalls 1907 brachte Sanger-Shepherd eine Stereoausführung heraus, eine kastenförmige Stereokamera mit einem senkrecht angeordneten Wechselschlitten, der die Platten für drei Stereo-Bildpaare enthielt.

Oben: Die Hillmann Einbelichtungskamera, die 1930 von Adam Hilger konstruiert worden war, benutzte kreisförmige und gezackte Spiegelelemente hinter dem Objektiv, so daß etwas Licht nach links und rechts zu den seitlich angebrachten Photoplatten abgelenkt wurde. Die dritte Platte im hinteren Teil der Kamera wurde durch das zwischendurchfallende Licht belichtet (um die Reflektoren zu zeigen, ist das Objektiv herausgeschraubt).

Unten: Die deutsche Mikut-Farbkamera aus dem Jahre 1936 besaß ein Prismensystem hinter dem Objektiv, daß das Licht in drei Strahlenanteile aufteilte, die annähernd gleich groß waren, wie man gut am Rückteil der Kamera erkennen kann (links). Die Mikut-Kamera war mit einem gekuppelten Entfernungsmesser ausgestattet. Die Farbfilter waren unmittelbar vor der Aufnahmeplatte angeordnet, auf der die drei Teilbilder Seite an Seite photographiert wurden.

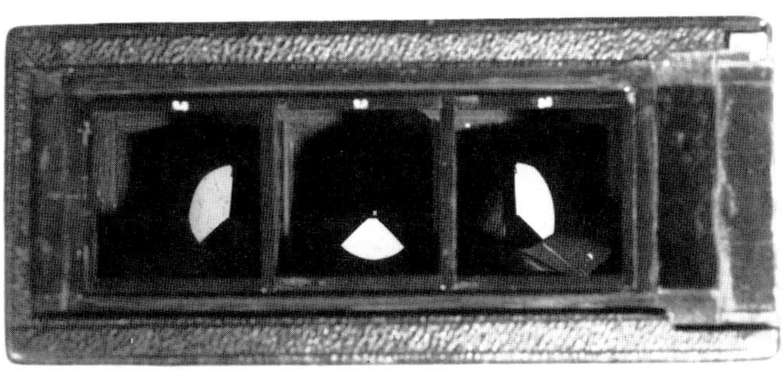

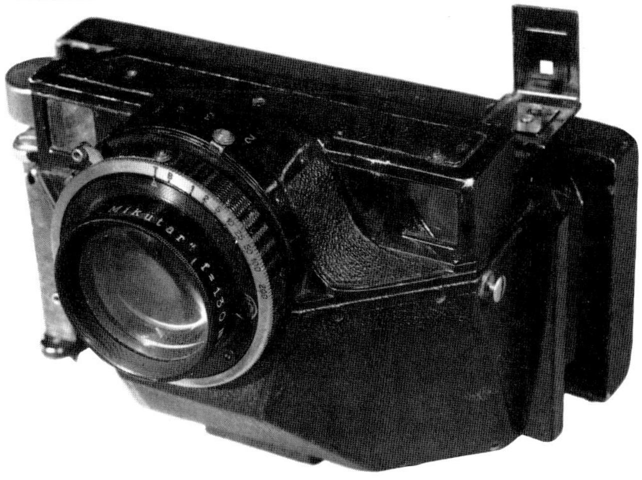

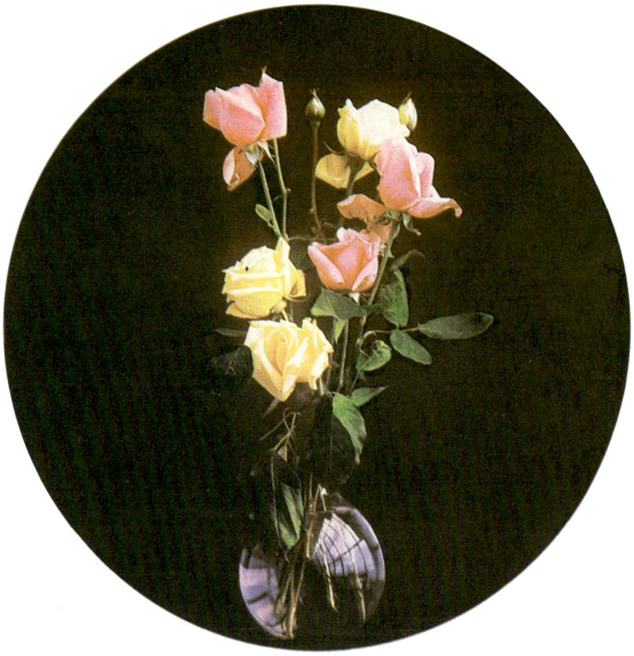

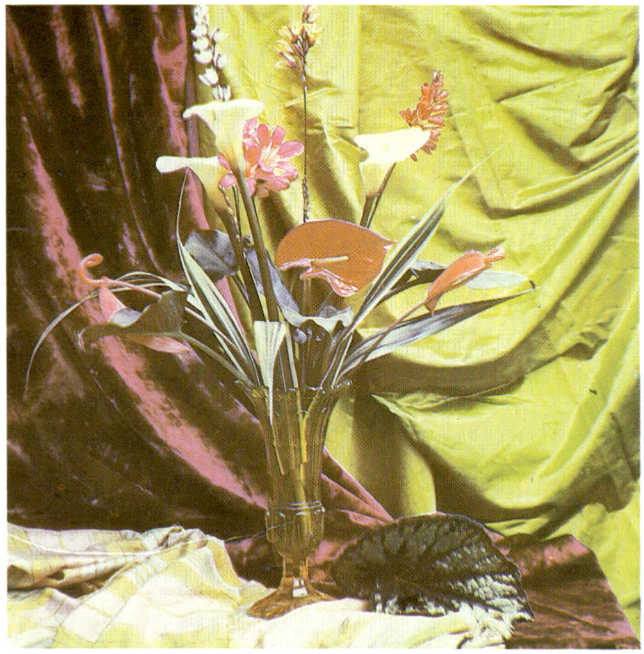

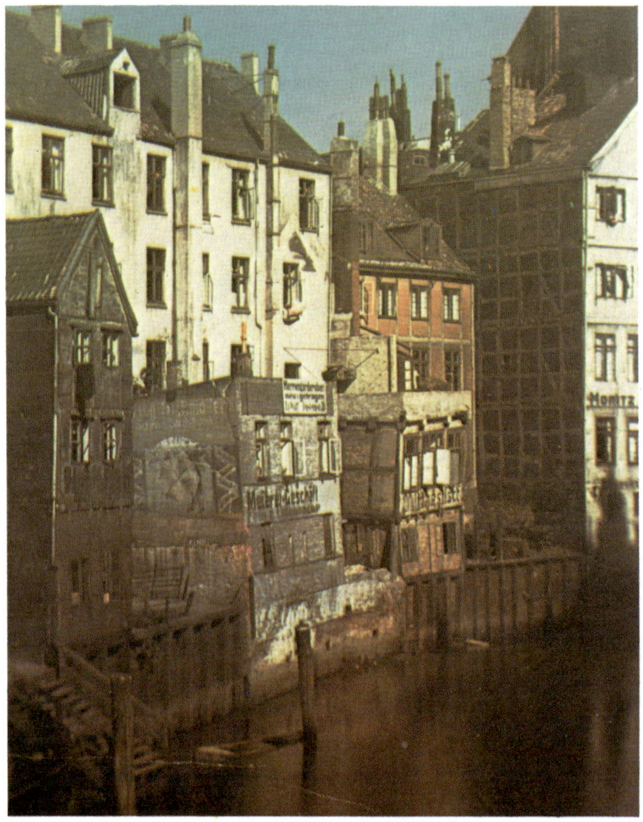

Oben: «Rosen» – Eine Pinatypie-Diapositiv von Dr. E. König aus dem Jahre 1905. (70 x 70 mm)

Oben rechts: «Zehrwurz-Lilien» – nach einem Lumière «Chromleim»-Diapositiv in Stereo um 1900. Dieses Verfahren von Lumière wird auf Seite 100 beschrieben. (68 x 68 mm)

Rechts: «Gebäude am Flußufer» – eine Pinatypie um 1907. Pinatypie-Vergrößerungen wurden nach einem Absaugeverfahren hergestellt; siehe Seite 100. (110 x 140 mm)

Rechts außen: «Mädchenportrait» (um 1916), kopiert nach dem Hicro-Verfahren von Ives, das auf Seite 101 beschrieben wird. Der weiche Bildcharakter ist Mängel des optischen Systems in der Hicro-Kamera zu verdanken. (174 x 230 mm)

▷

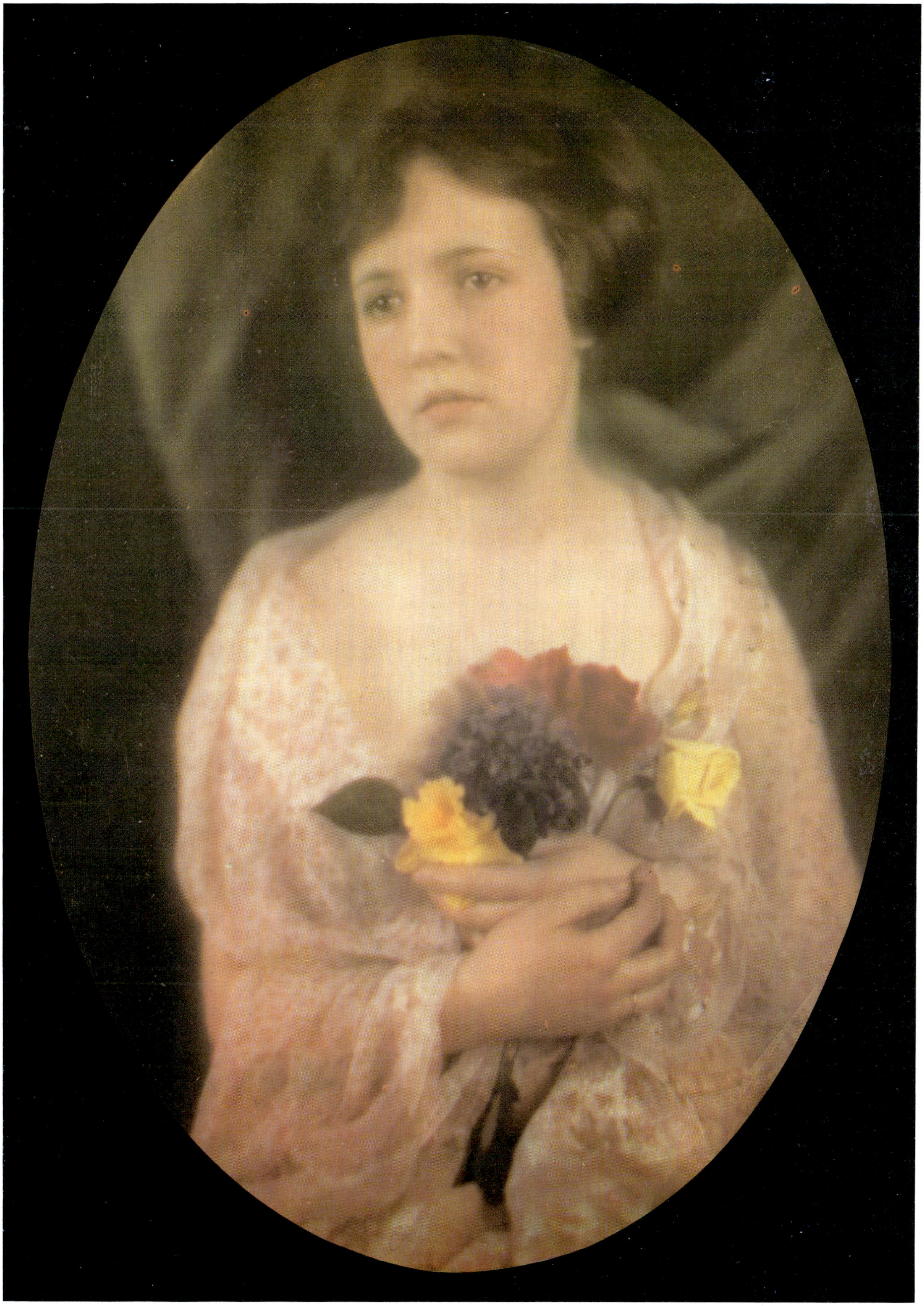

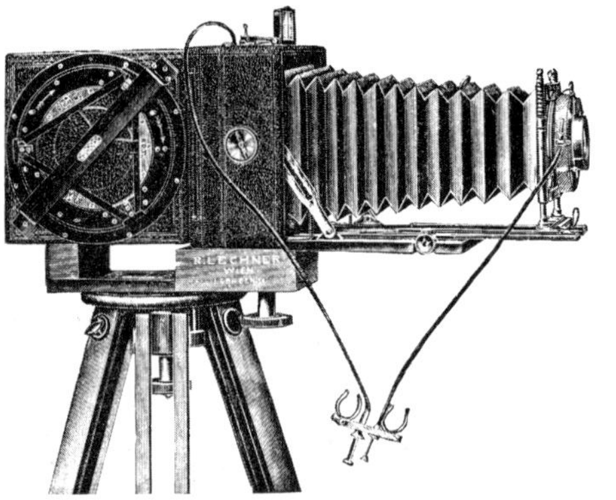

Die Kamera von R. Lechner aus dem Jahre 1912.

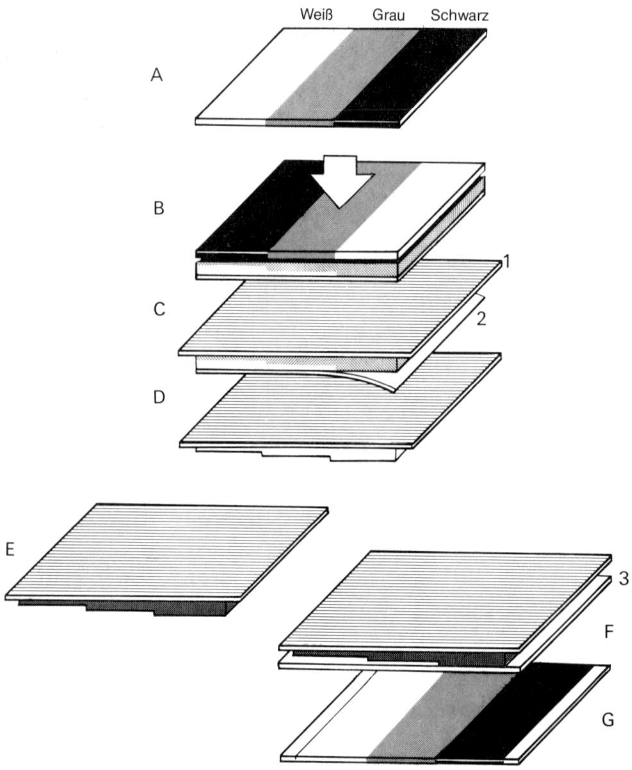

R. Lechner's Farbkamera von 1911 bestand aus einer gewöhnlichen Klappkamera mit einer Plattenkassette im Rückteil. Drei in Dreiecksform angeordnete Platten wurden durch ein Uhrwerk im Kreise transportiert. Eine doppelte Kabelverbindung diente in schneller Folge sowohl als Auslöser für den Verschluß, als auch als Umschalter für den Plattenblock. Ein ähnlicher Gedanke war schon 1898 für A. Hofmann in Deutschland geschützt worden. 1930 erhielt C. W. Oliver für die Colour Photography (British and Foreign) Ltd. ein Patent auf eine weiter entwickelte Form des Wechselschlittens, der dem von einem Uhrwerk angetriebenen Modell von Ives, das bereits im 2. Kapitel erwähnt wurde, sehr ähnlich war. Ein mit einer hydraulischen Vorrichtung arbeitender Federwerkmotor bewegte den Plattenhalter für die drei Teilbelichtungen in einer Gesamtzeit von nur drei Sekunden. Da das Verhältnis der drei Belichtungen untereinander regulierbar war, konnten Platten mit unterschiedlicher Farbempfindlichkeit verwendet werden. Die Bewegung des Plattenschlittens wurde durch ein Verbindungskabel ausgelöst.

Farbauszugsnegative für die subtraktiven Farbverfahren konnten auch durch Kombination der drei Filme oder Platten in einer einzigen Aufnahmeeinheit, dem sogenannten Tripack, aufgenommen werden – wir werden darüber im nächsten Kapitel sprechen.

Bevor wir uns mit den wichtigen subtraktien Farbkopierverfahren näher beschäftigen, müssen wir zunächst einen chemischen Prozeß betrachten, auf dem viele Farbverfahren beruhen. Im Mai 1839 kündigte Mungo Ponton der Royal Scottish Society of Arts eine Entdekkung an: Ein mit einer Lösung von Kaliumbichromat getränktes Stück Papier verfärbte sich in tiefes Orange, wenn man es dem Licht aussetzte. Wenn er nun das lichtempfindliche Papier mit einem Blatt oder einem ähnlichen Objekt teilweise bedeckte, konnte Ponton dessen Fläche in Weiß auf einem orangefarbenen Untergrund abbilden. Dieses Bild konnte fixiert werden, indem das Bichromat von dem Papier abgewaschen wurde. William Henry Fox Talbot fand heraus, daß Gelatine durch Behandlung mit einer Kaliumbichromat-Lösung lichtempfindlich gemacht werden konnte und sich an be-

Das Carbon-Verfahren:
A Das Aufnahmeobjekt ist hier durch eine Grauskala mit weißen, grauen und schwarzen Streifen dargestellt.
B Ein nach diesem Original belichtetes Negativ wird mit einer Bichromat-Gelatinefolie in Kontakt gebracht und unter weißem Licht belichtet. Die Gelatine wird im Umfange der Belichtung gehärtet.
C Die belichtete Folie wird auf ein Blatt Übertragungspapier 1 kaschiert, in einem warmen Wasserbad löst sich der Originalschichtträger 2.
D In einer weiteren Wässerung wird die ungehärtete Gelatine entfernt, so daß ein Reliefbild entsteht.
E Wenn die Carbon-Folie nicht bereits Farbstoffpigmente enthält, kann sie nun eingefärbt werden. Drei von den Farbauszugsnegativen kopierte und blaugrün, purpur und gelb eingefärbte Reliefbilder können nun deckungsgleich übereinandergelegt werden.
F Alternativ kann das Reliefbild eingefärbt werden und in Kontakt mit einem Film oder Papier 3 gebracht werden, auf das der Farbstoff übertragen wird.
G Mit diesem Absaugeverfahren werden drei Farbauszüge von drei Reliefmatrizen, die wiederverwendet werden können, übereinanderkopiert. Bildbeispiele sind auf den Seiten 90 und 91 zu sehen.

lichteten Stellen, je nach Intensität der Belichtung, härtete und wasserunlöslich wurden. Talbot veröffentlichte seine Entdeckung in einem Patent im Jahre 1852, dessen Gegenstand die Anwendung dieses Verfahrens bei der Herstellung von Druckplatten war.

1855 patentierte A. L. Poitevin ein Verfahren, bei dem eine Bichromat-Gelatineschicht, die Kohlestaub enthielt, unter einem Negativ belichtet wurde. Das belichtete Papier wurde im warmem Wasser «entwickelt», welches die ungehärteten Stellen der Schicht ablöste, um so ein Positiv zu bilden. Zwischentöne im Bild konnten nicht gut wiedergegeben werden, da die gehärtete Oberschicht der Gelatine das Auswaschen der darunter befindlichen ungehärteten Gelatine verhinderte. Sir Joseph Wilson Swan verbesserte diesen sogenannten Carbonprozeß (Carbon=Kohle) 1864, indem er die lichtempfindliche Schicht von ihrer Unterlage ablösbar machte. Swan's Carbonpapiere bestanden aus einer Gelatineschicht mit Pigment-Farbstoff und der Papierunterlage; sie wurde unmittelbar vor ihrem Gebrauch durch Baden in einer Bichromat-Lösung lichtempfindlich gemacht. Das trockene lichtempfindliche Material wurde unter einem Negativ belichtet und dann mit der Oberfläche nach unten auf ein Übertragungspapier gelegt. Ein lauwarmes Wasserbad bewirkte das Ablösen der Gelatineschicht von der Originalunterlage, so daß der ungehärtete Teil der Gelatineschicht völlig weggewaschen werden konnte und im Bild auch Zwischentöne erschienen. Die Schichten konnten in beliebigen Farbtönen eingefärbt werden. Das so erzeugte Bild war ein Relief, wobei die Schattenpartien durch eine dicke Gelatineschicht und die Lichter durch eine dünne Schicht dargestellt wurden. Diese beiden Eigenschaften waren für die frühen Farbkopierverfahren sehr wichtig. Das Carbon-Verfahren wurde in der Zeit um die Jahrhundertwende von vielen Photographen zum Kopieren nach Farbauszugsnegativen angewandt, wobei Pigmentschichten in Blaugrün, Purpur und Gelb – also den subtraktiven Grundfarben – nach der «Entwicklung» (mit warmem Wasser) nacheinander paßgerecht auf eine geeignete Unterlage übertragen wurden.

Eine Weiterentwicklung des Carbon-Verfahrens war einer Entdeckung von Howard Farmer im Jahre 1839 zu verdanken, daß nämlich Bichromatgelatine in Kontakt mit fein verteiltem Silber die Schicht ohne einen Belichtungsvorgang härtete. 1905 patentierte Thomas Manly seinen «Ozobrome»-Prozeß, bei dem eine Bichromat-Carbonschicht mit einer Kopie auf Bromsilberpapier unter Einwirkung eines Bleichmittels eine Zeit lang in engen Kontakt gebracht wurde. Proportional zur Dichte des Silberbildes wurde die Bichromat-Carbonschicht gehärtet. Nach diesem chemischen Kontaktkopierprozeß erfolgte die für Carbonschichten übliche Entwicklung in warmem Wasser. Der Vorteil des Ozobrome-Verfahrens (oder von «Carbro», wie die von der Autotype Company in den 20er und 30er Jahren ausgeübte Verfahrungsversion hieß) lag darin, daß für den Kopiervorgang kein Tageslicht benötigt wurde, und daß von den Originalnegativen vergrößerte Bromsilberkopien hergestellt werden konnten, um größere Farbvergrößerungen anzufertigen. Die gebleichten Bromsilberbilder konnten für weitere Kopien verwendet werden.

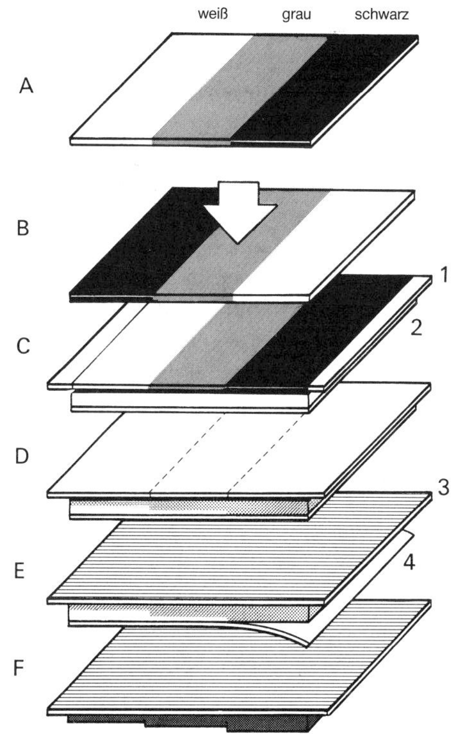

Das Carbro-Verfahren:
A Das Aufnahmemotiv ist hier als Grauskala dargetellt.
B Von diesem Original wird ein Negativ aufgenommen.
C Das Negativ wird auf Bromsilberpapier 1 kopiert oder vergrößert. Das entwickelte Bromsilberbild wird mit einer Carbon-Folie 2 zusammengepreßt.
D Das Bildsilber wird ausgebleicht, wobei sich die Gelatine in der Folie bildmäßig härtet.
E Die Folie wird dann auf ein Blatt Übertragungspapier 3 gelegt und die ursprüngliche Unterlage 4 abgewaschen.
F In einer weiteren Wässerung wird das Reliefbild «entwickelt», um dann gegebenenfalls eingefärbt und schließlich mit den beiden anderen Reliefs zusammenmontiert zu werden oder nach dem Absaugeverfahren nacheinander auf eine Kopierschicht die Farbstoffe zu übertragen.

Abgesehen von den frühen Experimenten von Ducos du Hauron wurde das erste erfolgreiche Dreifarben-Kopierverfahren 1888 von Frederick E. Ives am Franklin-Institut in Philadelphia vorgeführt. Er fertigte seine Bilder sowohl auf Papier- wie auch auf Glasunterlage an, hatte

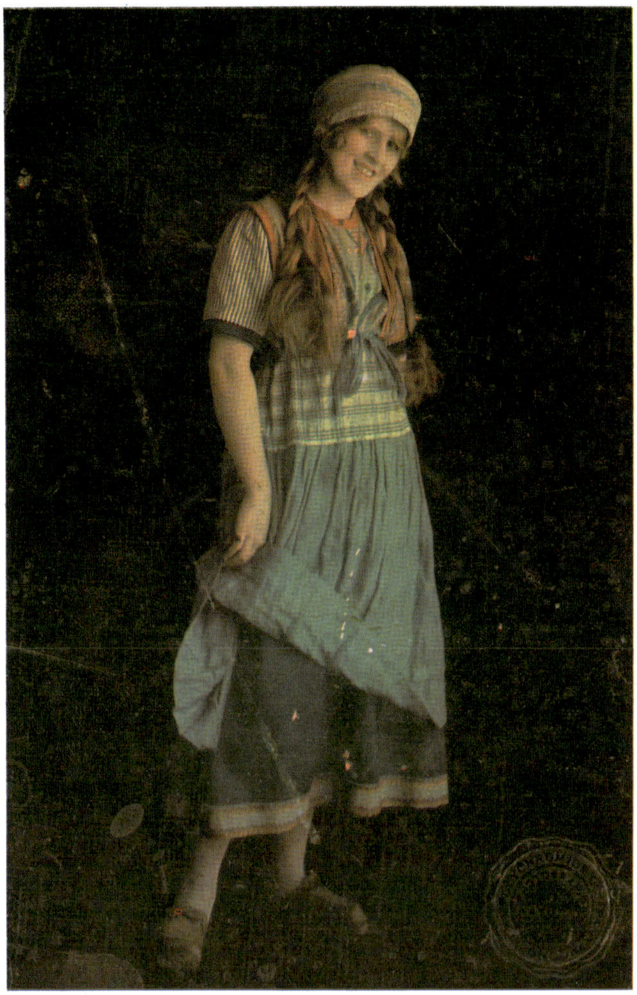

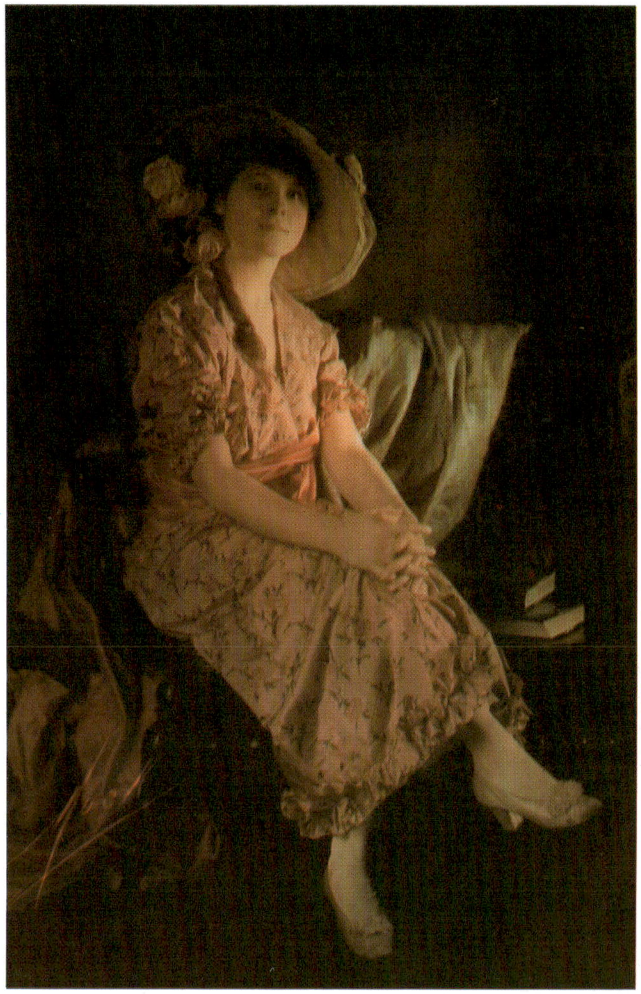

Oben links: Eine in den Dover Street Studios, London, um 1913 angefertigte Polychromide-Vergrößerung 127 x 187 mm. Dieses Verfahren von Aaron Hamburger wird auf Seite 104 beschrieben.

Oben: «Dame in Orange» (1915). Ein zweifarbiges Kodachrome-Dia des Photographen Mock, Rochester, New York, USA. (128 x 237 mm)

Rechte Seite: «Molly Mulligan» (November 1914). Ein frühes zweifarbiges Kodachrome-Dia des Photographen Wills. Zu Einzelheiten dieses Verfahrens siehe Seite 104. (170 x 220 mm) ▷

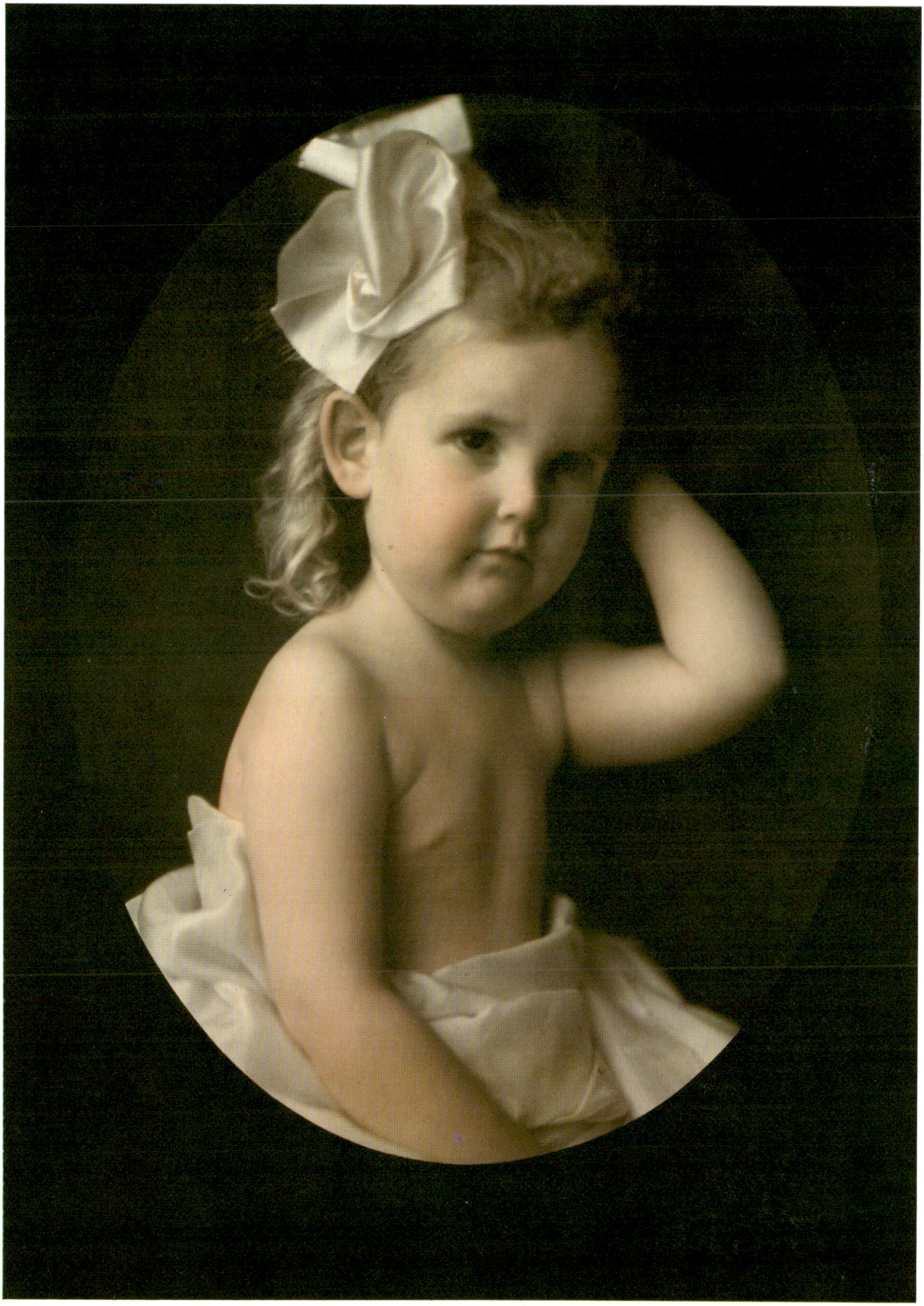

A THREE-COLOUR CAMERA . . .

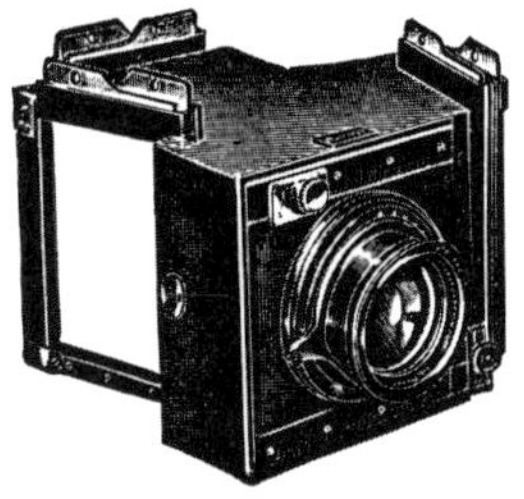

Single-Exposure Three-Colour Camera size 9 × 12 cm. with barrel focussing device.

It is widely recognised that a Three-Colour One-Exposure Camera is the very best means of producing sets of negatives for colour-printing especially for portrait, commercial, and even advanced amateur work. Only by such means moving, or even "liable-to-move" subjects can be handled with any degree of certainty, while for studio portraiture in colour—an up-to-date and highly-remunerative line—the One-Exposure Camera is indispensable.

BUT THE CAMERA MUST BE GOOD, the product of a maker of repute who embodies in every instrument the accumulated experience of years. Any camera in the BERMPOHL Series fulfils these and all the other exacting requirements of colour work. Examination of a BERMPOHL Camera, or even a set of BERMPOHL negatives, will convince you. Literature on request.

A Few Outstanding Points:

Camera suitable for Ilford and Kodak materials; no parallax or double image; suitable for daylight, arc, or incandescent (separate screens supplied); mirrors strongly mounted; and, most important of all, colours true to nature.

In addition, we recommend our Repeating-Backs and Repeating-Back Cameras, precision instruments that, despite their lower price, also embody the well-known "Bermpohl quality" of workmanship.

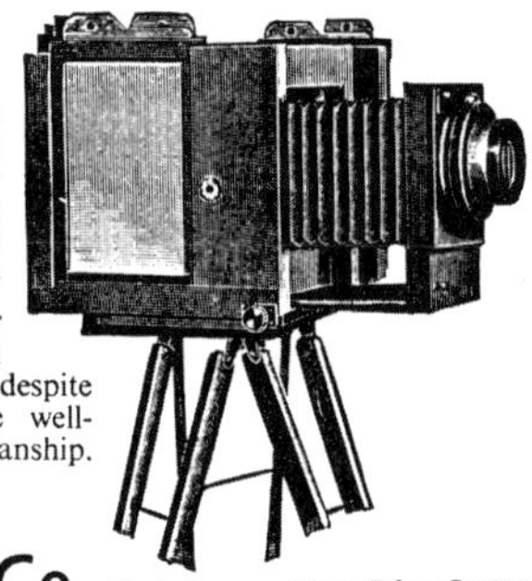

Single-Exposure Three-Colour Camera, size 5" × 7" with bellow focussing device.

BERMPOHL & Co.

Write mentioning B.J.A. to:

Bermpohl & Co., Bluecherstr. 32, Berlin SW 29, Germany or
Johannes Herzog & Co., Hemelingen, Bremen, Germany

Eine Anzeige für die Bermpohl Naturfarben-Kamera aus dem «British Journal of Photography Almanac 1936».

jedoch mit letzteren mehr Erfolg. Die Negative nahm er in einer Spezialkamera mit Dreifachobjektiv oder nacheinander mit einem herkömmlichen Modell auf. Das Rotfilternegativ wurde auf eine Gelatineplatte kopiert, der blaugrüne Farbstoff wurde nach dem Cyanotypie- oder Blaudruck-Prozeß erzeugt. Das Grünfilternegativ wurde auf eine purpur-pigmentierte Carbon-Folie kopiert und umgekehrt auf eine Glasplattenunterlage montiert. Das Blaufilternegativ wurde als gelb gefärbtes Gelatinereliefbild auf einem dünnen Kollodiumfilm kopiert, der dann paßgenau zwischen die beiden anderen Platten montiert wurde.

Eines der ersten praktisch angewandten subtraktiven Kopierverfahren wurde 1895 den Gebrüdern Lumière patentiert. Sie benutzten Bichromat-Gelatineleim unter Zusatz einer kleinen Menge von Silberbromid auf Papierschichtträger. Dieser Silberzusatz förderte die Reliefwirkung nach dem von Howard Farmer beobachteten Effekt. Drei Papierschichten wurden unter drei Auszugsnegativen belichtet und die belichteten Schichten zur Entwicklung und Einfärbung (in Komplementärfarben) auf Glasunterlage übertragen. Dieser Vorgang dauerte über zwölf Stunden. Während sie sich noch auf den Zwischenträgern befanden, konnten die drei Dias übereinandergelegt werden, um die richtige Farbgebung zu beurteilen. In dieser Phase des Prozesses war eine Beeinflussung noch möglich. Dann wurde zuerst das gelbe Teilbild mit Klebstoff auf einer Papierunterlage befestigt, dann das blaugrüne und schließlich das purpurne Teilbild paßgenau montiert. Wenn ein Diapositiv erwünscht war, konnten die übereinanderliegenden Farbschichten von dem Papier auf Glasunterlage übertragen werden. Die Gebrüder Lumière zeigten auf der Pariser Weltausstellung von 1900 einige Farbbilder, die nach Aussage eines Fachmanns «einen Farbenreichtum und Leuchtkraft, die alle vorherigen Versuche übertrafen» besaßen.

Der 1899 beschriebene Prozeß von E. Sanger-Shepherd glich demjenigen der Gebrüder Lumière, indem auch er einen Bichromat-Gelatinefilm mit Silberbromidgehalt benutzte. Die Gelatineschicht befand sich auf Zelluloidfilmen, wurde nach Farbauszugsnegativen durch die Rückseite belichtet und wie üblich in warmem Wasser entwickelt. So wurden die Purpur- und Gelb-Teilbilder hergestellt, während Sanger-Shepherd vorschlug, das Blaugrün-Teilbild nach dem Cyanotypie-Tonungsprozeß auf einer Glasplatte zu erzeugen, die gleichzeitig als Deckglas diente, wenn die drei Teilbilder miteinander deckungsgleich verbunden und mit Canadabalsam zusammengeklebt wurden.

Die Pinatypie, 1903 in Frankreich für Leon Didier patentiert, beruhte auf einem seit vielen Jahren bekannten Prinzip. 1874 hatte E. Edwards ein Kopierverfahren beschrieben, bei dem ein Gelatinebild, das selektiv nach dem Bichromatverfahren gehärtet war, eingefärbt wurde, und mit einer anderen Schicht in Kontakt gebracht wurde, um den Farbstoff darauf abzusaugen. Je härter die Gelatineschicht war, desto weniger Farbstoff nahm sie auf und desto weniger konnte auch übertragen werden. Dieses zuerst Hydrotypie genannte Verfahren wurde als Absaugverfahren oder (engl.) dye transfer bekannt. Charles Cros hatte unabhängig davon diesen Effekt 1880 entdeckt und vorgeschlagen, daß er genutzt werden könne, um drei Farbstoffe deckungsgleich übereinander zu übertragen. Didier war jedoch der erste, dessen Prozeß ab 1905 in den Handel kam. Das Kopiermaterial bestand aus Glasplatten mit einer Bichromat-Gelatineschicht und wurde unter Farbauszugspositiven, die von den Originalnegativen hergestellt worden waren, belichtet. Die belichteten Platten wurden gewässert, um das Bichromat-Sensibilisierungsmittel zu entfernen, und wurden dann jeweils in den zugehörigen subtraktiven Farben eingefärbt, wobei die Farbstoffe am meisten von den ungehärteten Reliefpartien aufgesogen wurden. Die Kopien wurden dann aus irgendeinem gelatinebeschichteten Material hergestellt; gewöhnlich wurde ausfixiertes Bromid- oder Chlorsilberpapier benutzt. Das Papier wurde in Wasser aufgeweicht und

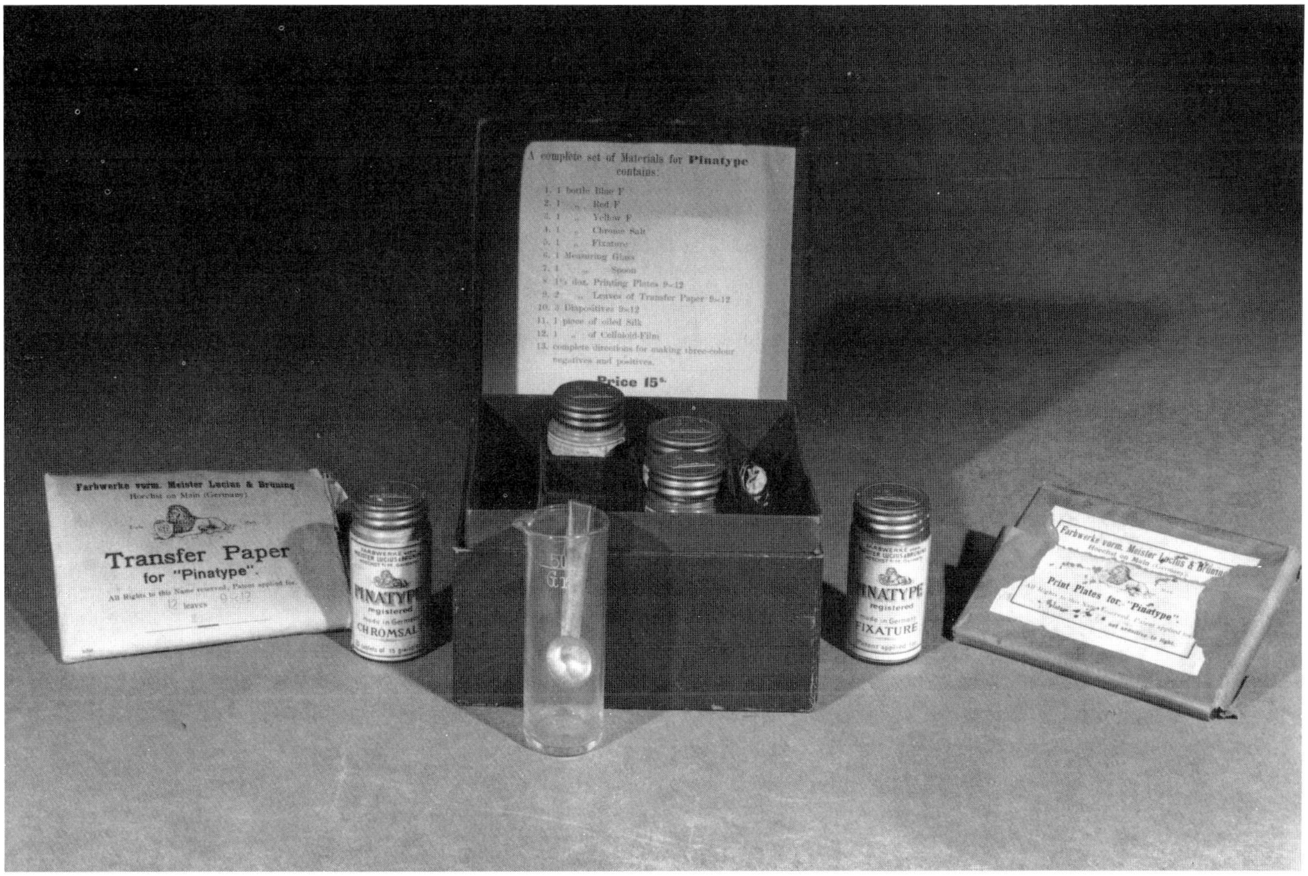

Ausrüstung für das Pinatypie-Kopierverfahren (1905).

dann in Kontakt mit einer der eingefärbten Druckplatten zusammengepreßt und so für 15 Minuten belassen. Nachdem zuerst der Farbstoff des blaugrünen Bildes auf das Papier abgesaugt worden war, wurde paßgerecht darauf das Purpurbild übertragen. Schließlich erfolgte die Übertragung des gelben Teilbildes, um ein vollständiges Farbbild zu ergeben. Dias konnten auf die gleiche Weise angefertigt werden, indem die Farbstoffbilder auf eine gelatinebeschichtete Glasplatte übertragen wurden.

Ab 1906 ging Sanger-Shepherd auf ein Absaugeverfahren über, bei dem Silberbromid-Emulsionen benutzt wurden, die mit Bichromat sensibilisiert worden waren. Nach der Belichtung durch die Filmrückseite wurden die Reliefs im warmen Wasser entwickelt, fixiert, gewässert und getrocknet. Diese Reliefs wurden dann eingefärbt und zur Übertragung der Teilbilder auf gelatinebeschichtetes Papier benutzt, wobei das gelbe Teilbild als letztes abgesaugt wurde. Hierbei wurde der Farbstoff proportional zur Dicke der Gelatinereliefschicht übertragen. Das Verfahren litt unter dem Problem, daß der Farbstoff aus dem ersten Übertragungsvorgang in die zweite «Platte» wanderte und so die Farbreinheit herabsetzte. Nur das reinste Papier und die besten Farbstoffe waren zufriedenstellend. F. W. Donisthorpe benutzte für seinen 1907 herausgebrachten Prozeß ebenfalls ein Absaugeverfahren, aber hierbei wurden die Farbstoffe von den Originalnegativen übertragen, die zuvor in einem Bleichbad in Gerbreliefs verwandelt worden waren. Die weicheren, geringer belichteten Bildpartien nahmen dabei mehr Farbstoff auf und konnten diesen auf ein gelatinebeschichtetes Papier übertragen. Die Reihenfolge des Übertragungsvorgans war die übliche, nämlich Blaugrün, Purpur und Gelb.

F. E. Ives benutzte zum Kopieren der in seiner Tripak-Kamera von 1911 aufgenommenen Negative Bichromat-Gelatinefilme, die angefärbt und nach der Belichtung und Entwicklung übereinandergelegt wurden, um Farbdiapositive zu ergeben. Eine verbesserte Ausführung, der Hicro-Prozeß, wurde 1915 eingeführt. Die drei mit der (auf Seite 88 beschriebenen) Hicro-Universal-Kamera aufgenommenen Farbauszugsnegative wurden seitlich nebeneinander auf einen speziellen Bichromat-Gelatinefilm kopiert, der etwas Silberbromid enthielt. Nach Entfernen der Schutzlackschicht wurde der belichtete Film in einem Eimer mit warmem Wasser entwickelt. Die Relieffilme wurden dann fixiert, zerschnitten und jeweils in der entsprechenden Farbe eingefärbt. Die trockenen Positive wurden dann deckungsgleich miteinander vereinigt und zwischen Gläser gefaßt. Um Papierbilder herzustellen, wurde das Rotfilternegativ auf Cyanotypie-Papier kopiert, währen die bei-

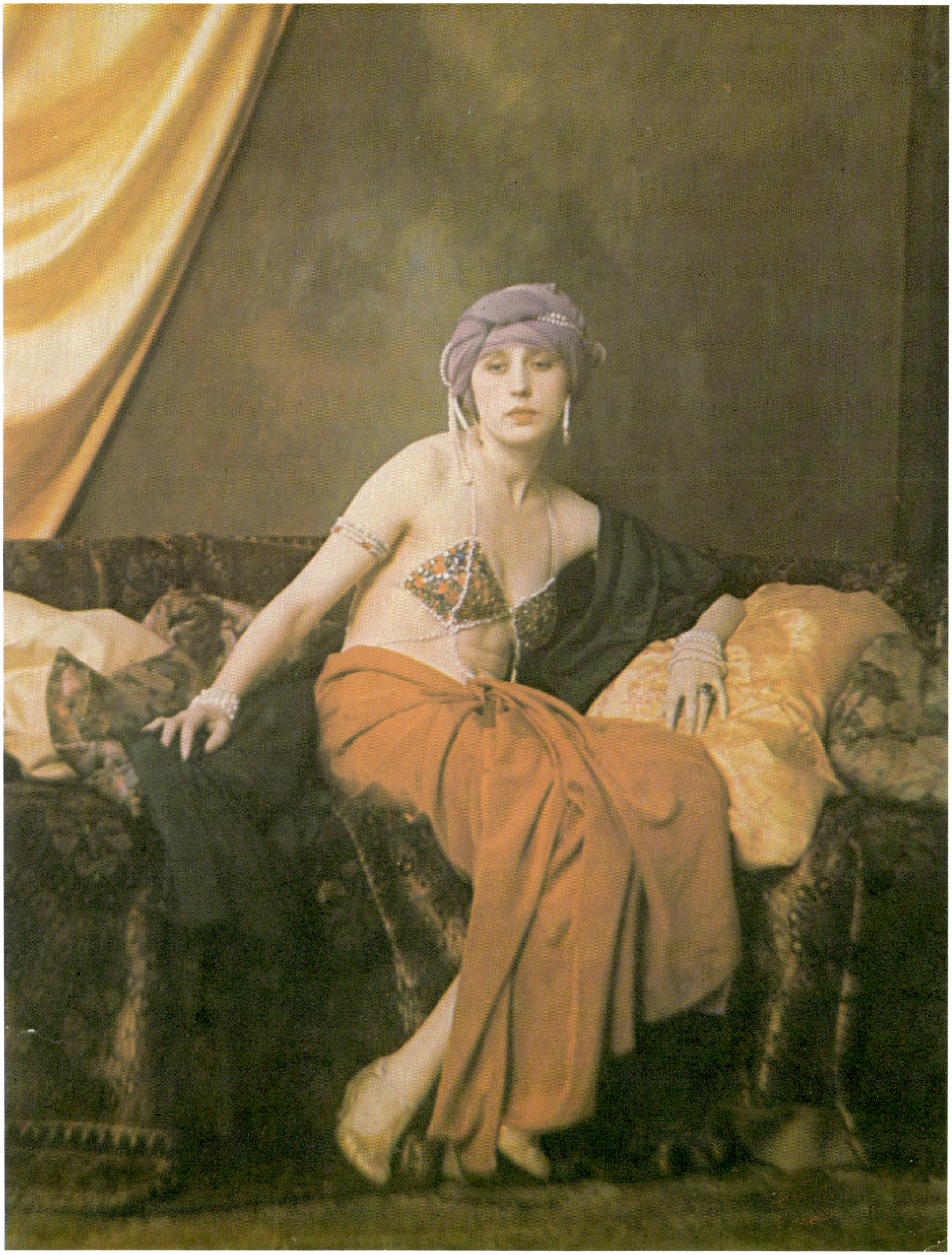

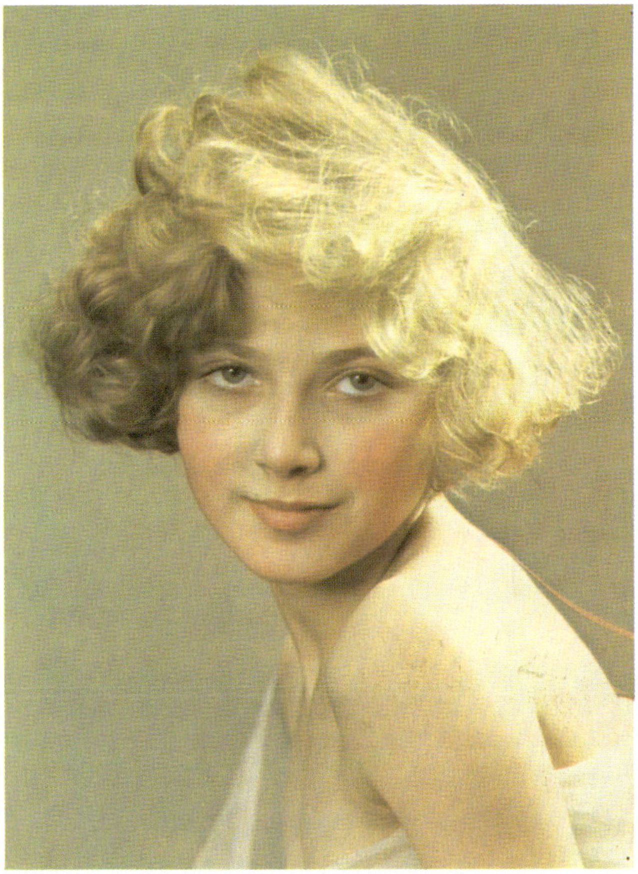

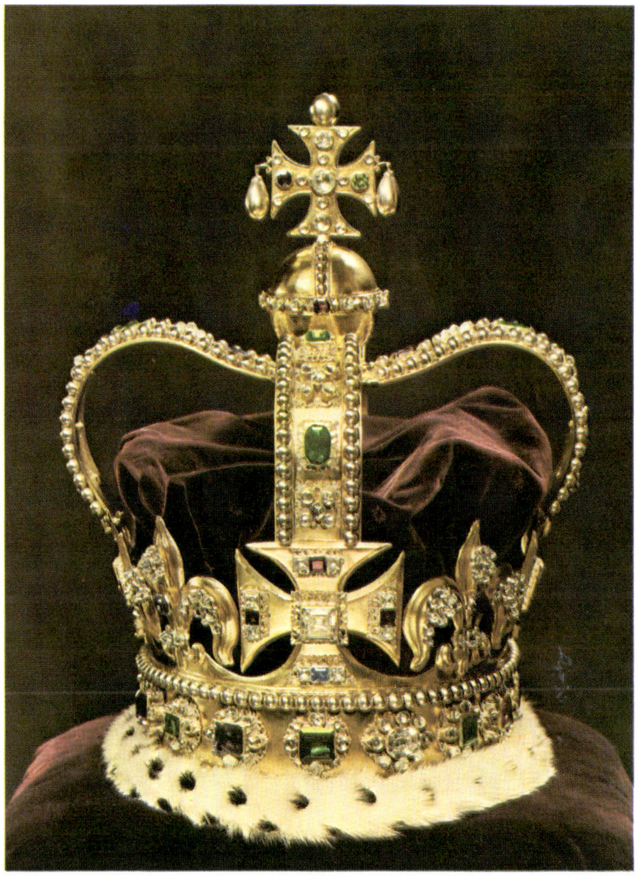

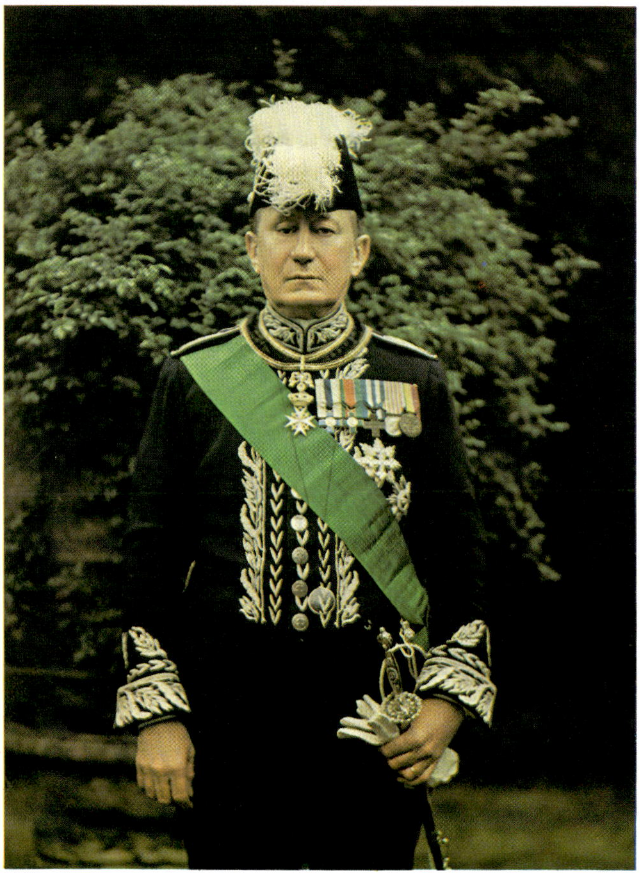

Links außen: «Orientalische Studie», ein Bild nach dem Jos-Pe Absaugeverfahren (um 1930). Dieses Verfahren wird auf Seite 105 beschrieben. (230 x 260 mm)

Oben links: «Portrait einer blonden Dame» von Herbert Lambert (1932). Eine Vivex-Vergrößerung nach mit dem Vivex-Wechselschlitten aufgenommenen Farbauszugsnegativen. Siehe Seiten 96 und 109. (257 x 334 mm)

Oben rechts: Die Krone von St. Edward, photographiert im Tower von London von Dr. D. A. Spencer (1937); eine Vivex-Farbvergrößerung im Format 285 x 366 mm.

Links: «The Honorable Marchese Marconi» (1934). Ein Vivex-Portrait des Radio-Pioniers. (222 x 297 mm)

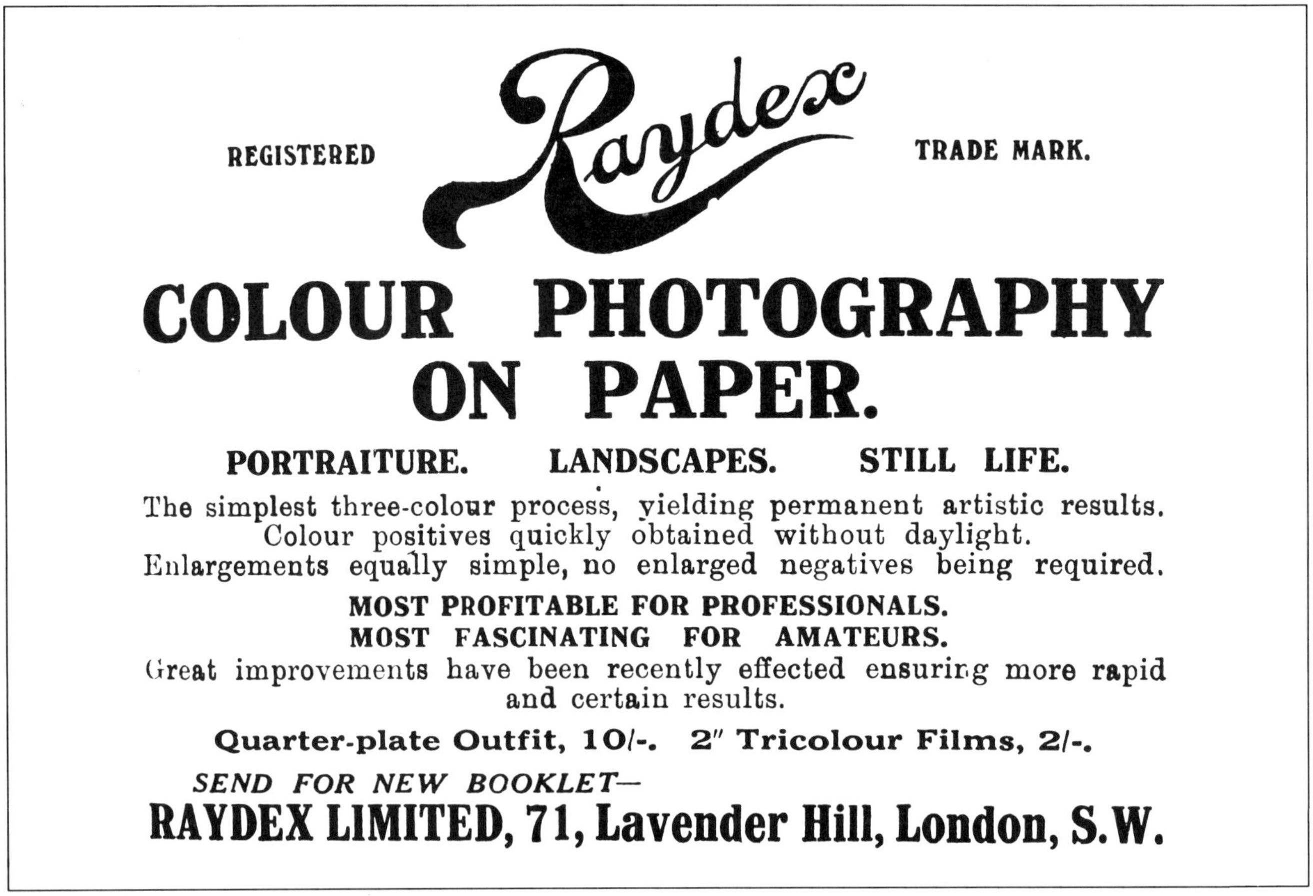

Eine alte Anzeige für das Raydex-Farbkopierverfahren aus dem «British Journal of Photography Almanac 1914».

den anderen nach der oben beschriebenen Methode als Filme kopiert wurden. Der Purpur- und der Gelb-Film wurden auf dem blaugrünen Papierbild montiert. Die ganze Einheit wurde dann sorgfältig befestigt und für einige Sekunden in eine Stärke-Azetatlösung eingetaucht, dann lief sie zwischen Löschpapier durch eine Gummirollenpresse. Die Anleitung empfahl eine «Wringmaschine». Die drei «Blätter» wurden so fest zusammengeklebt.

Der Polychromide-Prozeß von Aaron Hamburger wurde von 1911 an in den Londoner Dover Street Studios ausgeübt. Zur Aufnahme der Auszugsnegative wurde die von Pfenniger verbesserte Bennetto-Kamera benutzt; bei sehr starkem elektrischen Scheinwerferlicht sollen Belichtungen von 1/100 Sekunden möglich gewesen sein. Die drei Kopien von den Negativen wurden nach verschiedenen Methoden hergestellt. Das Gelbbild wurde auf Bromidpapier kopiert, ausgebleicht und dann zu einem metallischen Gelbbild betont. Das purpurne Teilbild wurde auf einer entsprechend eingefärbten Carbon-Folie hergestellt, während das Blaugrünbild nach dem Cyanotypie-Tonungsverfahren erzeugt wurde. Die Firma rühmte sich prominenter Portraitmodelle für den Polychromide-Prozeß, darunter die Pawlowa, Prinz Alexander von Teck, Sir Joseph Lyons und des englischen Großfürsten-Ehepaares von Baroda. Das Verfahren wurde bis zum 1. Weltkrieg ausgeübt.

Raydex war 1913 das erste bedeutendere Farbkopierverfahren, das die Ozobrome- oder Carbro-Methode benutzte. Raydex ging von drei eingefärbten Blättern aus, die vor dem Gebrauch sensibilisiert, dann für einige Minuten mit Silberbromid-Kopien, hergestellt von den Farbauszugsnegativen im Kontakt belichtet wurden. Die Kopien wurden in heißem Wasser entwickelt, dann auf einen Zwischenträger übertragen und schließlich auf die endgültige Unterlage montiert. Das *British Journal of Photography* schrieb: «Zum ersten Mal macht Raydex die Herstellung von Dreifarbenbildern auch für den gewöhnlichen Amateur möglich».

Ein ungewöhnliches Verfahren wurde am 1. November 1914 in Rochester, N. Y., USA, aus der Taufe gehoben. Diese Erfindung von J. G. Capstaff von Kodak Forschungslaboratorium basierte auf der Zweifarbenwiedergabe und war für die berufsmäßige Portraitphotographie bestimmt. Ein Negativpaar wurde gleichzeitig in einer besonderen Kamera oder nacheinander mit einem Wechselschlitten photographiert. Ein Negativ wurde durch ein rotes Filter, das andere durch ein grünes Filter aufgenommen. Als Studiobeleuchtung wurde intensives elektrisches Licht, insgesamt 9000 Watt empfohlen. Die Negative wurden entwickelt und gewässert und dann in einer Lösung aus Ferricyanid, Bromid und Bichromat ausgebleicht, wodurch die Gelatineschicht bildmäßig gehärtet wurde. Nach dem Fixieren und Trocknen wurden die Platten rotorange (von der Grünfilter-Belichtung) und blaugrün (von der Rotfilter-Belichtung) eingefärbt. Die ungehärtete Gelatine nahm an den unbelichteten Stellen den Farbstoff auf und erzeugte so ein Farbpositiv; beide Positive wurden mit den Vorderseiten übereinander zu einem Diapositiv zusammengelegt. Es konnten von den Originalaufnahmen auch Duplikatnegative hergestellt werden, um mehrere Kopien anzufertigen. Das Verfahren hieß Kodachrome und war trotz der Unfähigkeit des Zweifarbensystems, ein reines Blau, Purpur oder Violett zu erzeugen, für die Portraitphotographie recht zufriedenstellend. Vor allem Hautfarben wurden sehr gut wiedergegeben. Das Verfahren wurde im April 1915 auf den Markt gebracht und existierte einige Jahre lang.

Der von G. Koppman erfundene Jos-Pe-Prozeß wurde 1924 eingeführt. Es war ein weiteres Absaugeverfahren zum Kopieren der mit der Jos-Pe-Kamera oder einer anderen Kamera aufgenommenen Farbauszüge. Die Relieffilme wurden durch die Rückseite kopiert; sie waren mit silberhaltiger Bichromatgelatine beschichtet und ergaben so ein detaillierteres Relief als die Kopierfilme bei der Pinatypie. Das Jos-Pe-Verfahren war einige Zeit lang sehr beliebt. Es ergab, wie die meisten anderen hier besprochenen Verfahren gute Farbbilder, aber viel Geschick, eine sorgfältige Handhabung und ein beachtlicher Zeitaufwand waren nötig. Darin lagen auch die Grenzen dieser Verfahren für einen professionellen Einsatz. Die Berufsphotographen konnten nicht erwarten, daß ihre Kunden einen vernünftigen Preis für eine farbige Vergrößerung zahlen würden, für deren Herstellung sie Stunden fachmännischer Arbeit aufwenden mußten. Erste Ende der 20er Jahre war die Zeit für die Einführung eines zuverlässigen Farbkopierverfahrens reif, das die Berufsphotographen auf ökonomische Weise nutzen konnten.

1928 wurde eine neue Firma, die Colour Photographs (British and Foreign) Ltd., gegründet, um ein neues Farbverfahren zu entwickeln. Die Negative wurden als Tripack aufgenommen, womit wir uns im nächsten Kapitel noch ausführlicher befassen werden. Sie wurden auf sehr dünnschichtige Zellulosefilme kopiert, die dann nach Methoden eingefärbt wurden, die Polychromide sehr ähnlich waren. Der gelbe Film wurde nach dem Tonungsverfahren eingefärbt, der blaugrüne nach dem Cyanotypie-Prozeß. Das Purpurbild war ein gefärbtes Gelatinerelief. Die drei Filme wurden auf Papier übereinandergelegt und miteinander verklebt. So wie dieses Verfahren arbeitete, litt es unter all den altbekannten Problemen, die einen wirtschaftlich vertretbaren berufsmäßigen Einsatz behinderten. Als Dr. D. A. Spencer

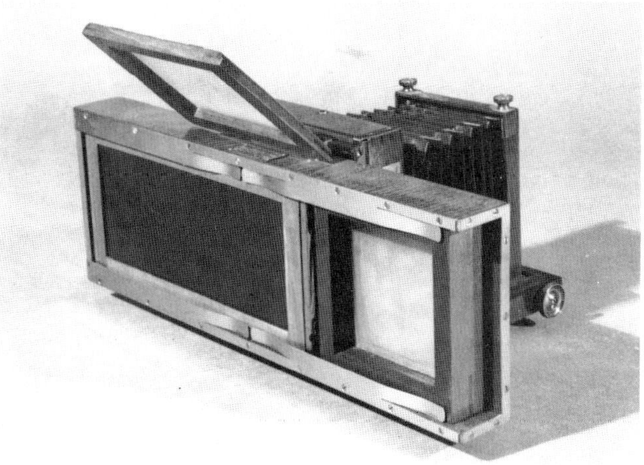

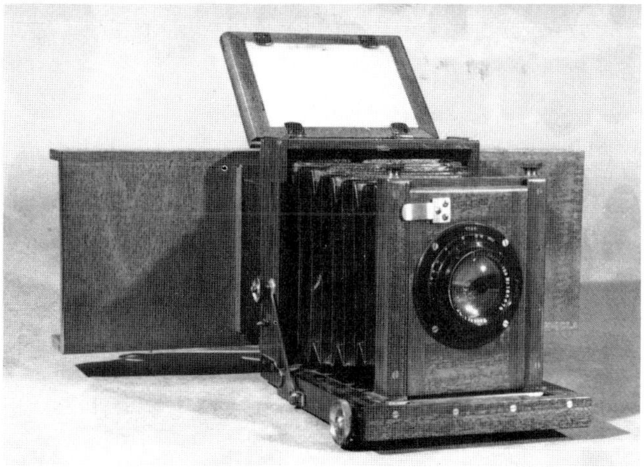

Oben: Die Sanger-Shepherd Klappkamera 1905, ausgerüstet mit dem Sanger-Shepherd Wechselschlitten für Farbaufnahmen.

Unten: Der «Sanger-Shepherd Colour Stereoscopic Set» von 1907. An dieser kastenförmigen Stereo-Kamera mit Klappverschluß ist ein Wechselschlitten angebracht.

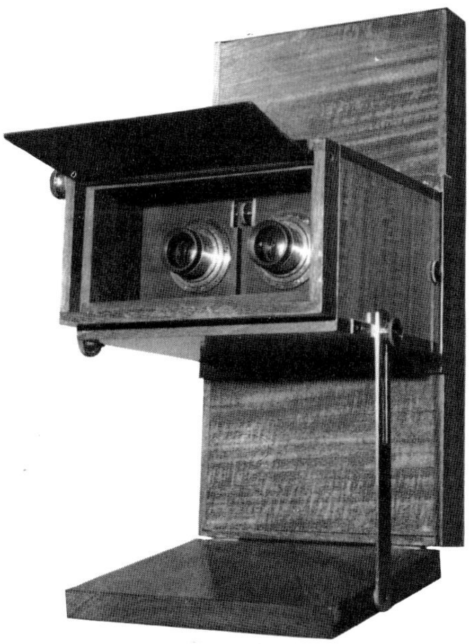

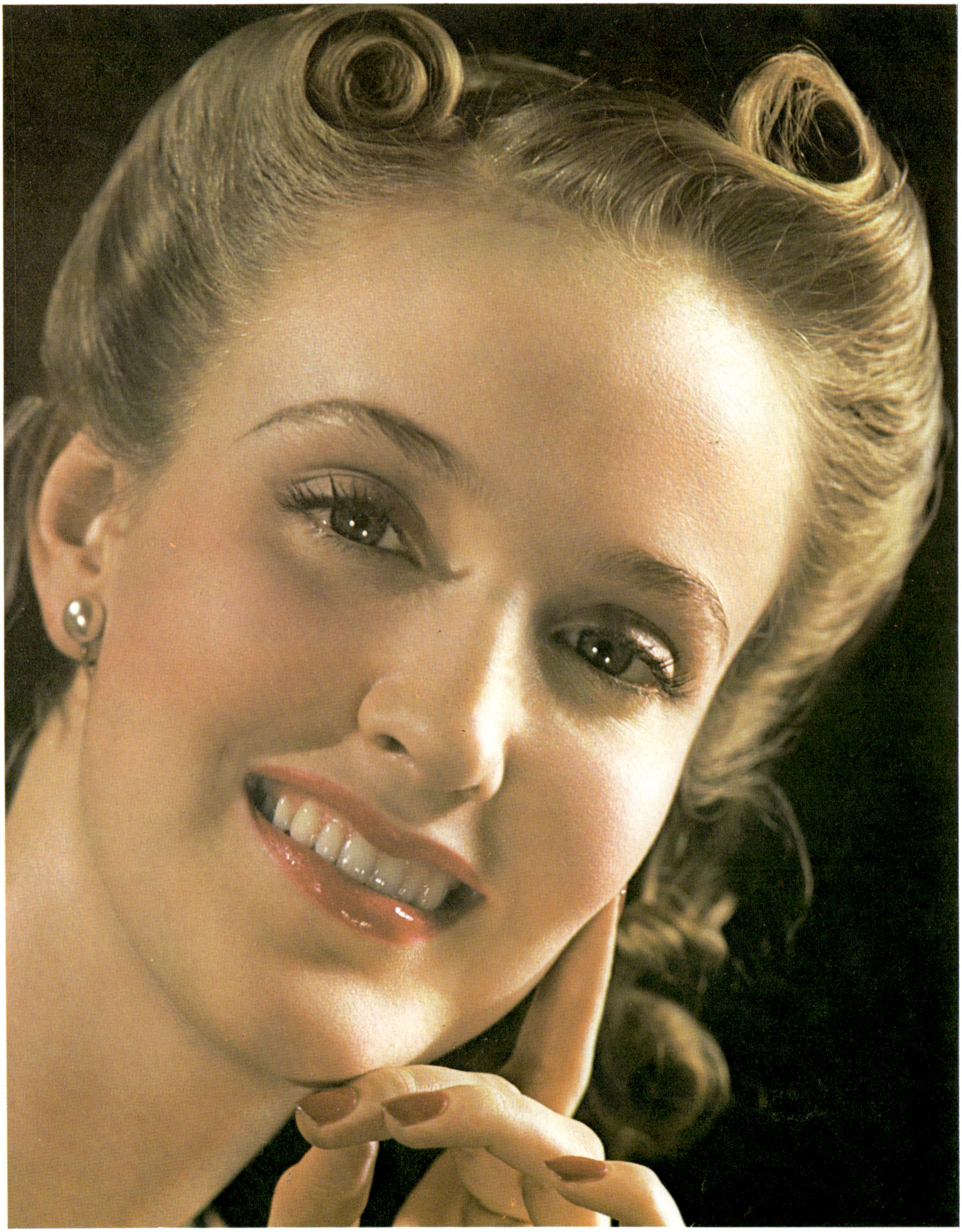

Portraitaufnahme von L. M. Condax und R. P. Speck um 1940. Die Farbauszugsnegative wurden mit einer Devin Farbkamera aufgenommen und mit dem Eastman Wash-off Relief Prozeß (siehe Seite 109) vergrößert. (250 x 310 mm)

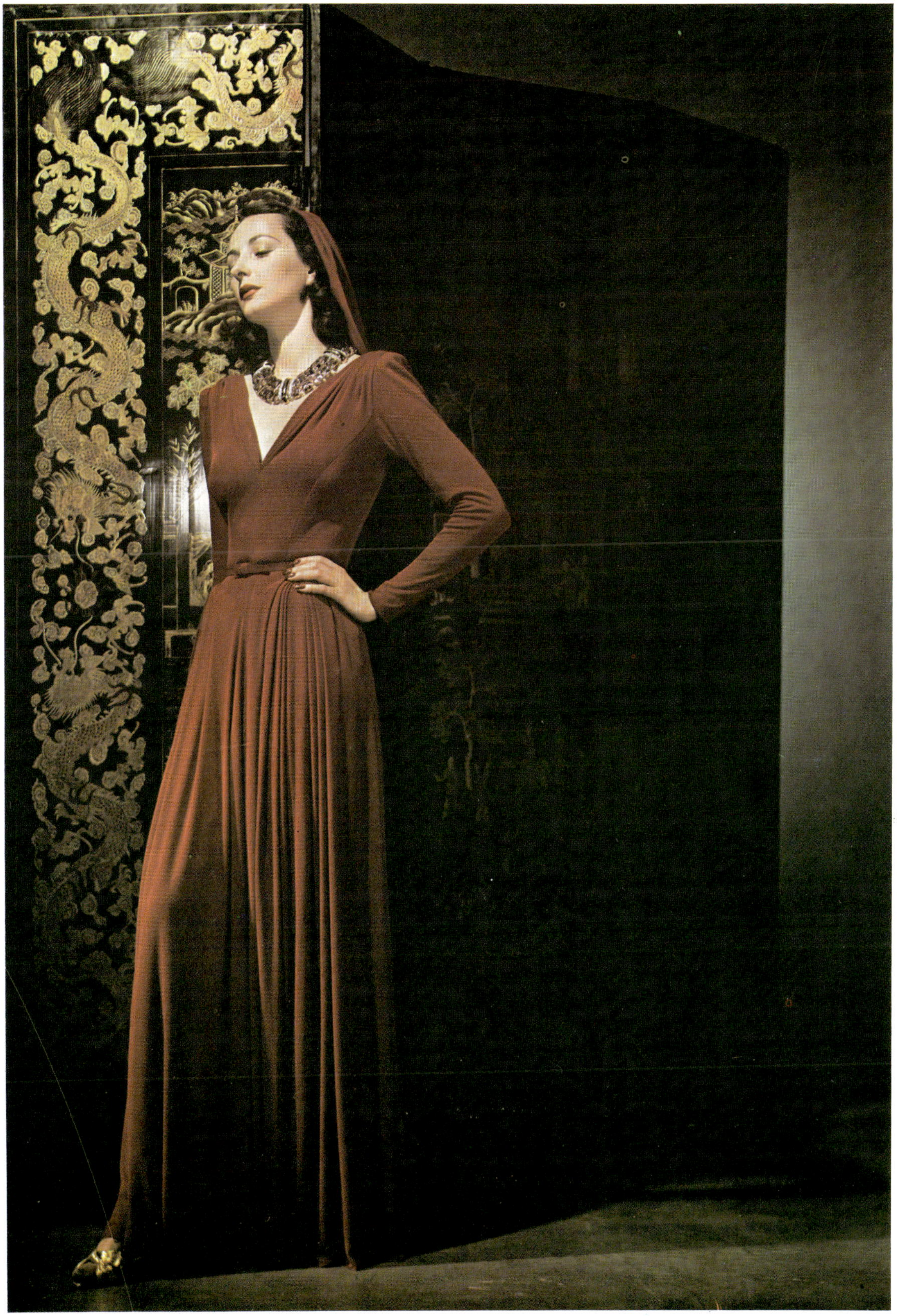

«Dame in Rot» von L. M. Condax und R. P. Speck um 1940. Eine Vergrößerung nach dem Eastman Wash-off Relief-Verfahren nach einem Dia auf Kodachrome Professional-Planfilm im Format 227 x 320 mm.

1928 in die Firma eintrat, entschied er, daß das Carbro-Verfahren die besten Chancen zur Entwicklung einer standardisierten Verarbeitung eröffnen würde. Er entwickelte einen verbesserten Carbro-Prozeß, bei dem dünne Zellophanfolien als Zwischenträger für die von ihrer Unterlage abgetrennten Relieffilme verwendet wurden. Dieses Verfahren erleichterte die genaue Übertragung auf den endgültigen Träger, der praktisch jede glänzende oder matte Oberfläche besitzen konnte. Der Schlüssel zum Erfolg des Verfahrens war die vollständige Kontrolle und Standardisierung aller Verarbeitungsschritte. Die von den Kunden – vorzugsweise mit dem früher beschriebenen Wechselschlitten – aufgenommenen Negative wurden von der Firma entwickelt; zu jedem Farbauszug gehörte ein gleichzeitig aufgenommener Graukeil. Die sensitometrische Ausmessung dieser Graufelder gestattete dem Labor, genaue Belichtungswerte für die Positive einzustellen. Zur Standardisierung des Prozesses trugen eine Spannungskontrolle für die Lampen in den Vergrößerungsgeräten, chemische Analysen und Temperaturkontrollen der Entwicklerlösungen bei.

Das *British Journal of Photography* beschrieb die Fabrik der Firma in Willesden als die erste, die überhaupt in irgendeinem Land eingerichtet worden war, um einen speziellen und schnellen Dienst in der Herstellung von Farbbildern nach Farbauszügen anzubieten. Nach 1931 wurde das neue Verfahren unter dem Namen Vivex bekannt; die Firma lieferte Farbkopien sehr hoher Qualität bis zum Ausbruch des 2. Weltkrieges 1939.

Das Trichrome Carbro-Verfahren, zu dem die Autotype Company die Materialien lieferte, war auch bei Amateurphotographen in den 20er und 30er Jahren sehr beliebt. Auf der Farbphotoausstellung der Royal Photographic Society im Jahre 1931 waren 90 % aller Farbbilder nach diesem Verfahren hergestellt. Die Autotype Company lieferte auch die Materialien für den Dyebro-Prozeß, der 1928 von Owen Wheeler veröffentlicht worden war. Er benutzte eine Kombination zwischen dem Carbro- und dem Pinatypie-Verfahren. Bichromat-Folien wurden auf die bekannte Weise mit Silberbromid-Bildern zusammengepreßt und dann zu Reliefbildern verarbeitet, nachdem sie auf Zelluloidfilme übertragen worden waren. Die Reliefs wurden dann eingefärbt und benutzt, um die Farbstoffe auf das endgültige Papier zu übertragen.

Der 1929 von Herzog und Mroz ausgearbeitete deutsche Duxochrom-Prozeß benutzte farbige Bichromat-Bromsilberemulsionen auf Filmunterlage, die nach der Belichtung zu Reliefbildern verarbeitet wurden. Die Re-

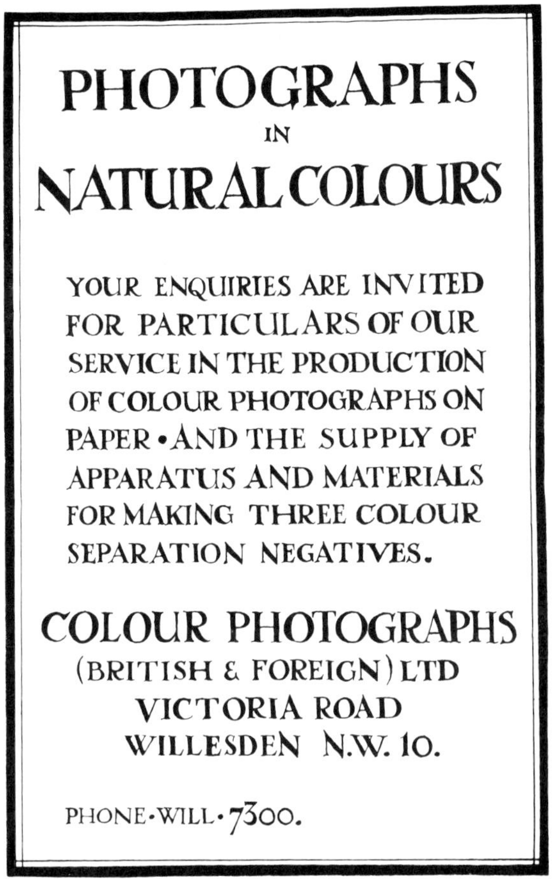

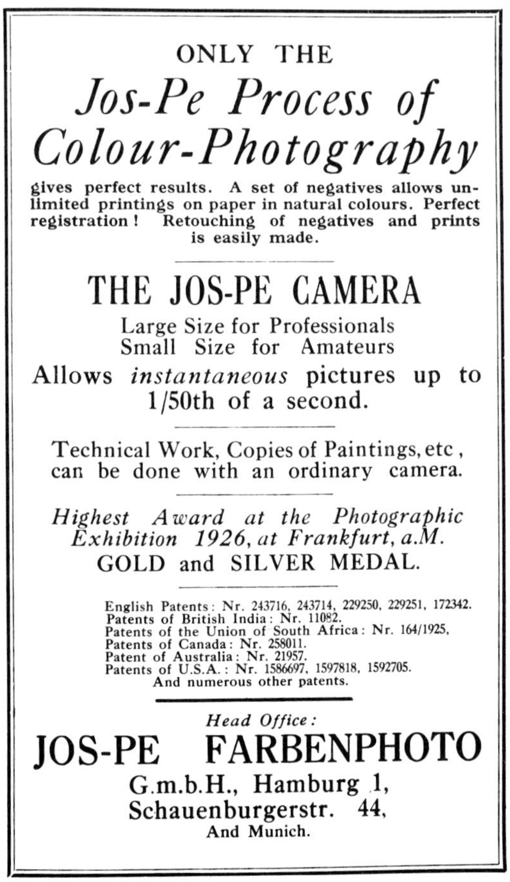

Oben: Eine Anzeige der Firma Colour Photographs, England.

Unten: Eine Anzeige für das Jos-Pe-Kopierverfahren, das in den 20er Jahren oft benutzt wurde (siehe Seite 102).

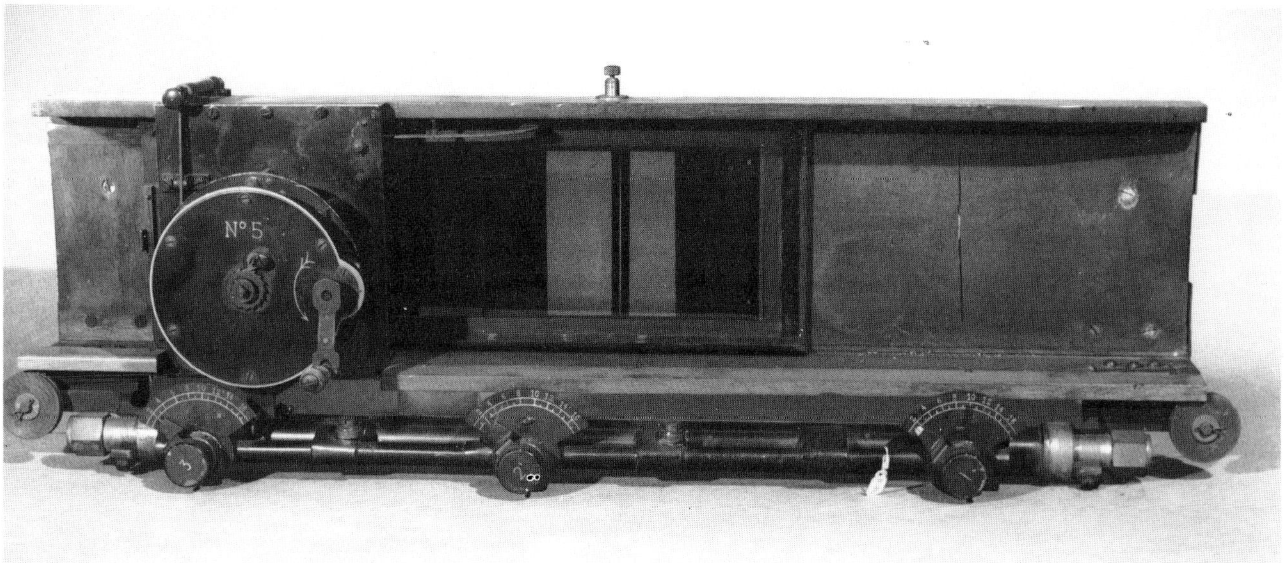

Der von C. W. Oliver 1930 erfundene und patentierte Vivex Wechselschlitten (siehe Seite 103).

liefs wurden nacheinander auf eine Papierunterlage übertragen, wobei der Zelluloidschichtträger nach dem Trocknen des Reliefs abgezogen wurde. Der erfindungsreiche Frederick Ives kam 1932 mit einem Zweifarben-Verfahren heraus, das er Polychrome nannte. Diese Bipack-Technik – eine blau- und grünempfindliche Platte als Frontmaterial und eine rotempfindliche Platte dahinter, getrennt durch ein dünnes Gelbfilter –, konnte mit jeder normalen Kamera eingesetzt werden. Dupac-Planfilme und Kleinbildfilme waren ebenfalls erhältlich. Von dem Rotauszugsnegativ wurde nach dem Cyanotypie-Prozeß ein blaugrünes Bild auf Papierunterlage hergestellt, und von dem Blaugrün-Negativ wurde ein Reliefbild auf Filmunterlage angefertigt. Mit einem speziellen Rotfarbstoff wurde dieses in den dünneren Gelatineschichten gelb und in den dickeren rot eingefärbt. Ives behauptete, daß auf diese Weise eine größere Farbtonskala als sonst bei zweifarbigen Verfahren erreicht würde. Der eingefärbte Film wurde auf die Papierkopie paßgerecht aufgeklebt. Um eine größere Anzahl von Kopien, bis zu 50 Stück, herzustellen, konnten von beiden Negativen Relieffilme hergestellt werden, die dann nach dem Absaugeverfahren weiterverarbeitet wurden.

Die Defender Photo Supply Company of America brachte ab 1935 Materialien für Dreifarbenkopien nach ihrem Chromatone-Prozeß auf den Markt. Die Auszugsnegative wurden auf spezielle Silberbromidpapiere kopiert, deren Schichten nach der Entwicklung von der Unterlage abgetrennt und dann in den drei subtraktiven Farben getont werden konnten. Die purpurne Farbe enthielt Nickelkomponenten, das Gelbbild bestand aus Cadmium und für das dritte Bild wurde ein Eisenblautoner benutzt. Die abgezogenen und getonten Schichten wurden übereinander auf ein gelatinebeschichtetes Blatt Papier vereinigt, wobei mit dem gelben Teilbild begonnen und mit dem blaugrünen geendet wurde.

Der letzte bemerkenswerte subtraktive Kopierprozeß, der vor dem 2. Weltkrieg herauskam, war der Eastman Wash-off Relief Prozeß, der 1935 angekündigt wurde. Er war im wesentlichen eine Verfeinerung des Absaugverfahrens. Von den Farbauszugsnegativen wurden auf dem speziellen Wash-off Relief-Film Positive hergestellt. Sie wurden nach der Einfärbung mit einem ausfixierten Blatt matten oder glänzenden Photopapier in Kontakt gebracht, mit der Schichtseite auf eine Glasplatte gelegt und dann unter Druck bis zur erreichbaren Größe ausgedehnt. Nach der Übertragung des Purpurbildes, sie dauerte 10 bis 30 Minuten, folgte das Blaugrünbild und dann das gelbe Farbstoffbild. Zur paßgenauen Montage der Einzelschichten legte man eine dünne Zelluloidfolie zwischen Papier und Film bzw. zwischen die Filmschichten und entfernte sie erst unmittelbar vor dem Andrücken. Die Reliefs konnten wiederverwendet werden, um weitere Kopien anzufertigen. Wenn man die Anleitung genau befolgte, konnte man beachtliche Resultate erzielen, allerdings mit der schon von den früheren Absaugeverfahren bekannten zwangsläufigen Schwierigkeit, die durch die große Flexibilität des Verfahrens verursachten Unterschiede von Kopie zu Kopie zu vermeiden.

1946 ersetzte Kodak diesen Wash-off-Relief-Prozeß durch das Dye Transfer-Verfahren, eine verbesserte Ausführung, welche die Standardisierung einfacher machte und Farbbilder hoher Qualität und Dauerhaftigkeit ermöglichte. Mit Ausnahme dieses Prozesses hat praktisch kein anderes der alten subtraktiven Verfahren bis heute überlebt; die Aufgaben übernahmen die modernen Mehrschichtenverfahren.

Durchbruch der Drei-schichten-Verfahren

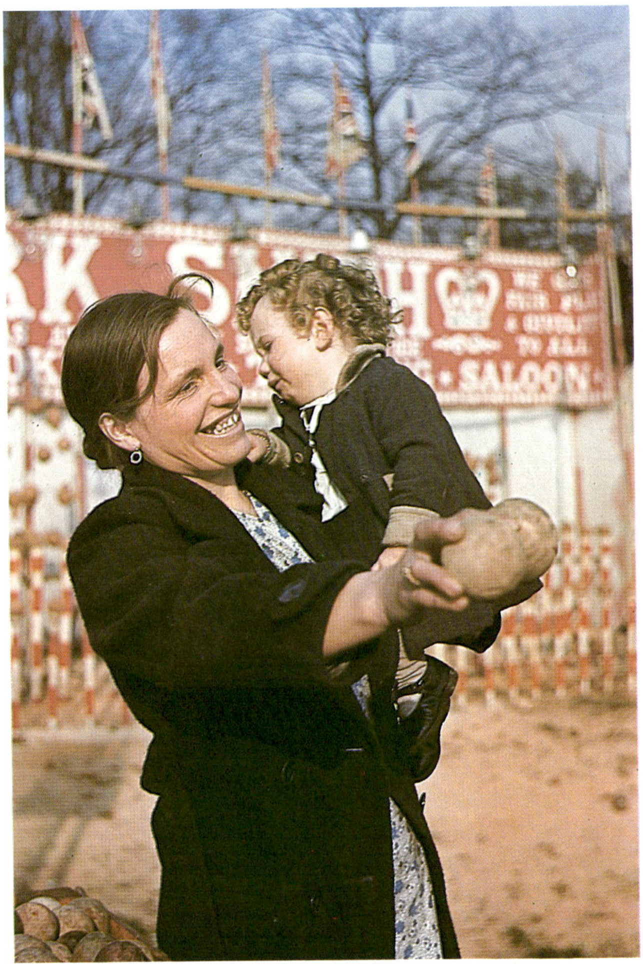

Ein Kodachrome-Dia aus dem Jahre 1938. Kodachrome war das erste moderne Farbphotomaterial – *siehe Seite 124* *(Diaformat 24 x 36 mm).*

Wir haben im vorigen Kapitel gesehen, daß manche Farbverfahren einen Bipack aus zwei Schicht an Schicht angeordneten Platten benutzten, um zwei der drei erforderlichen Farbauszugsnegative zu erhalten. Bei einem Dreischichtenmaterial, das also alle drei lichtempfindlichen Emulsionsschichten miteinander vereinigt, wären mehr oder weniger komplizierte optische Systeme in der Kamera überflüssig – überhaupt wäre keine Spezialkamera für die Farbaufnahme mehr nötig. Wie so viele Grundideen der Farbphotographie hat Ducos du Hauron wiederum als erster ein solches System in einem französischen Patent aus dem Jahre 1895 vorgeschlagen. Er beschrieb eine Mehrschichten-Einheit, beginnend oben mit einer blauempfindlichen durchsichtigen Emulsion auf einer Glasunterlage, die dem Objektiv zugewandt war. Dann kam ein sehr dünner, gelb gefärbter Film, der das weitere Durchdringen blauen Lichtes verhinderte, aber grüne und rote Lichtstrahlen passieren lassen würde. Darauf folgte ein dünner, mit einer grünempfindlichen Emulsion beschichteter Film und darunter kam ein anderer, dieses Mal rot eingefärbter Filterfilm. Schließlich gab es noch eine weitere, mit einer rotempfindlichen Emulsion beschichtete Platte. Ducos du Hauron verglich diese Einheit mit einem Buch, bei dem zwei harte Glas-«Deckel» drei flexible «Blätter» einschlossen. Mit einer einzigen Belichtung würde auf diesem sogenannten «polyfolium chromodjalytique» das Aufnahmemotiv in die drei Grundfarben zerlegt. Die einzelnen Bestandteile der Einheit könnten zur Verarbeitung und zum Kopieren voneinander getrennt werden.

Dr. J. H. Smith aus Zürich entwickelte dieses Prinzip in seinem deutschen Patent aus dem Jahre 1903 weiter und schlug vor, daß die mit Erreichung des zwischen den einzelnen Schichten erforderlichen Kontakts verbundenen Probleme überwunden werden können, wenn die drei Schichten auf einem einzigen Träger übereinander angeordnet werden könnten, mit einem mit Filterfarbstoff angefärbten Kollodiumfilm zwischen den Schichten. Nach der Belichtung sollten die oberen beiden Emulsionsschichten von der Unterlage abgelöst

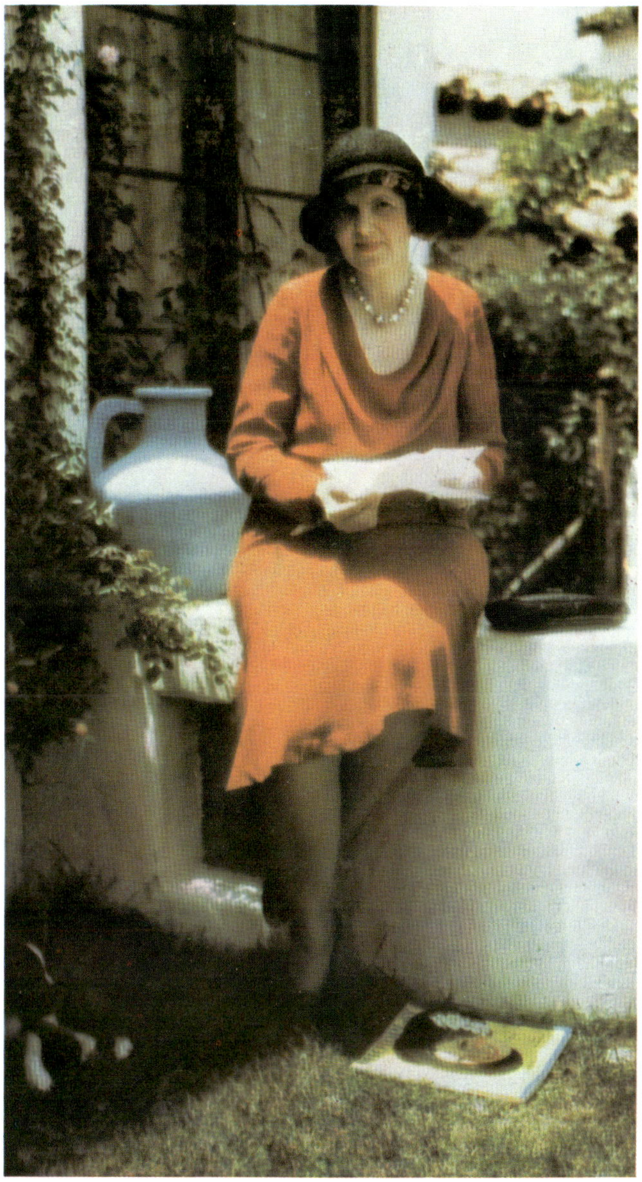

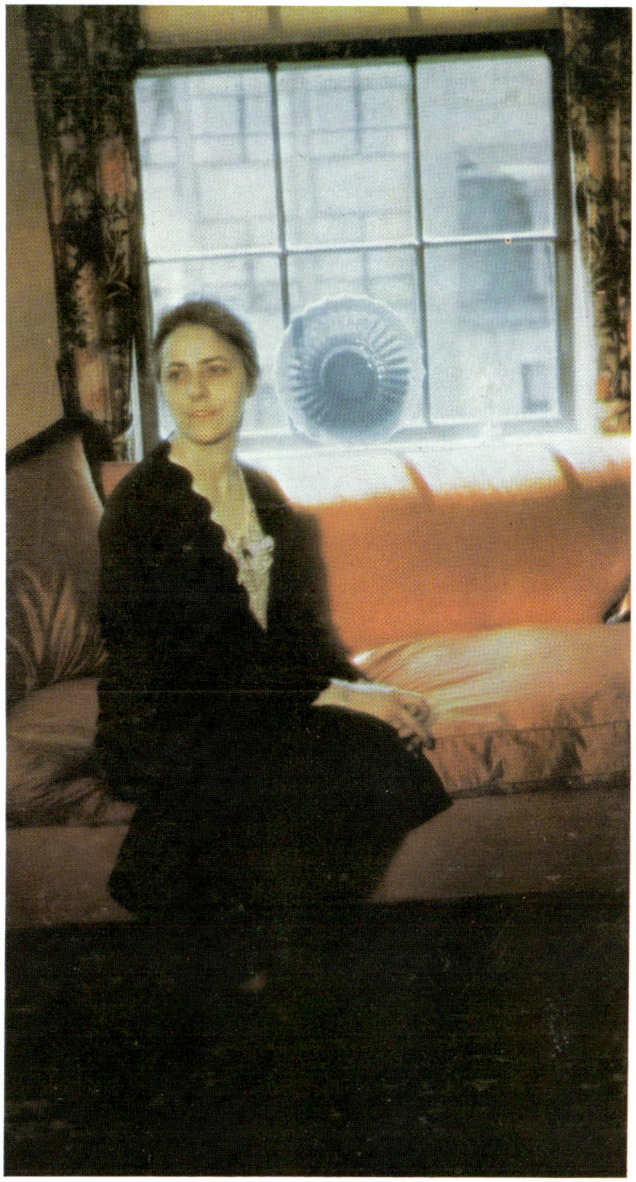

Agfa-Ansco Colorol-Papierbilder aus dem Jahre 1929. Dieses Verfahren glich dem englischen Colorsnap, besaß jedoch eine bessere Qualität; es wird auf dieser Seite beschrieben. (120 x 210 mm)

und auf neue Schichtträger zur Entwicklung und zum Kopieren nach einer der bekannten Methoden übertragen werden. Dieser sogenannte Tripack von Smith ist niemals kommerziell verwirklicht worden, obwohl Smith 1906 eine Doppelschichtenplatte für Zweifarbenphotographie herausbrachte.

Der Tripack von Ducos du Hauron wurde 1916 von Frederik E. Ives für sein Hiblock-System übernommen. Er bestand hier aus zwei Platten mit einem dünnen Film dazwischen. Die Frontplatte, die durch die Rückseite belichtet wurde, war mit einer transparenten blauempfindlichen Emulsion beschichtet, auf deren Oberseite sich ein dünner Film mit Gelbfarbstoff befand. Der Zwischenfilm war grünempfindlich und die hintere Platte trug eine rotempfindliche Emulsion. Dieser Tripack konnte in jeder Plattenkamera belichtet werden, und die Negative wurden zur Verarbeitung voneinander getrennt. Nach der Entwicklung kopierte man sie auf Bichromatfilme, um Reliefs zu erzeugen. Der blaugrün eingefärbte Film diente dazu, ein Bild nach dem Absaugeverfahren auf Papier zu erzeugen, und die purpurfarbenen und gelben Filme wurden auf dem Papier mit einem starken Klebstoff registergerecht übereinandergeklebt.

Das Tripack-System wurde auch von einer englischen Firma, der Colour Snapshots (1928) Ltd. übernommen. Ihr Verfahren basierte auf einem Patent von William Tarbien. Dieser hatte festgestellt, daß die Schwierigkeit der traditionellen Tripack-Anordnung darin lag, daß das am

Das von Ducos du Hauron 1895 vorgeschlagene dreischichtige Aufnahmematerial «Polyfolium Chromodialytique»; die obere Schicht bestand aus der blauempfindlichen Platte (A) mit der Schichtseite nach unten. Als nächste kam eine Gelbfilterfolie (B), gefolgt von einem grünempfindlichen Planfilm (C) mit der Emulsionsschicht nach oben. Dann folgte ein Rotfilter (D) und schließlich eine rotempfindliche Platte (E) mit der Emulsionsschicht nach oben.

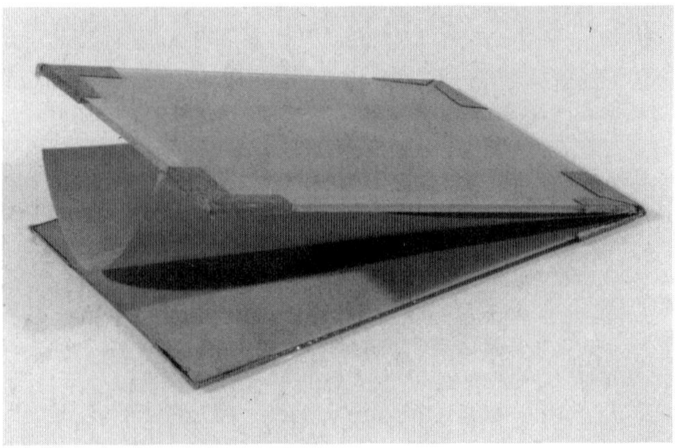

Der Colorsnap-Tripack (1929) war eine vereinfachte Ausführung des «Polyfolium» von Ducos du Hauron mit einem dünnen Film zwischen zwei Platten.

In der Anzeige für Colorsnap, die 1929 im «British Journal of Photography Almanac» veröffentlicht wurde, standen Behauptungen, die nicht erfüllt wurden (rechts). ▷

meisten zum Schärfeeindruck der endgültigen Vergrößerung beitragende blaugrüne Teilbild das unschärfste war. Das entsprechende Rotnegativ wurde durch die beiden anderen Schichten belichtet. Die schärfste Teilaufnahme war die oberste, die das Gelbbild ergab, welches in dieser Beziehung aber am unkritischsten war. Tarbien schlug daher vor, die Schichtenfolge zu vertauschen, und die rotempfindliche Emulsion an die Oberseite des Tripacks zu legen und darunter dann die grünempfindlichen und blauempfindlichen Schichten anzuordnen. Bei dieser Reihenfolge entstand aber das Problem, daß sowohl die rot- als auch die grünempfindliche Schicht ebenfalls auf die blauen Lichtanteile ansprach, die diese Schichten zwangsläufig passieren mußte, bevor sie auf die für sie bestimmte Schicht trafen. Tarbien begegnete dieser Schwierigkeit, indem er vorschlug, ein Gelbfilter vor dem Objektiv zu benutzen, um die blauen Lichtanteile für die oberen Schichten des Tripacks herabzusetzen, und dann die Blauempfindlichkeit der Unterschicht so stark zu erhöhen, daß ein Ausgleich stattfinden würde. Trotz der offensichtlichen theoretischen Einwände gegen eine solche zweifelhafte Anordnung, wurde die Firma Colour Snapshot mit einem Kapital von £ 350 000 gegründet und 750 000 Aktien ausgegeben.

Die Firma brachte drei Produkte heraus, die auf Tarbien's «Trifolium» basierten: Colorsnap-Platten, bei denen nach dem Vorbild von Ducos du Hauron zwei Platten mit einem Film dazwischen kombiniert waren, Planfilme aus einem Sandwich mit drei Filmen und Rollfilme. Die letzteren bestanden aus drei dünnen Filmen, die rückseitig an einem Schutzpapier befestigt waren, aus klaren Zelluloydfolien bestehen mußten, und eine Andruckplatte aus Nickel erforderten, um den Tripack in der Kamera flachzuhalten. Es wurde behauptet, daß diese «Trifolium»-Kombination eine Empfindlichkeit von «200 bis 250 H&D» hätte – was etwa ASA 10 entsprach und somit Schnappschußaufnahmen unter guten Lichtverhältnissen ermöglichte. Die Negative wurden nach einem Absaugeverfahren mit Gelatinereliefs kopiert – wobei nach Angaben der Firma die Kosten nur das Zweieinhalbfache normaler Schwarzweiß-Vergrößerungen betrugen. Ein Rollfilm 120 mit vier Bildern kostete 3 Schilling, die Entwicklung jeder Rolle kostete 1 Schilling und Kopien im Postkartenformat ebenfalls 1 Schilling.

Eine in Hendon errichtete Fabrik war angeblich in der Lage, pro Tag 6 000 «Colorsnaps» herzustellen. Das klang zu schön um wahr zu sein – und so war es dann auch. Das *British Journal of Photography* prüfte das Verfahren und berichtete darüber: «Wir würden die (die Ergebnisse), bei sorgfältiger Wahl unserer Worte als außerordentlich erfreuliche Wiedergaben der Aufnahmemotive beschreiben. Es wäre möglich, in gewisser Hinsicht an ihrer Farbtreue herumzukritisieren. Was wir tatsächlich behaupten können ist, daß es sich um Photographien in Farbe handelt, mit einem insgesamt erfreuli-

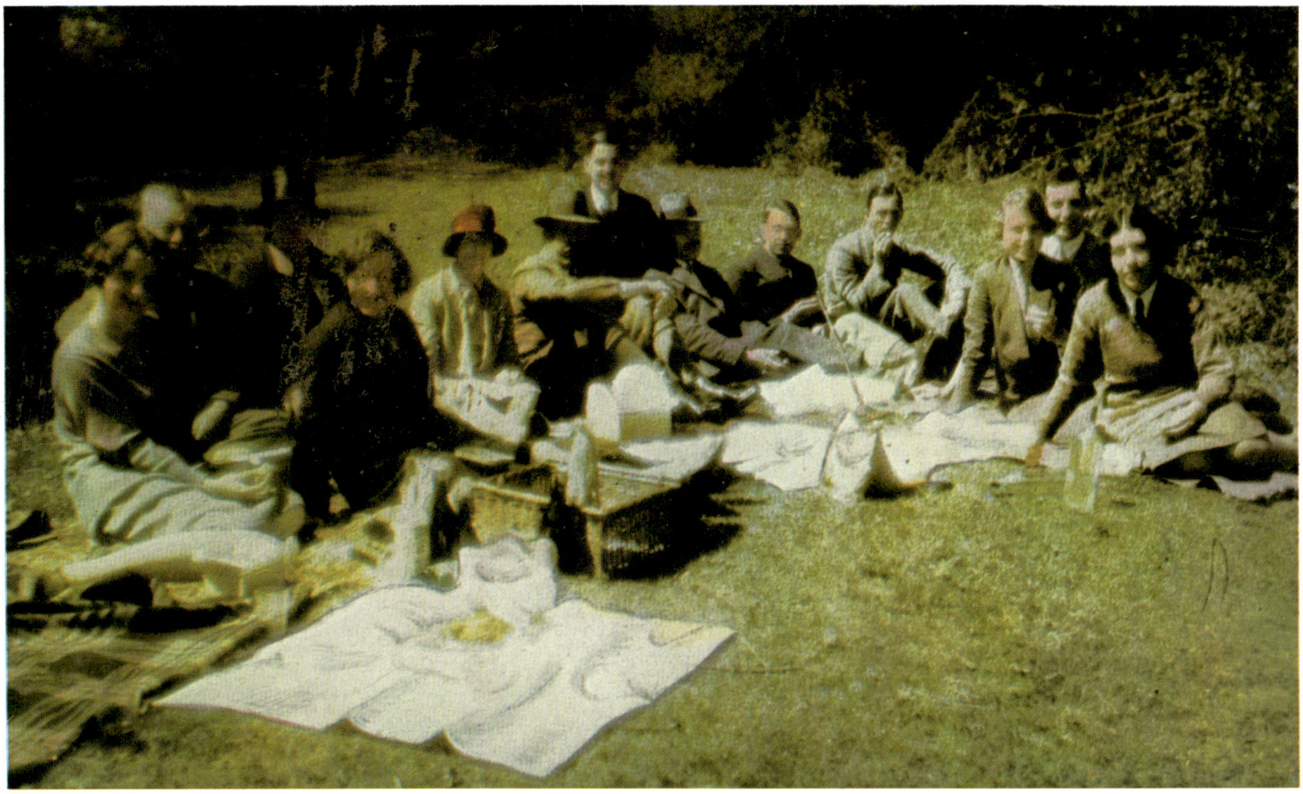

Oben: «Tea on Stanmore Common, 20 may 1929», eine Colorsnap-Aufnahme von R. E. Owen, FRPS. Diese Gruppe besteht aus Mitgliedern des soeben gegründeten englischen Kodak Forschungslabors und ihren Freunden. Es fällt auf, daß einige Farben von Hand aufgetragen sind. (87 x 136 mm)

Unten: «Das Karussel», Kodachrome Professional Film (1939). Dieser Film im Planfilmformat beruhte auf dem verbesserten Kodachrome-Entwicklungsverfahren, das 1938 eingeführt worden war (siehe die Beschreibung auf den Seiten 125 und 128; Bildformat 75 x 100 mm).

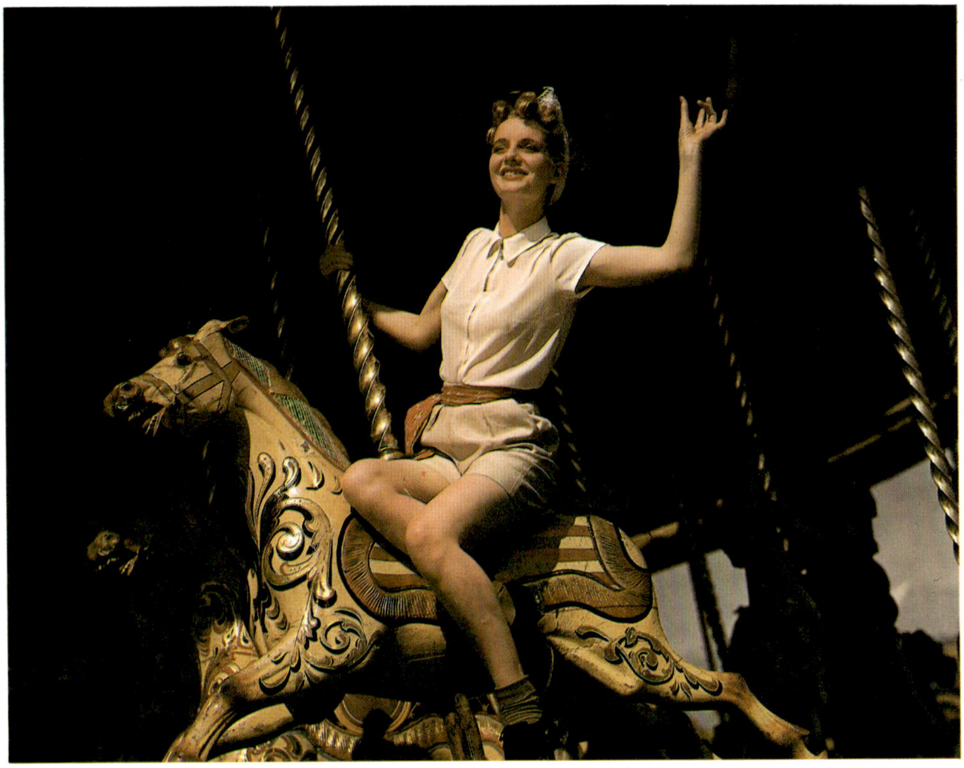

Rechte Seite: «Spitfire Pilot» (1939). Eines einer Reihe von Kodachrome Professional-Dias, die für die damalige amerikanische Weltausstellung aufgenommen wurden. (75 x 100 mm)

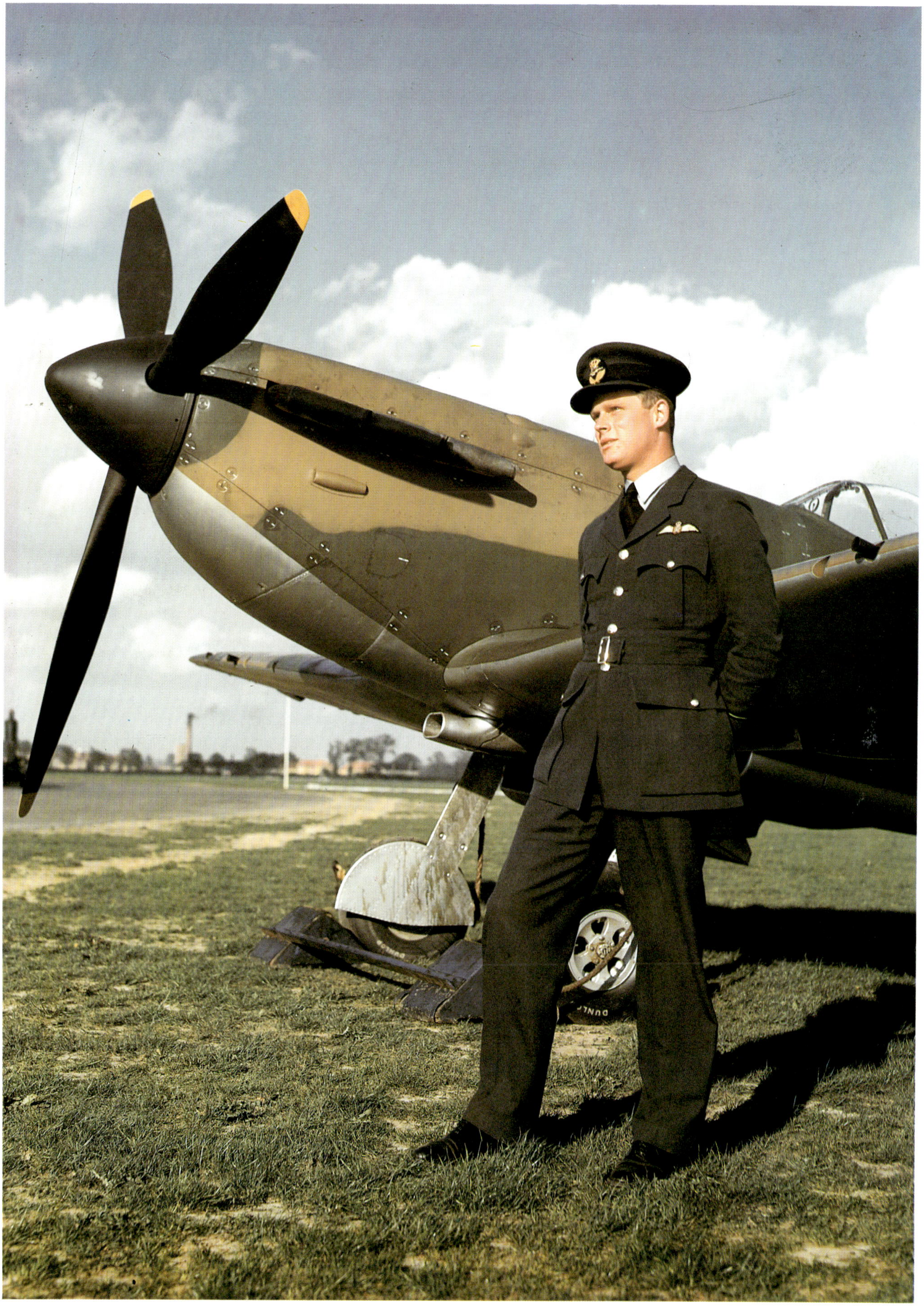

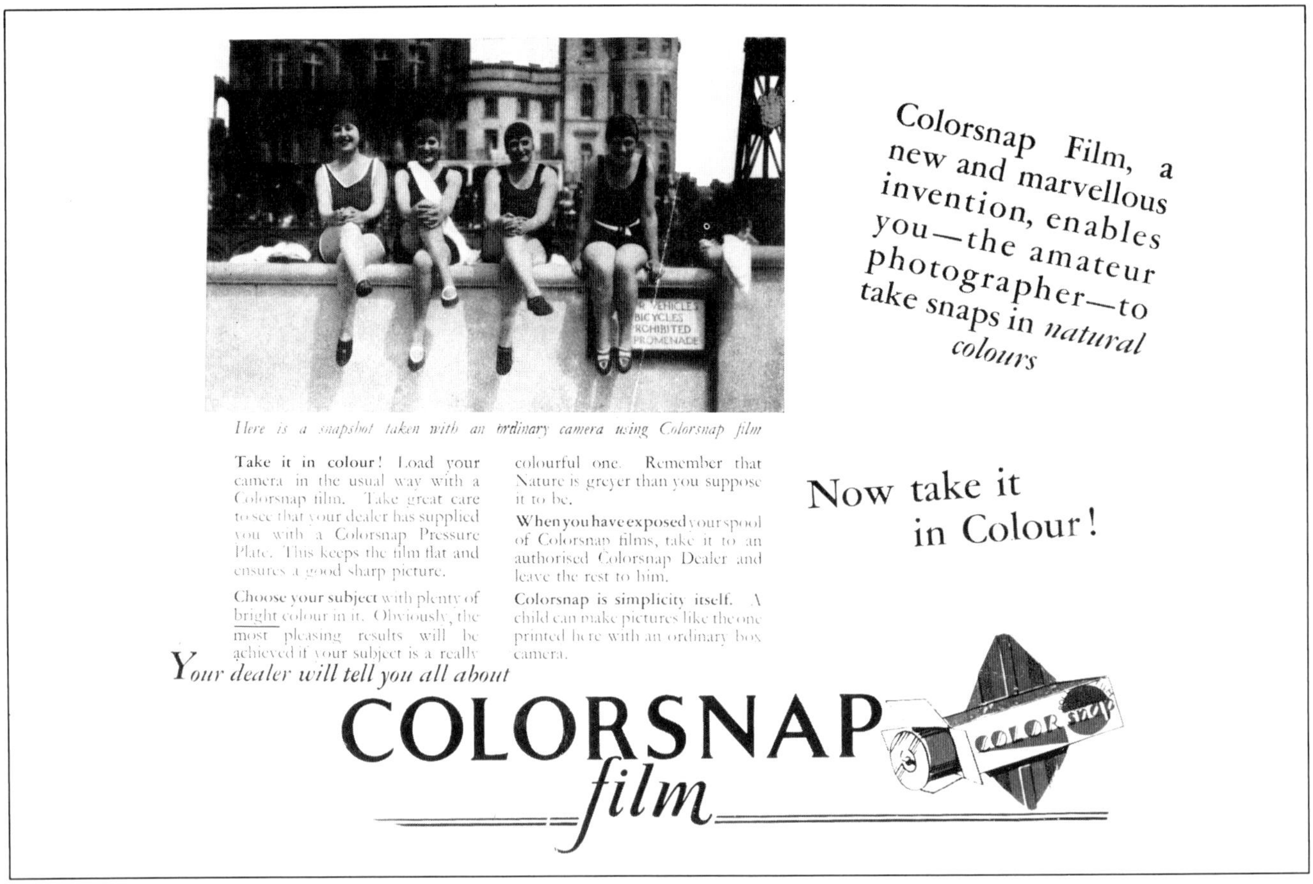

Aus einer Werbebroschüre für den Colorsnap-Film (1929).

chen Charakter und mit einer weitgehenden Wiedergabe der in den Originalszenen enthaltenen Farbskala.» Die Firma behauptete: «Es wird keine den Originalfarben der Natur entsprechende Wiedergabetreue beansprucht; alles, was behauptet wird, ist, daß Farbe in einer erfreulichen Weise wiedergegeben wird, und daß dabei eine weitgehende Anlehnung an die Originalfarben besteht.» Dr. D. A. Spencer beschrieb, wie die Firma schließlich Mädchen einsetzte, um einfarbige Kopien des schärfsten, obersten Tripack-Teilbildes von Hand einzufärben, wobei unglücklicherweise eines Tages ein Postbriefkasten aus Irland in leuchtendem Rot eingefärbt wurde, obwohl dort die Briefkästen in strahlendem Grün gehalten sind! Im Dezember 1929 macht die Colour Snapshots (1928) Ltd. Konkurs.

Erfolgreicher war da die unter Lizenz von der Colour Snapshots (Foreign) Ltd. von Agfa-Ansco in den Vereinigten Staaten unter dem Namen Colorol ausgeübte Variante dieses Verfahrens. Die von Ansco hergestellten Colorol-Filme waren von guter Qualität, und man erhielt sehr zufriedenstellende Farbkopien. Ein Colorol-Rollfilm mit sechs Aufnahmen im Format 6,4 x 10,8 cm kostete 2 Dollar einschließlich Entwicklung, wozu der Film an Agfa-Ansco in Binghampton eingeschickt werden mußte. Das erste Farbbild im Format 12,7 x 20,3 kostete von jedem Satz Negative 2 Dollar; Nachbestellungen kosteten 1 Dollar. Im Anleitungsbuch stand: «Wegen der Schwierigkeit des Kopierverfahrens, können wir eine Auslieferung unter zwei Wochen nicht garantieren».

Die Amira AG in Deutschland übte 1932 einen ähnlichen Prozeß aus, für den sie Tripacks in Form von Planfilmen, Filmpacks und Rollfilmen verkaufte, deren Empfindlichkeit angeblich ein Drittel derjenigen der üblichen Schwarzweißfilme betrug. Die entwickelten Negative wurden auf Farbfolien kopiert, die dann nach der Verarbeitung zusammengeklebt wurden.

Der Tripack wurde erfolgreich von der Colour Photographs (British an Foreign) Ltd. eingesetzt, die 1928 den von Ducos du Hauron vorgeschlagenen Typ, bestehend aus drei auf Filmunterlage gegossenen Schichten in 0,08 mm Stärke, benutzte. Der oben liegende blauempfindliche Film war mit dem Schichtträger zum Objektiv gewandt, während die grün- und rotempfindlichen Filme Frontseite an Frontseite in engem Kontakt dahinterlagen. Der Tripack konnte im Studio bei Glühlampenlicht mit etwa drei Sekunden belichtet werden. Die Verluste im Auflösungsvermögen glich man durch die Benutzung großformatiger Negative aus. Zur Herstellung von Kontaktkopien benutzte man dünne Folien, die dann eingefärbt und registergerecht kombiniert wurden.

Die allen aus drei Elementen gebildeten Tripacks an-

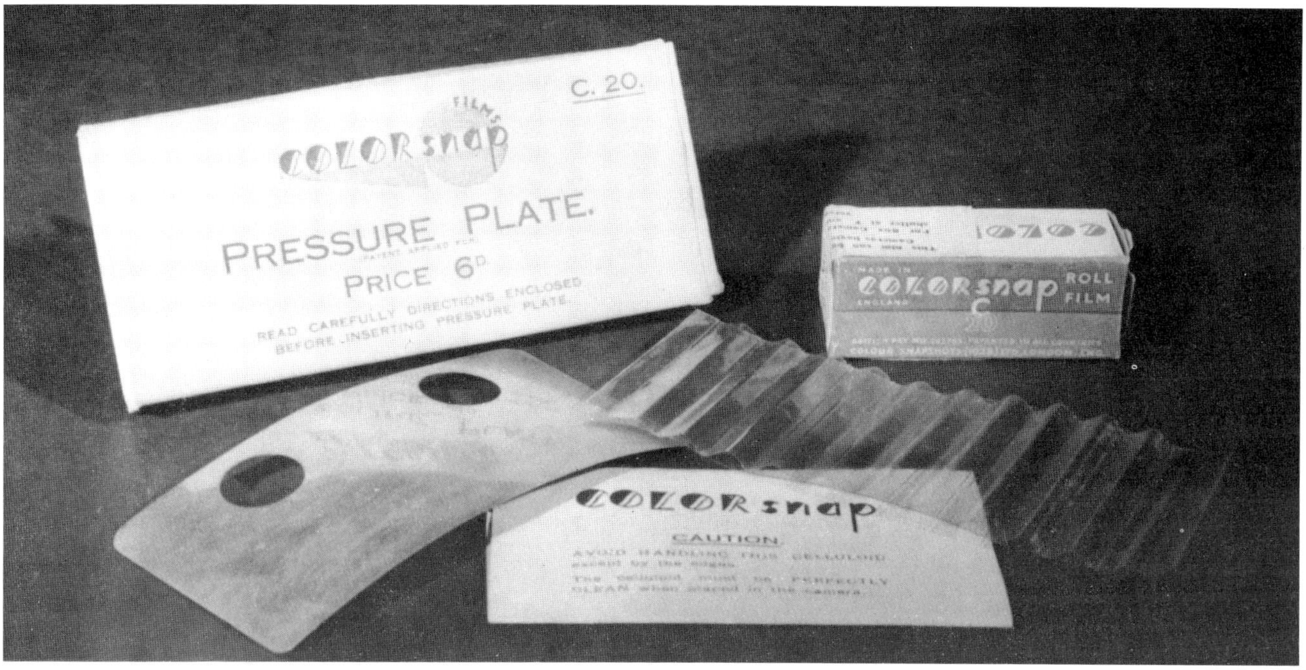

Um den Colorsnap Tripack-Rollfilm in einer gewöhnlichen Kamera zu benutzen, war eine spezielle Aufdruckplatte erforderlich, welche die drei Einzelfilme in engem Kontakt hielt.

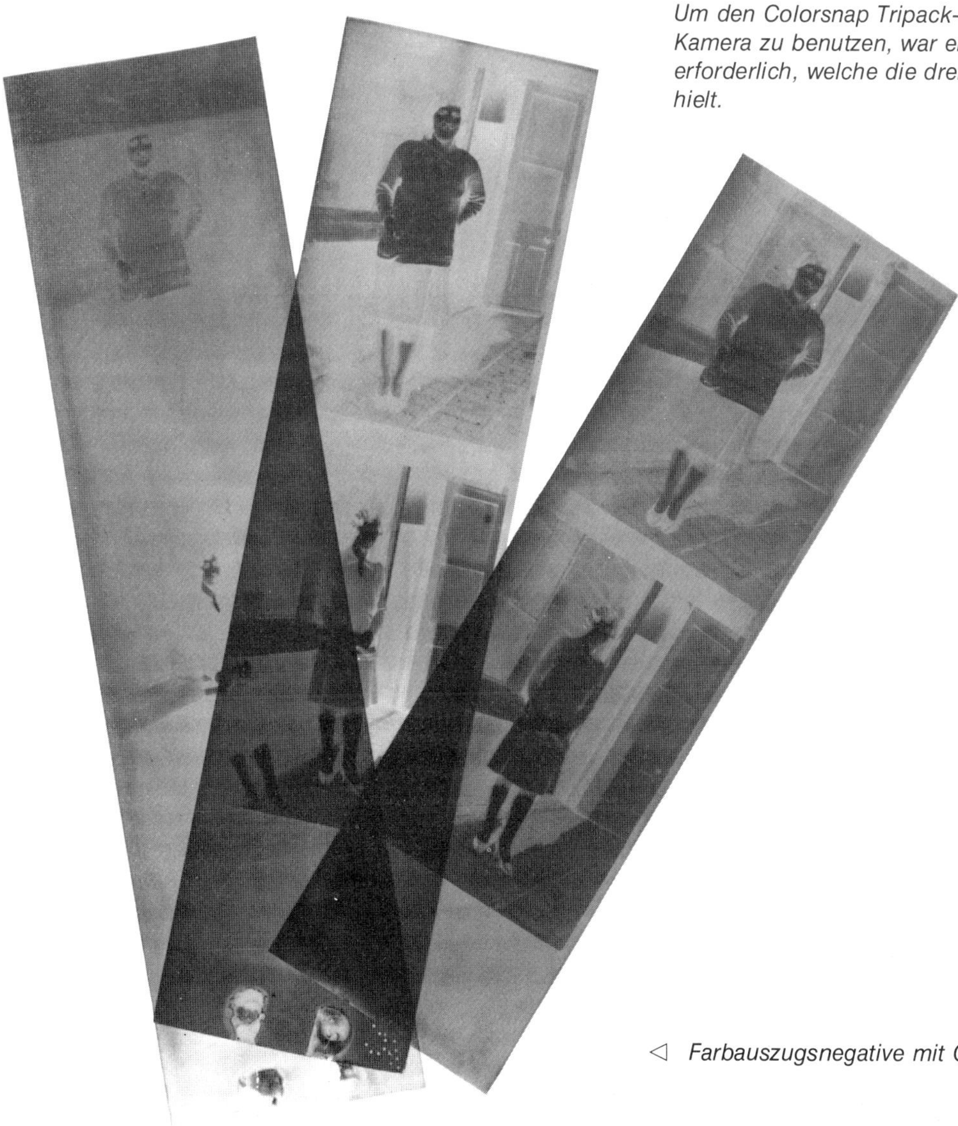

◁ *Farbauszugsnegative mit Colorsnap-Rollfilm (1929).*

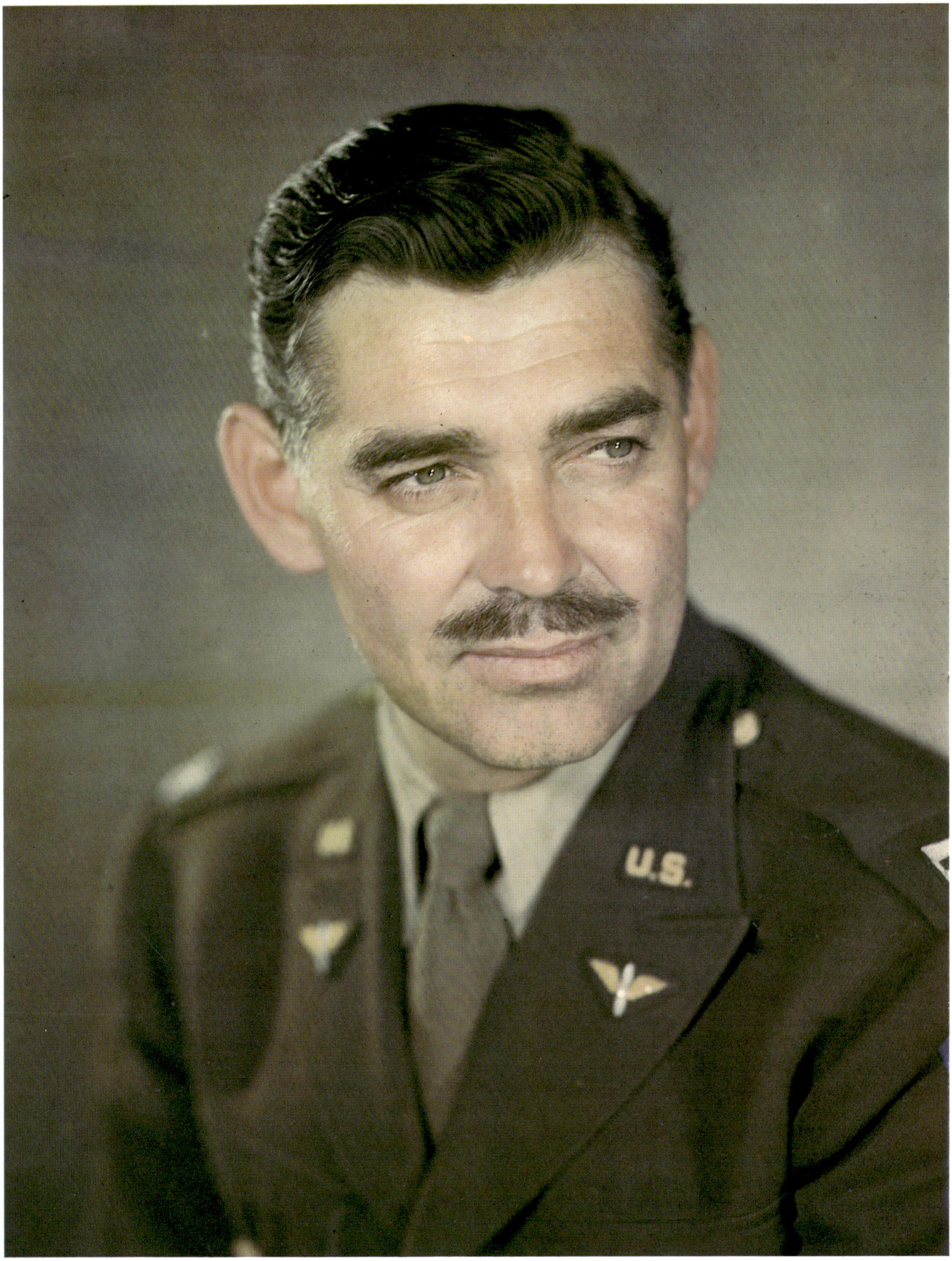
U.S.

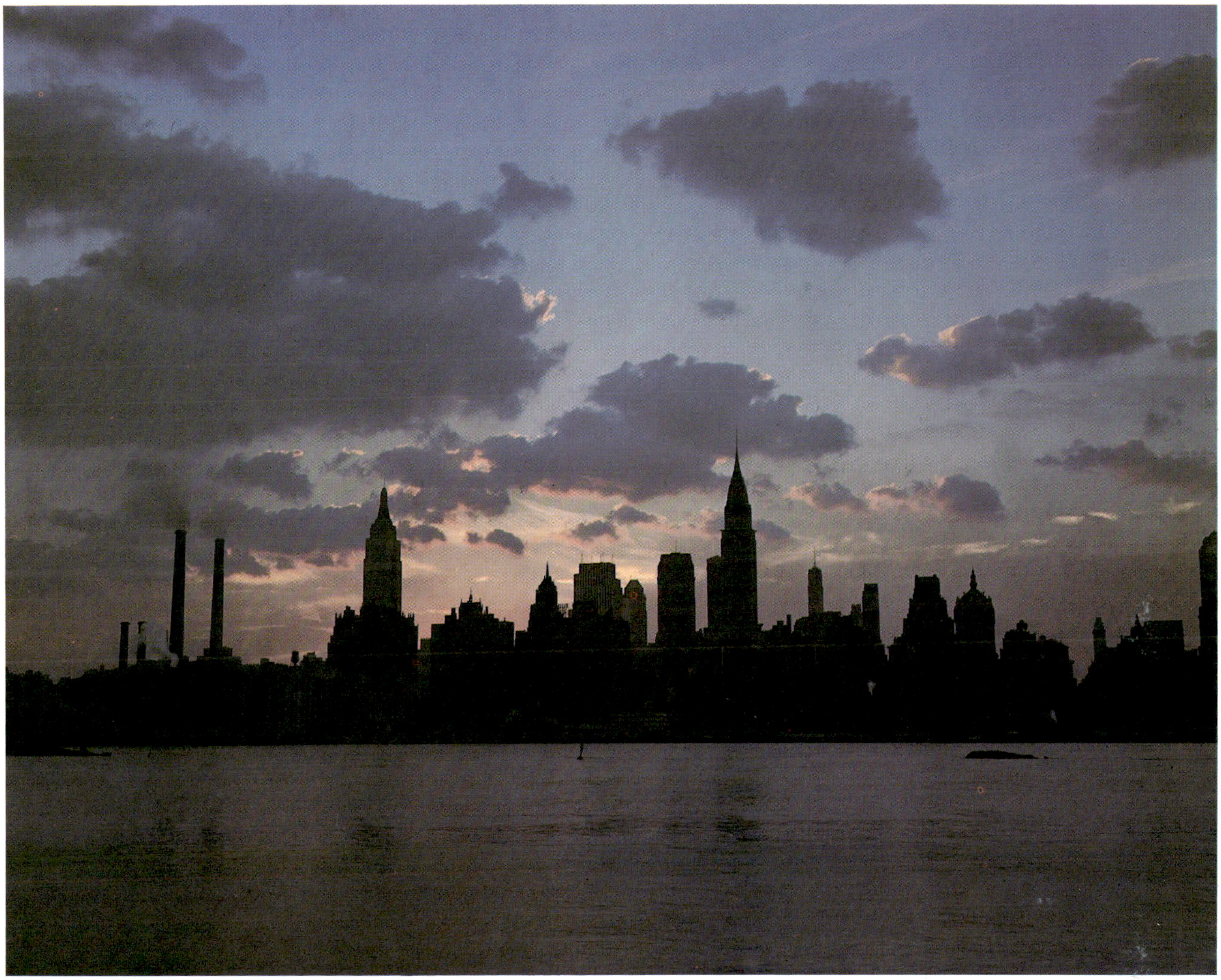

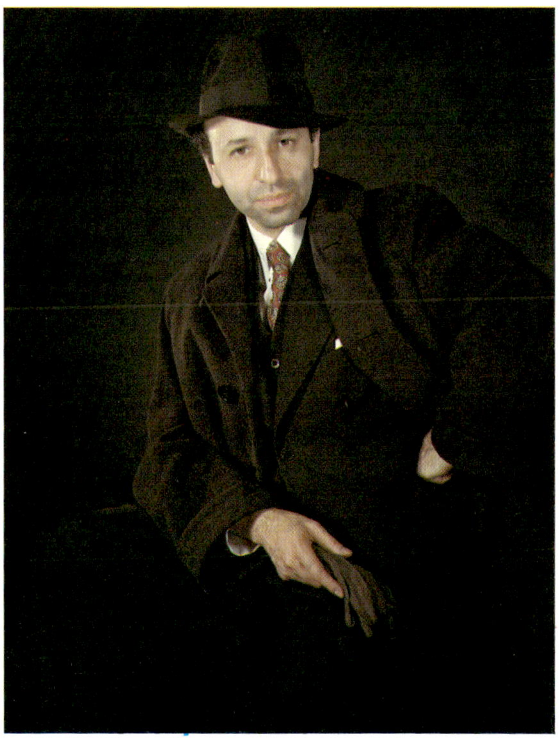

Oben: «Die Skyline von Manhattan» (um 1945). Kodachrome Professional-Film. (93 x 120 mm)

Links: «Yousef Karsh in Ottawa» ein Kodachrome Professional-Dia von J. C. A. Redhead, FRPS (um 1944). (110 x 155 mm)

Links außen: «Captain Clark Gable», aufgenommen von J. P. A. Redhead, FRPS, als er 1943 die Kodak-Fabrik in Harrow besichtigte. Ein Kodachrome Professional-Dia im Format 120 x 160 mm.

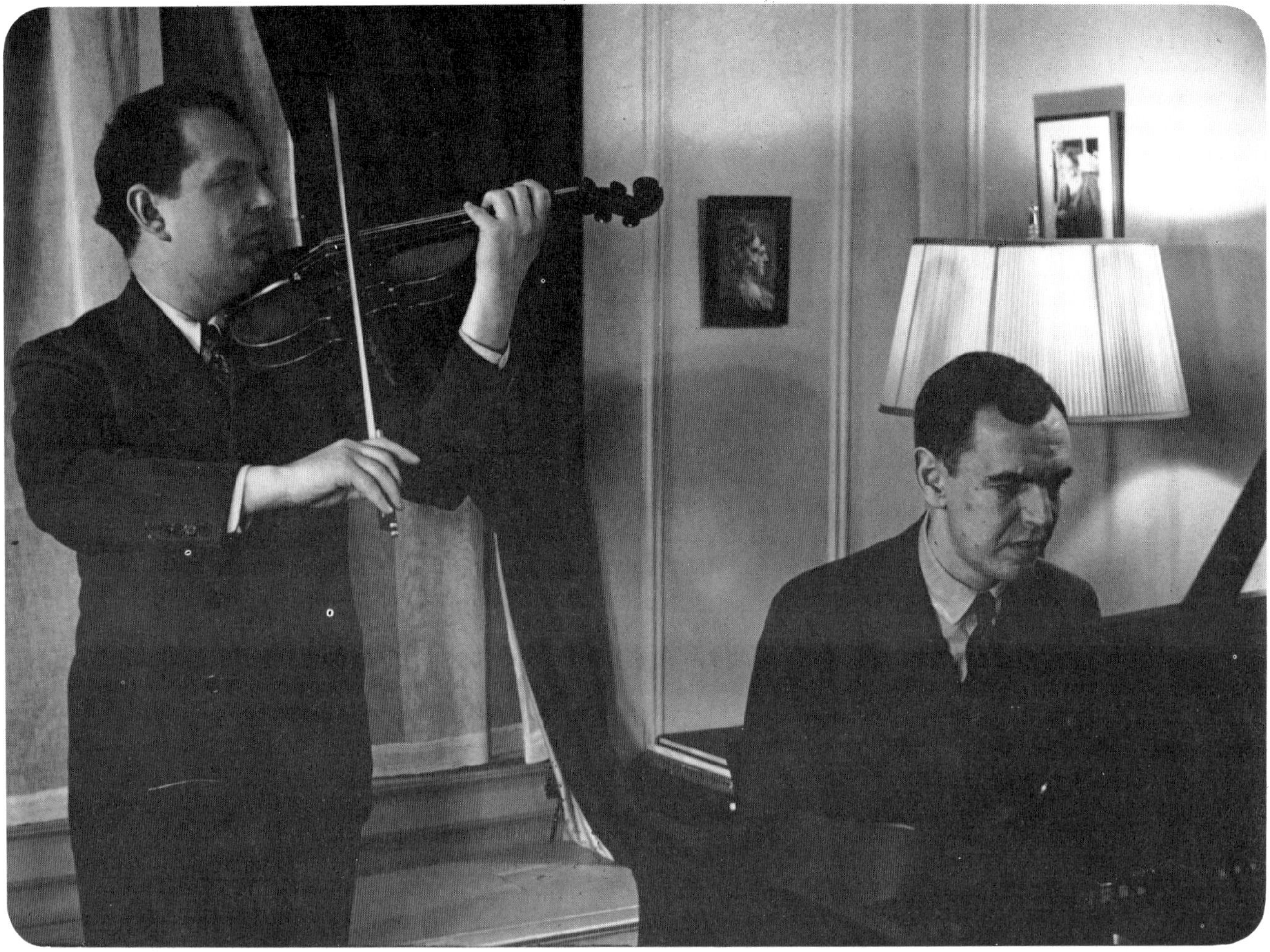

Leopold Godowsky (links) und Leopold Mannes, die beiden Berufsmusiker, deren farbphotographische Versuche zur Einführung des Kodachrome-Films, des ersten integralen Tripack-Materials, geführt haben.

geborenen Probleme lagen in der großen Schwierigkeit, einen vollständigen optischen Kontakt zwischen den verschiedenen Schichten herzustellen, und in den Schärfeverlusten des durch die hintereinanderliegenden Schichten belichteten Bildes. Die Dreischichtenplatte von Smith setzte solche Verluste spürbar herab, machte aber ein Auseinandertrennen der Schichten für die Verarbeitung erforderlich. Ideal wäre daher ein integrierter Tripack mit allen drei lichtempfindlichen Schichten auf einem einzigen Träger übereinandergegossen. Diese sollten jeweils empfindlich sein für rotes, grünes und blaues Licht. Durch die Verarbeitung müßten komplementärfarbene Bilder – blaugrün, purpur und gelb – in diesen drei Schichten erzeugt werden können.

Der erste Vorschlag für ein solches Material kam 1905 von dem Österreicher Karl Schinzel. Er schlug eine mit drei Emulsionen beschichtete Platte vor. Die Oberschicht mußte blauempfindlich sein und sollte gelb gefärbt werden. Die Mittelschicht sollte rotempfindlich sein und blaugrün eingefärbt werden, und zuunterst sollte eine grünempfindliche und purpur eingefärbte Schicht liegen. Nach Schinzel sollte die belichtete Platte zunächst zu einem Schwarzweiß-Negativ entwickelt werden und dann mit einer Wasserstoffsuperoxydlösung behandelt werden. Er hoffte, dadurch den Farbstoff in unmittelbarer Nachbarschaft des Silberbildes und in entsprechendem Verhältnis dazu ausbleichen zu können. So sollte in jeder Schicht ein positives Farbstoffbild entstehen, das durch die nachfolgende chemische Herauslösung des Silberbildes aus reinem Farbstoff bestehen sollte. Unglücklicherweise arbeitete dieses Verfahren nicht wirksam genug, da dieWasserstofflösung nicht selektiv einwirken konnte, d. h. auch den Farbstoff, der um den jeweiligen Bildeindruck herumlag, ausbleichte. Trotzdem enthielt die von Schinzel vorgeschlagene «Katachromie» die Grundidee des integrierten Tripacks und der Bilderzeugung durch Farbstoffabbau, wie sie später in die Praxis umgesetzt wurde.

1912 erhielt der Deutsche Rudolph Fischer ein Patent auf einen Vorschlag, wonach «man durch Gebrauch dreier übereinandergelagerter Emulsionsschichten, die für die verschiedenen Farben sensibilisiert waren, in ei-

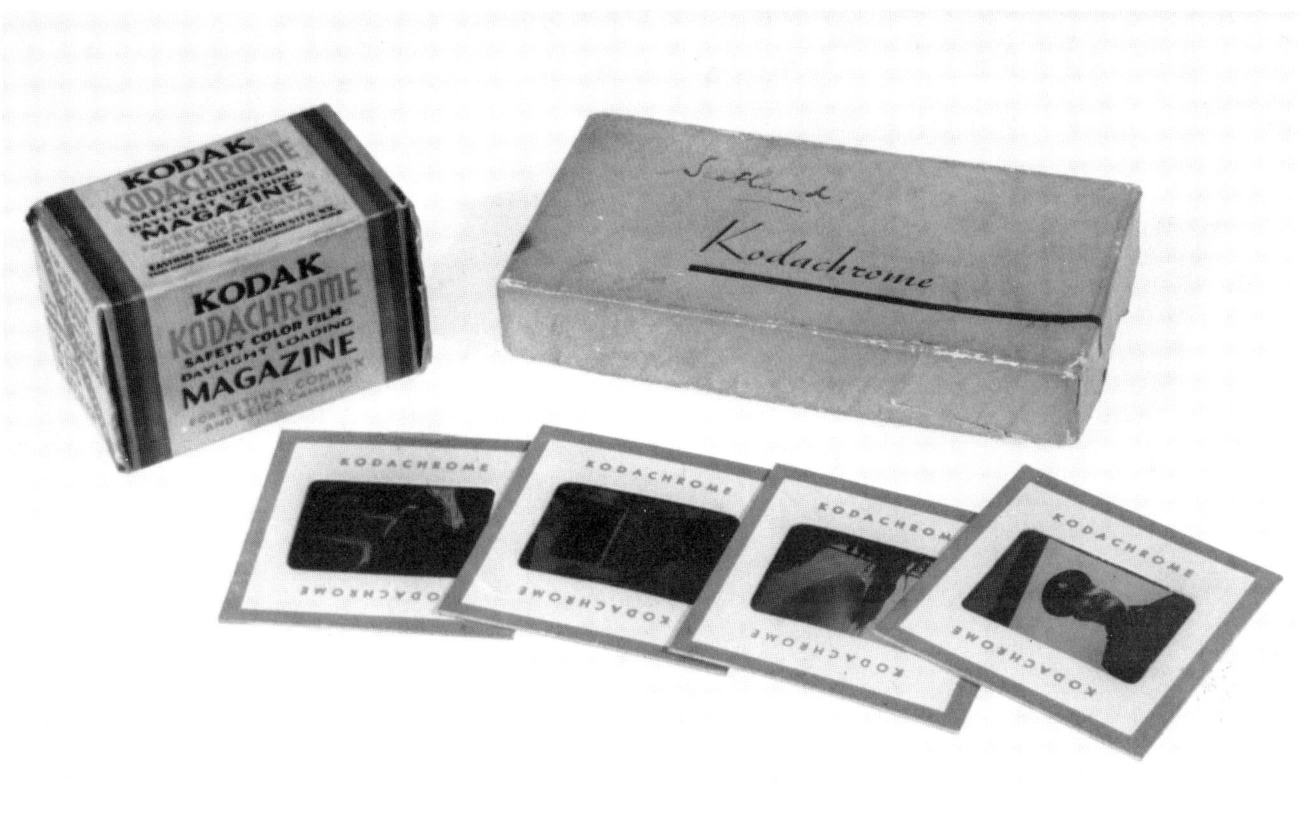

Als 1936 der Kodachrome Film auch für photographische Aufnahmen eingeführt wurde, kam er aus der Entwicklungsanstalt als Filmstreifen zurück. Ab 1938 war ein Rahmungsdienst eingerichtet, und die Dias wurden in Papprähmchen zurückgesandt.

nem einzigen Vorgang drei Positive erhalten kann, und wobei die zur Farbstofferzeugung erforderlichen Substanzen eingelagert sind. Vorzugsweise sind farbstofflose Zwischenschutzschichten zur Vermeidung einer Farbstoffdiffusion zu verwenden, und eine Gelbfilterschicht wird zur Herabsetzung der Blauempfindlichkeit der Rot- und Grün-Schichten verwendet». Die hier erwähnten Farbstoff erzeugenden Substanzen waren 1907 von B. Homolka entdeckt worden. Er hatte gezeigt, daß gewisse Substanzen die entweder selbst als Entwickleragens wirken oder mit Entwickleragens reagieren konnten, während des Entwicklungsprozesses farbig wurden. Nach Fischer sollten derartige Substanzen, die in der Lage wären, blaugrünen, purpurnen und gelben Farbstoff zu erzeugen, in die jeweiligen drei Schichten so eingelagert werden, daß diese «Kuppler», wie sie genannt wurden, bei der Behandlung mit einem entsprechenden Entwickler zur Bildung von Farbstoff im Verhältnis zu dem während der Entwicklung erzeugten Bildsilber reagieren würden. Fischers integraler Tripack war theoretisch vollkommen, aber konnte damals noch nicht zufriedenstellend produziert werden. Die Farbkuppler neigten dazu, während des Entwicklungsvorganges innerhalb der Schichten abzuwandern und so die Reinheit der Farbwiedergabe zu stören. Daher war das vorgeschlagene Verfahren damals nur eine theoretische Möglichkeit, obwohl Fischer, zusammen mit H. Siegrist 1914 für monochrome Vergrößerungen ein einfarbiges Papier herausbrachte, das die Farbkuppler eingelagert enthielt.

In den frühen 20er Jahren befaßten sich zwei junge Harward- Absolventen experimentell mit der Präparation von farbphotographischen Platten. Beide waren ausgebildete Berufsmusiker: Leopold Mannes, ein Pianist, und Leo Godowsky, jun., ein Geiger. Einer ihrer ersten 1924 patentierten Prozesse war ein Zweifarben-Verfahren, bei dem eine Platte mit zwei Emulsionsschichten versehen war. Die obere Schicht war eine niedrigempfindliche, für blaue und grüne Lichtanteile empfindliche Emulsion, während die untere Schicht eine höherempfindliche rotsensibilisierte Emulsion war. Die Oberschicht wurde gelb eingefärbt, um das blaue Licht von der unteren Schicht fernzuhalten. Die Empfindlichkeiten der beiden Schichten waren so aufeinander abgestimmt, daß beide in einer einzigen Belichtung richtig belichtet wurden. Mannes und Godowsky schlugen verschiedene Methoden der Farbentwicklung vor, die wichtigste davon beinhaltete einen Entwickler, der ausschließlich auf die obere Schicht einwirkte, ohne in die untere einzudringen, bevor die Entwicklung der oberen abgeschlossen war. Dadurch konnte zuerst das Silberbild in der oberen Schicht ausgeblichen und blaugrün getont werden und danach die untere Schicht ent-

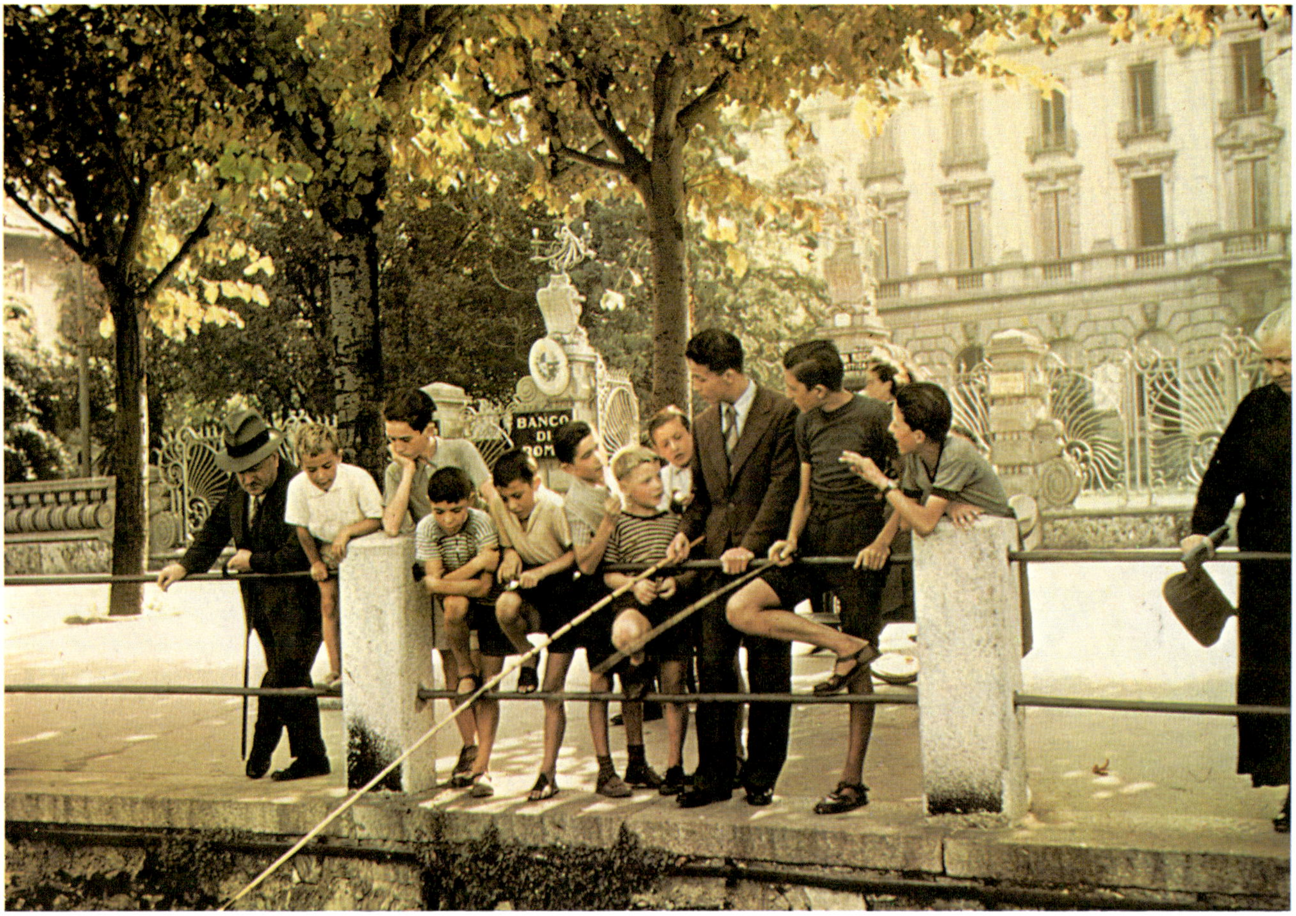
BANCO
DI
ROM

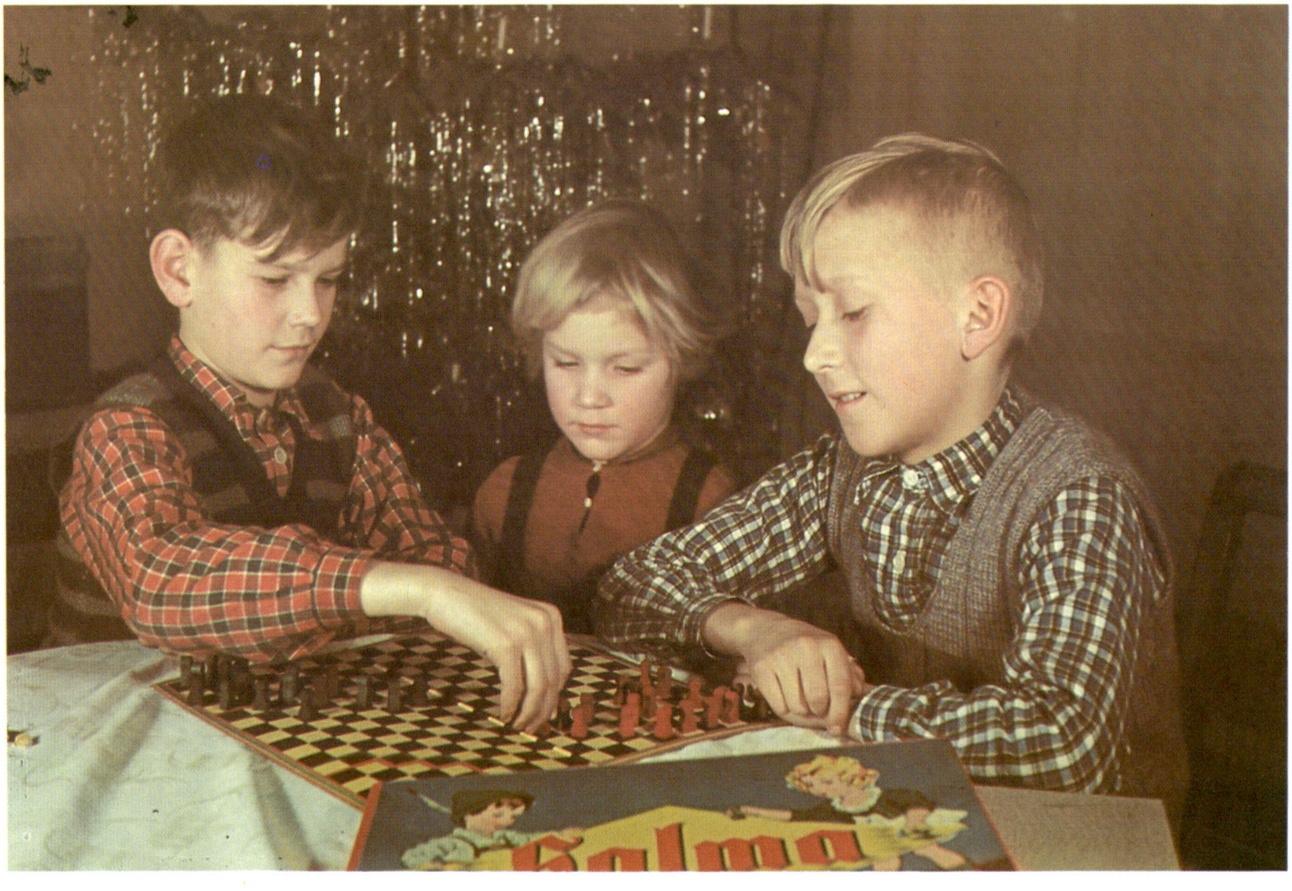

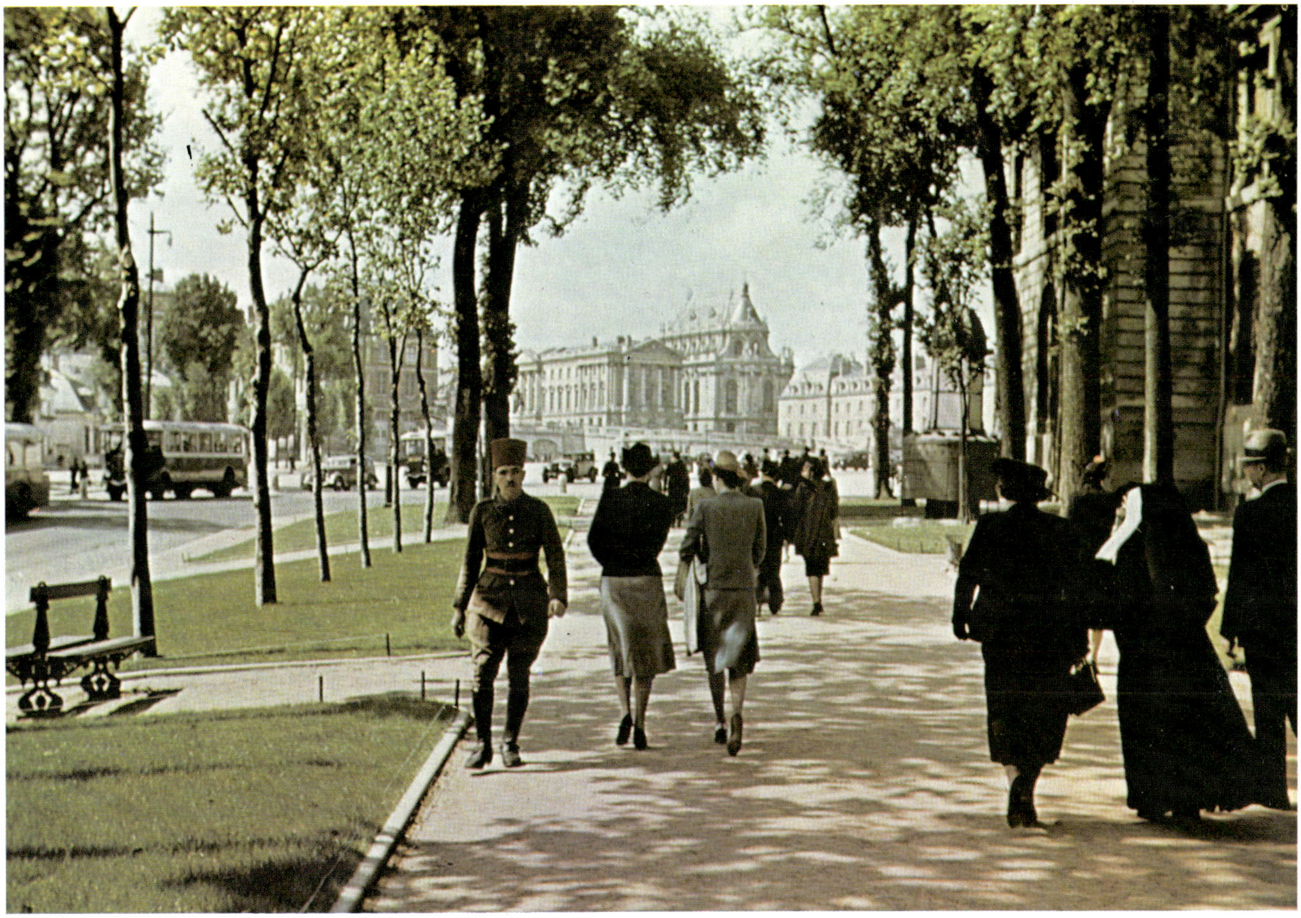

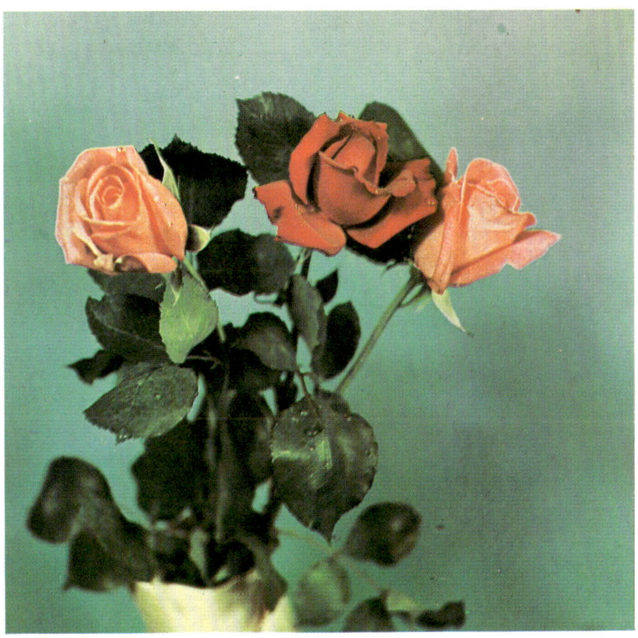

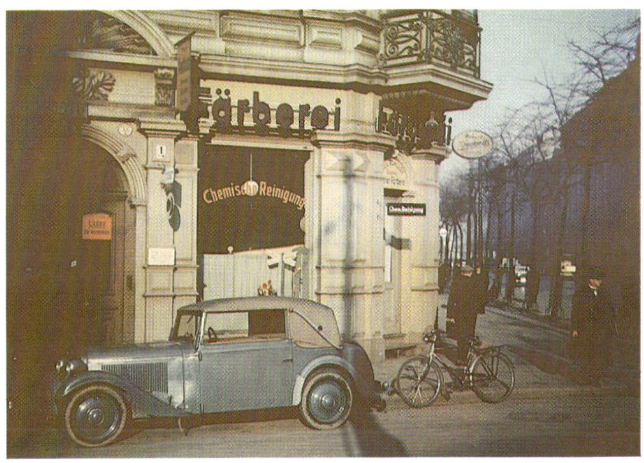

Diese Seite oben: «Paris 1937» – ein nach dem Vivex-Verfahren vergrößertes Agfacolor-Neu Dia von Dr. D. A. Spencer. Der neue Agfacolor Diafilm wurde im November 1936 auf den Markt gebracht – siehe Seite 129 (Vergrößerung 144 x 207 mm nach einem Kleinbildoriginal).

◁ Oben links: «Angelnde Jugendliche in Paris» (um 1937). Eine Vivex-Vergrößerung von einem Agfacolor-Neu Dia (Diaformat 24 x 36 mm, Vergrößerung 202 x 290 mm).

◁ Unten links: «Weihnachten 1943 – deutsche Kinder spielen Halma». Eine Aufnahme auf Agfacolor-Neu Diafilm (Format 24 x 36 mm) von Adolf Hübner.

Links: «Rosen» – ein Gasparcolor Diapositiv (um 1934), kopiert nach Farbauszugspositiven. Gasparcolor war das erste erfolgreiche Silberfarbstoff-Bleichverfahren, es wird auf Seite 131 beschrieben. (70 x 75 mm)

Rechts unten: »Eine Berliner Straßenszene» (um 1938), aufgenommen auf Agfacolor-Neu Diafilm (24 x 36 mm).

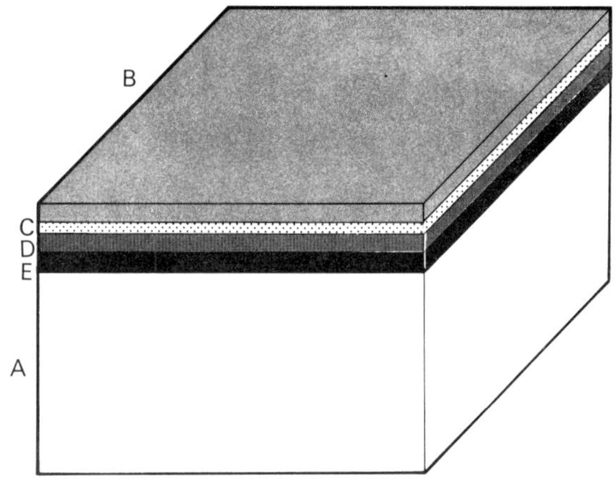

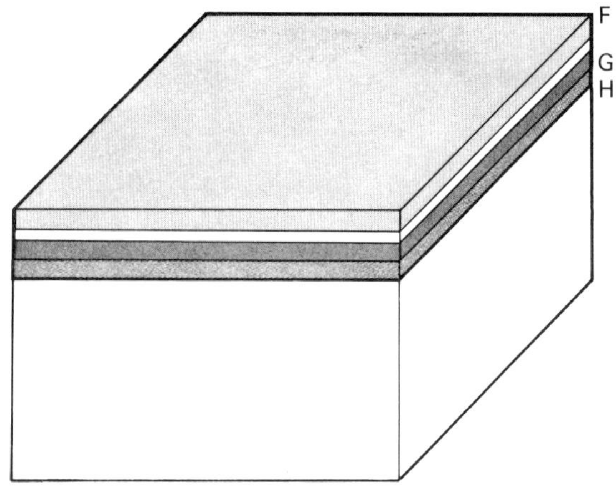

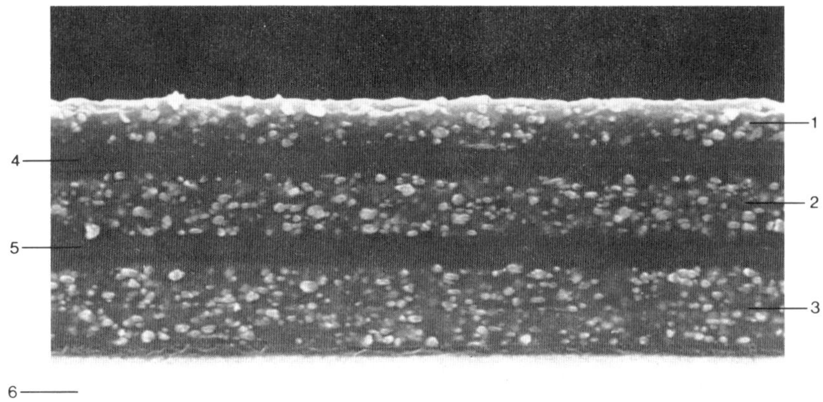

Oben: Kodachrome Film. Dieses Mehrschichtenmaterial besteht aus einer Filmunterlage A, die mit drei sehr dünnen Emulsionsschichten beschichtet ist. Die Oberschicht B ist blauempfindlich, eine Gelbfilterschicht C verhindert, daß blaue Lichtanteile die unteren Schichten erreichen. Die mittlere Emulsionsschicht D ist grünempfindlich und die Unterschicht E rotempfindlich. Nach der Belichtung und der Entwicklung enthält die obere Schicht ein gelbes Farbstoffbild F, die mittlere Schicht ein purpurnes Bild G und die andere Schicht ein blaues Bild H. Die meisten heutigen Farbverfahren beruhen auf diesem Prinzip, unterscheiden sich jedoch in den chemischen Prozessen.

Darunter: Ein Schichtquerschnitt durch ein Stück Kodachrome Film von 1936, mit dem Elektronenmikroskop rund 1000fach vergrößert. Die drei Emulsionsschichten 1,2 und 3 sind mit den darin enthaltenen Silberhalogenid-Körnchen klar zu erkennen. Eine Gelbfilterschicht 4 und eine durchsichtige Gelatinezwischenschicht 5 liegen zwischen den Emulsionsschichten. Von der Filmunterlage 6 ist nur der obere Teil hier zu sehen.

Rechte Seite oben: Das Kodachrome-Entwicklungsverfahren 1935–38:

A Das Aufnahmeobjekt besteht aus roten, gelben, weißen und schwarzen Streifen.

B Die Oberschicht wird mit weißem Licht nachbelichtet, die Mittelschicht mit gelbem und weißem und die Unterschicht mit rotem.

C Der zuerst eingesetzte Schwarzweiß-Entwickler erzeugt ein negatives Silberbild.

D Das Silberbild und die Gelbfilterschicht werden ausgebleicht.

E Der Film wird dann in einem Spezialentwickler mit Blaugrün-Farbkuppler verarbeitet, um ein Silberbild und ein Blaugrün-Farbstoffbild in jeder Schicht zu ergeben.

F Mit Hilfe eines Bleichbads mit «kontrollierter Diffusion» werden diese Bilder von den oberen zwei Schichten entfernt.

G Diese beiden Bilder werden nun in einem Entwickler verarbeitet, der Purpur-Kuppler enthält.

H Die Silber- und Farbstoff-Bilder werden aus der Oberschicht mit einem darauf beschränkten Bleichbad entfernt.

I Die Oberschicht wird dann in einem Gelb-Entwickler verarbeitet.

J Die Silberbilder werden chemisch entfernt, so daß drei Farbstoffbilder übrigbleiben, die die Originalfarben wiedergeben.

Ein Bildbeispiel ist auf Seite 110 zu sehen.

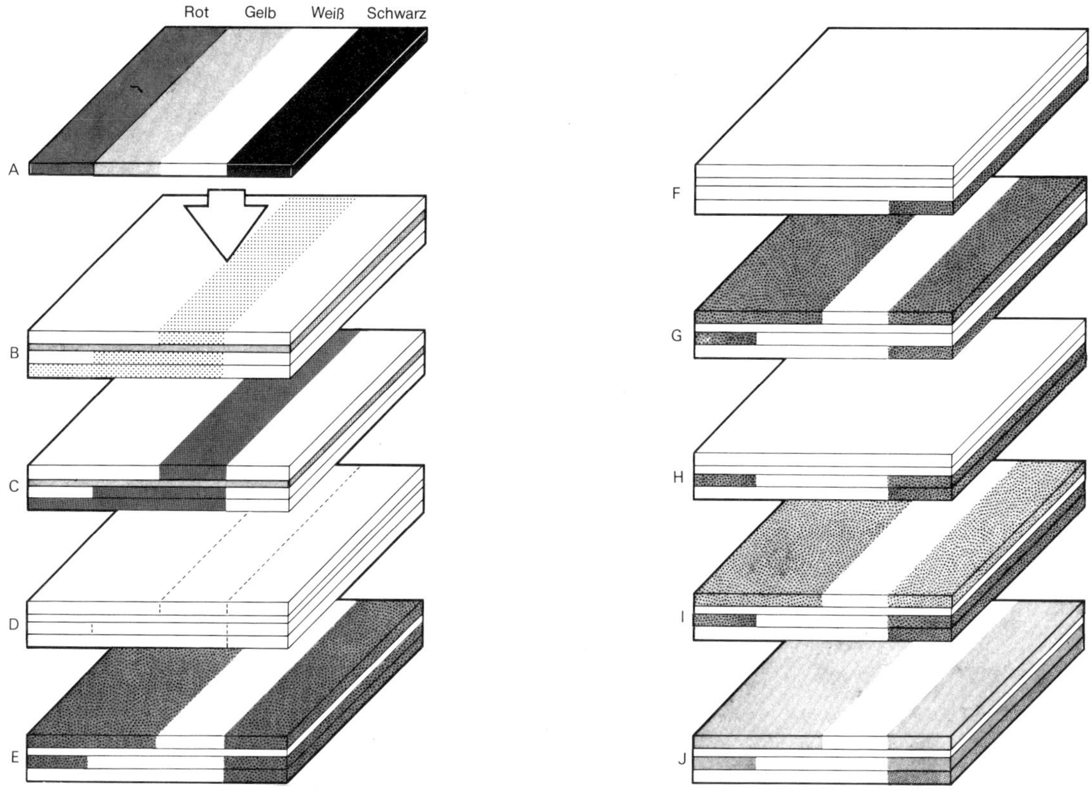

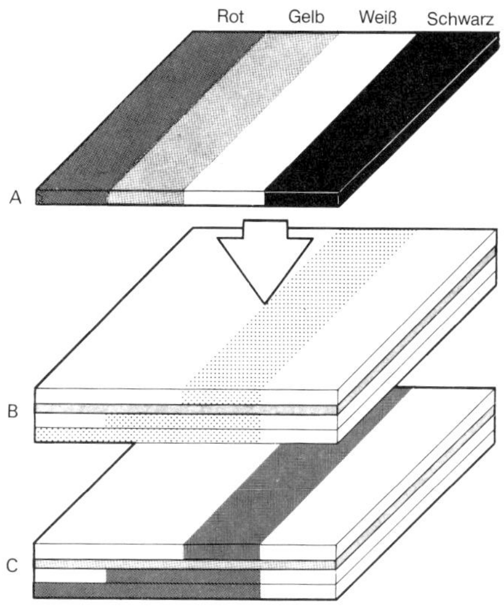

Der Kodachrome-Entwicklungsprozeß ab 1938
A Das Motiv (wie oben).
B Die drei entwickelten Filmschichten.
C Der Film wird schwarzweiß entwickelt, wodurch in allen drei Schichten negative Silberbilder erzeugt werden.
D Der Film wird dann durch die Rückseite mit rotem Licht nachbelichtet, so daß die untere rotempfindliche Schicht alleine belichtet wird; es folgt eine Entwicklung mit einem Blaugrün-Kuppler.
E Dann wird der Film von oben mit blauem Licht belichtet, das nur in die obere Schicht einwirkt, die dann mit einem Gelbkuppler verarbeitet wird.
F Ein Entwickler mit Purpurkuppler wird dann benutzt, um in der mittleren Schicht ein purpurnes Farbstoffbild und ein Silberbild zu erzeugen.

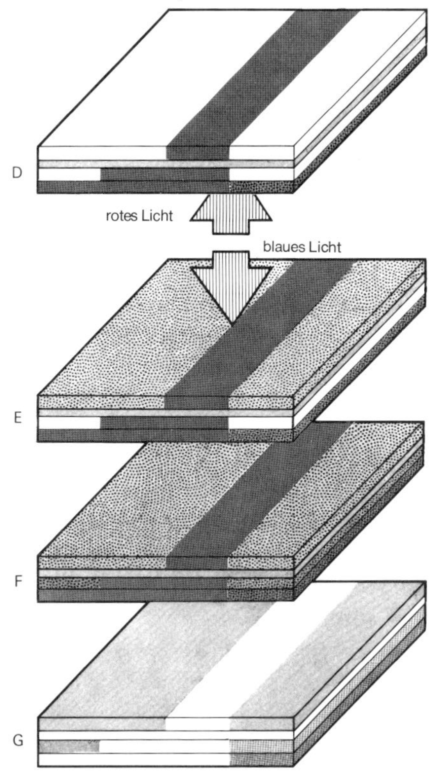

G Die negativen und positiven Silberbilder werden zusammen mit der Gelbfilterschicht ausgebleicht, so daß drei positive Farbstoffbilder im Film verbleiben. Siehe Beispiele auf den Seite 114–115 und 118–119.

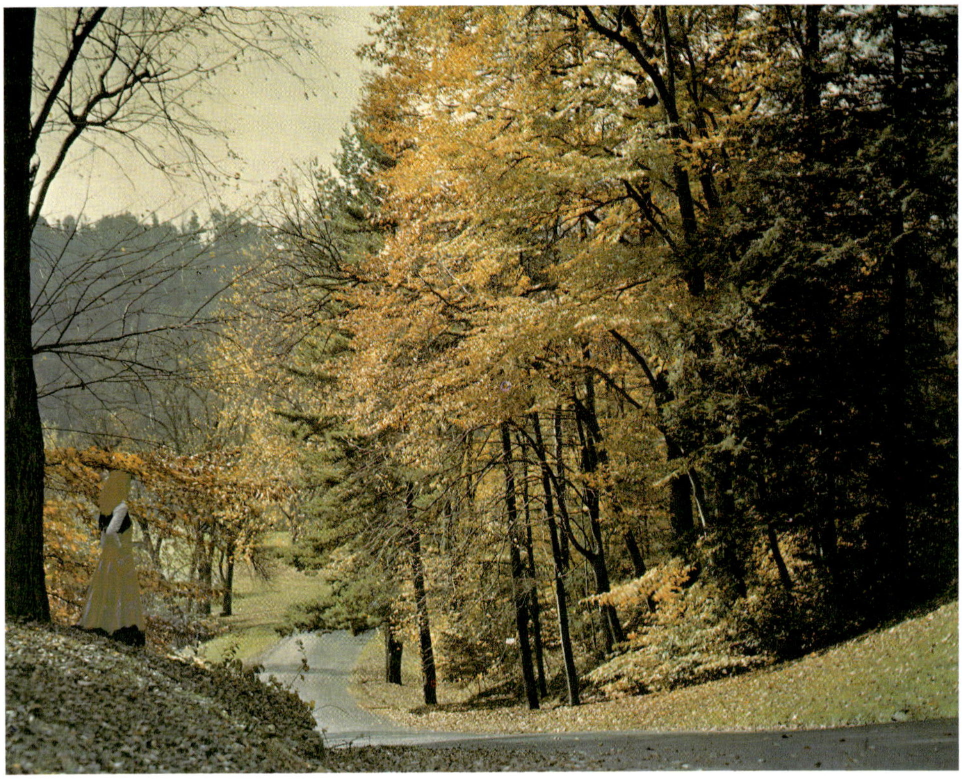

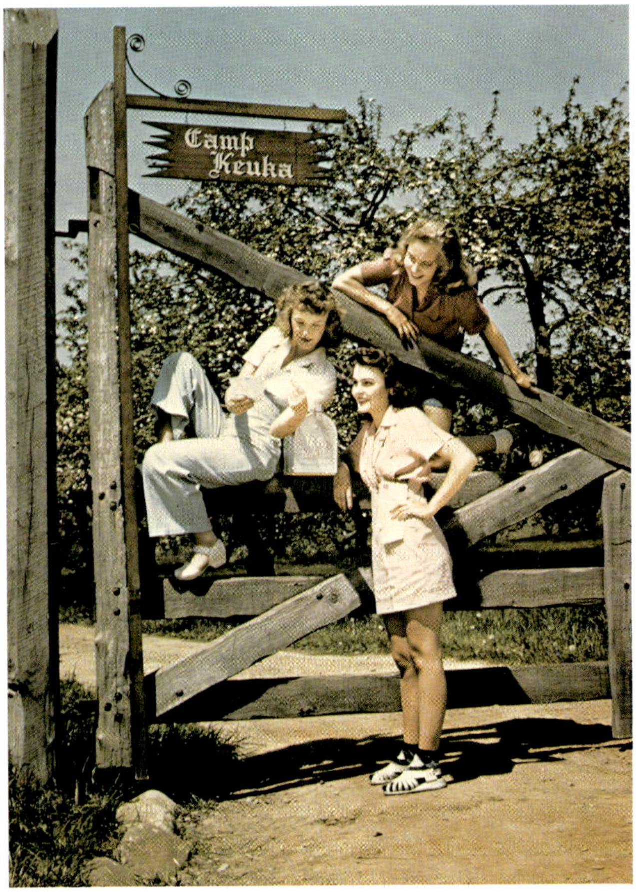

Oben: «Herbstlandschaft» (um 1943). Eine Kotavachrome-Vergrößerung auf weißpigmentierter Filmunterlage, kopiert nach einem Kodachrome Professional-Dia (Bildformat 350 x 270 mm).

Unten u. links: Minicolor Kopien, die in den USA seit 1941 in zwei Formaten erhältlich waren und von Kodachrome Dias ebenfalls auf ein Kopiermaterial mit weißpigmentierter Filmunterlage kopiert wurden (Formate 136 x 196 mm und 55 x 80 mm).

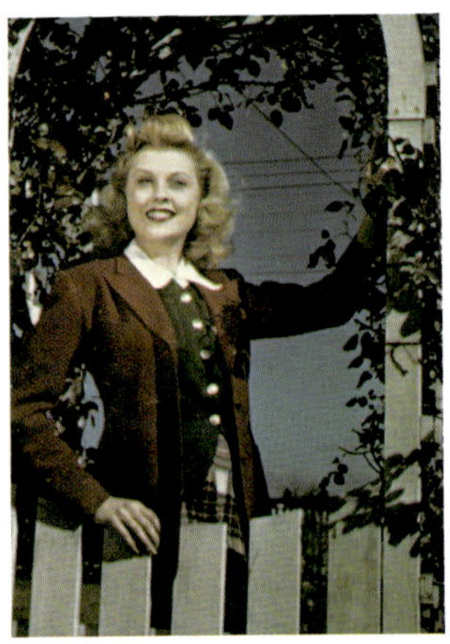

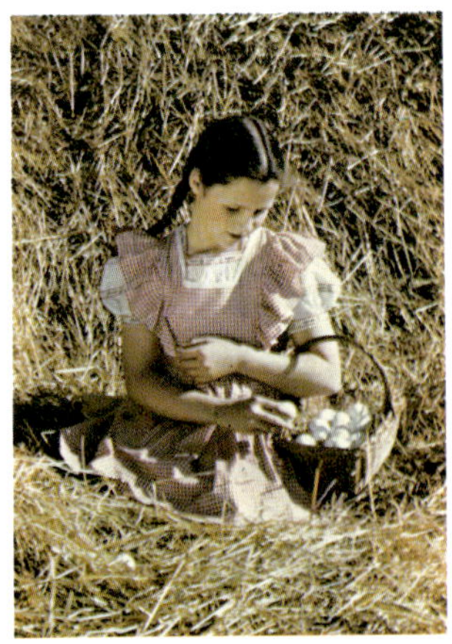

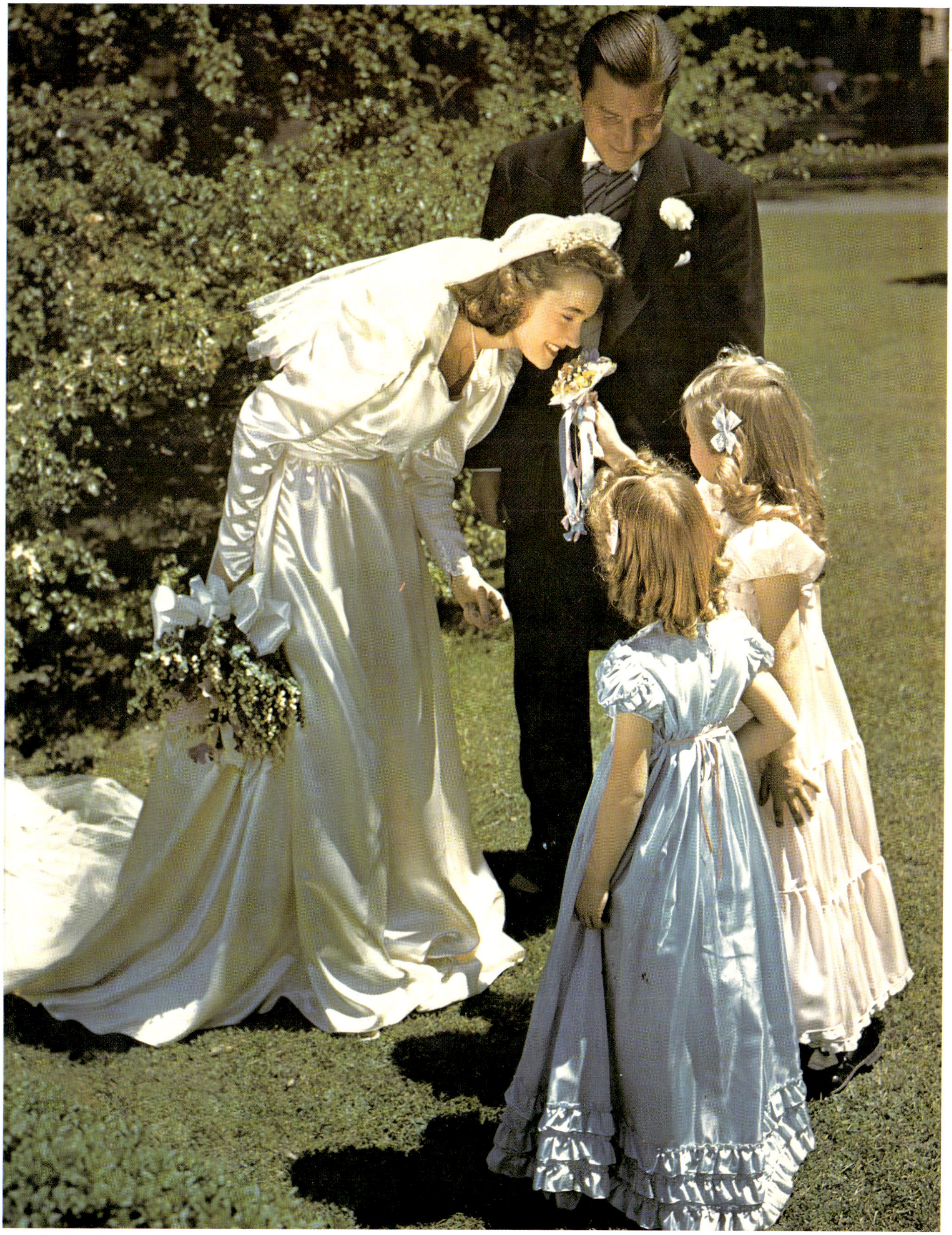

«Hochzeitsfeier» – eine Kotavachrome-Vergrößerung nach einer Aufnahme auf Kodachrome Professional Film (um 1942; 268 x 340 mm).

wickelt und orangerot getont werden. Alternativ dazu konnten beide Schichten gemeinsam entwickelt und die Bilder gebleicht werden, während ein in seiner Diffusion kontrollierter Toner nur die obere Schicht beeinflußte, so daß die untere danach separat getont werden konnte. Obwohl dieser Prozeß damals nicht sehr praktikabel war, führte er doch schließlich zu einem bedeutenden Farbverfahren.

1922 wurden Mannes und Godowsky mit Dr. C. E. Kenneth Mees, dem englischen Forschungsdirektor der Eastman Kodak Company in Rochester, N. Y., bekanntgemacht. Durch seine Vermittlung stellte das Kodak Forschungslabor viele experimentelle Platten für die beiden Amateurforscher her. Sie beobachteten, daß ein Hauptproblem bei den Mehrschichtenmaterialien die Diffusion der Sensibilisierungsfarbstoffe innerhalb der Schichten war, so daß die rotempfindliche Schicht auch etwas grünempfindlich wurde und umgekehrt. 1928 entdeckte das Kodak Forschungslaboratorium eine neue Serie von Sensibilisierungsfarbstoffen, von denen einige viel weniger beweglich als ihre Vorgänger waren. 1930 wurden Mannes und Godowsky zur Mitarbeit im Kodak Forschungslaboratorium eingeladen, wo sie sich auf die Ausarbeitung von Entwicklungsmethoden für Mehrschichtenfilme konzentrierten, während ihre Kollegen die Herstellungsmethoden ausarbeiteten. Das Ergebnis war der neue Kodachrome-Film, der 1935 herauskam. Er besaß drei sehr dünne Emulsionsschichten mit diffusionsfesten Sensibilisierungsfarbstoffen für rotes, grünes und blaues Licht, wobei die rotempfindliche Schicht oben lag. Zwischen der ersten und den beiden unteren Schichten lag eine Gelbfilterzwischenschicht, um die unerwünschte Blauempfindlichkeit der Rot- und Grün-Schichten auszuschalten. Mit einem einzigen Belichtungsvorgang wurden die roten, grünen und blauen Farbauszüge des Aufnahmemotivs in den drei Schichten erzeugt. Der belichtete Film wurde zunächst zu einem negativen Silberbild in allen drei Schichten entwickelt, dann wurde das Silber zusammen mit der aus fein verteiltem Silber bestehenden Gelbfilterschicht ausgebleicht. Der Film wurde dann nachbelichtet und die verbliebenen Silberhalogenide in einer Lösung entwickelt, welche die Farbkuppler zur Erzeugung des blaugrünen Farbbildes in allen drei Schichten enthielt. Als nächstes wurde ein Bleichbad eingesetzt, dessen Einwirkung auf die Schichten genau kontrolliert werden konnte, um den blaugrünen Farbstoff aus den oberen beiden Schichten wieder zu entfernen, jedoch in der Unterschicht zu belassen. Das Bleichbad wandelte auch das Silberbild in den oberen beiden Schichten in entwickelbares Silberbromid zurück. Es folgte eine zweite Farbentwicklung mit dem Purpurkuppler, um ein Purpurbild in den oberen zwei Schichten zu erzeugen. Ein weiterer Bleichprozeß löste den Purpurfarbstoff aus der Oberschicht heraus, so daß diese dann erneut mit einem Gelbkuppler-Entwickler verarbeitet werden konnte. Nun besaß der Film sowohl aus Silber als auch aus Farbstoff bestehende positive Bilder in jeder Schicht. Das Silber wurde dann durch Ausbleichen herausgelöst, und es blieben drei reine Farbstoffbilder übrig.

Das neue Verfahren wurde zunächst als 16 mm Schmalfilm freigegeben und im April 1935 angekündigt. 8 mm Schmalfilm folgte im Mai 1936 und 35 mm Kleinbildfilm und Bantamfilme (Typ 828) für die Stehbildphotographie folgten im September 1936. Wegen des sehr umständlichen Bearbeitungsprozesses mußten die Kodachrome-Filme zur Entwicklung an den Hersteller zurückgesandt werden und wurden einschließlich Entwicklungskosten verkauft. Der neue Kodachrome-Film war empfindlich genug, um unter guten Lichtverhältnissen Belichtungszeiten von 1/30 Sekunden bei Blende 8 zu gestatten. In England kostete ein Kleinbildfilm mit 18 Aufnahmen 12 Schilling und 6 Pence, einschließlich Entwicklung – im Verhältnis zu den Kosten eines Schwarzweißfilms, einschließlich Entwicklung und Kopie, nicht ungünstig. Zunächst wurden die Filme als unzerschnittene Streifen zurückgeschickt, welche die Kunden selber rahmen oder als Filmstreifen in einem entsprechenden Projektor vorführen mußten. Im Februar 1938 wurde ein Rahmungsservice angekündigt, und die Dias wurden an die Kunden in 5 x 5 cm großen Papprähmchen zurückgeschickt. Kodachrome war der erste integrale Tripack-Film auf dem Markt; seine große Transparenz stand in günstigem Kontrast zu den ziemlich «trüben» additiven Rasterplatten und -filmen. Der Entwicklungsprozeß war jedoch, wie gesagt, sehr kompliziert, und die Beständigkeit der Farbstoffe ließ noch sehr zu wünschen übrig.

Beide Probleme wurden mit der Einführung eines verbesserten Entwicklungsverfahrens im Jahre 1938 verringert. Der ebenso wie vorher aufgebaute Film wurde zunächst zu einem Schwarzweiß-Negativ entwickelt. Dann wurde der Film durch die Rückseite mit rotem Licht nachbelichtet, das nur die Unterschicht beeinflußte, die dann mit einem Blaugrün-Farbkuppler entwickelt wurde. Dann wurde der Film von oben mit blauem Licht nachbelichtet und die Oberschicht in einem Entwickler mit Gelbkuppler entwickelt. Die mittlere Schicht wurde schließlich mit einem Purpurkuppler entwickelt, dessen Entwicklerlösung ein chemisches Schleiermittel enthielt. So besaß der Film schließlich sowohl Negativ- als auch Positiv-Silberbilder in jeder Schicht und außerdem Farbstoffpositive. Es blieben nun nur noch die Silberbilder und die gelbe Filterschicht auszubleichen, um ein Farbdia zu erhalten. Die Grundlagen der Kodachrome-Entwicklung sind seitdem unverändert geblieben. Auch der verbesserte Verarbeitungsgang war noch zu kompliziert, so daß die Verarbeitung nur vom Hersteller oder von einem mit entsprechenden Maschinen ausgerüsteten Labor ausgeführt werden konnten. Im November 1938 kam der Film für den neuen Prozeß auch in Planfilm-Formaten als Kodachrome Professional Film heraus. Es waren Planfilme von 8,25 x 10,8 cm bis zum Format 20,3 x 25,4 cm erhältlich. Später wurde das Angebot auf Formate von 6 x 9 cm bis 28 x 23,5 cm erweitert. Der Kodachrome Professional Film blieb bis 1951 auf dem Markt, um dann durch den neuen Kodak Ektachrome Film, der 1946 eingeführt worden war, ersetzt zu werden. Ektachrome konnte vom Verbraucher selbst verarbeitet werden.

Die Agfa in Deutschland hatte sich, wie gesagt, viele Jahre lang mit der Herstellung von Rasterplatten befaßt. Gegen Ende des Jahres 1936 kündigte sie ein neues Produkt an: den Agfacolor-Neu Film. Dieser neue Film bedeutete die praktische Verwirklichung von Fischers Idee eines integralen Tripacks. Der dreischichtige Aufbau war ähnlich dem des Kodachrome-Films, aber bei der Agfa waren die Farbkuppler farbikatorisch in den Emulsionsschichten eingelagert. G. Wilmanns von Agfa Forschungslaboratorium endeckte einen Weg, das Problem der während der Entwicklungsvorgänge in den Schichten abwandernden Farbkuppler zu bewältigen. Er erzeugte so große Kupplermoleküle, daß diese sich einerseits während der Fabrikation vollständig mit der flüssigen Emulsion vermischten und andererseits in den winzigen Lücken der porösen Gelatine festgehalten wurden. Dr. Heinz Berger verglich dieses Ergebnis mit dem Problem, «einen großen Baum durch einen dichten Wald zu transportieren». Nach der Belichtung des dreischichtigen Films wurde er erst in einem Schwarzweiß-Negativentwickler verarbeitet und dann in einem Farbentwickler, der mit den Farbkupplern in jeder Schicht so reagierte, daß gleichzeitig blaugrüne, purpurne und gelbe Farbstoffe erzeugt wurden. Danach wurden die negativen und positiven Silberbilder ausgeblichen und ein reines Farbstoffbild blieb übrig. Die Agfacolor-Neu Filme wurden als 35 mm Kleinbildfilm und als 16 mm Schmalfilm auf den Markt gebracht. Zunächst mußten auch sie an die Agfa zur Entwicklung eingeschickt werden, aber der verhältnismäßig einfache Verarbeitungsprozeß machte in späteren Jahren die Freigabe der Entwicklung für den Verbraucher möglich.

Obwohl zuerst als Umkehrfilm herausgebracht, wurde Agfacolor während des 2. Weltkriegs weiterentwickelt, Für den Kinofilm wurde 1939 eine Negativ-Positiv-Version ausgearbeitet; der Aufnahmefilm wurde in einer einzigen Farbentwicklung zu einem komplementärfarbigen Negativ entwickelt. Das Negativ wurde auf einen dreischichtigen Positivfilm kopiert, der ebenfalls in einer einzigen Farbentwicklung zum Positivbild verarbeitet wurde. 1942 wurde die Produktion von Agfacolor-Papier in kleinerem Maßstab aufgenommen, aber dieses Material war erst 1949 allgemein erhältlich. Nach Kriegsende wurden die Informationen über Agfas Herstellungsverfahren veröffentlicht, und viele Nachkriegsentwicklungen in der Farbphotographie basierten daher auf dem Agfacolor-Verfahren.

Ein mit Agfacolor fast identisches Verfahren wurde

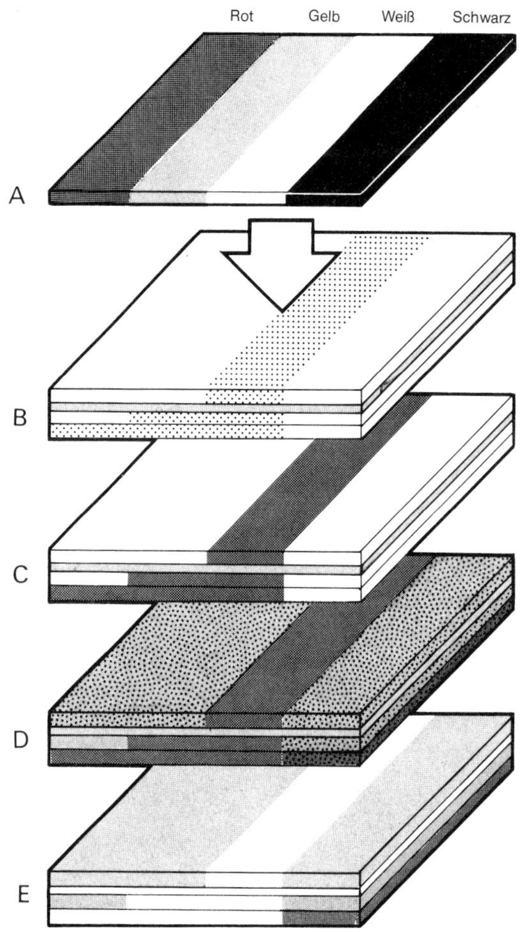

Das Agfacolor-Verfahren (1936):
A Das Aufnahmeobjekt, bestehend aus roten, gelben, weißen und schwarzen Streifen.
B Die Filmschichten werden entsprechend belichtet.
C Die Schwarzweiß-Entwicklung erzeugt in allen drei Schichten negative Silberbilder.
D Ein einziger Farbentwickler erzeugt Silber- und Farbstoffbilder gleichzeitig in allen drei Schichten, in denen die Farbkuppler bereits in der Emulsion enthalten sind.
E Die negativen und positiven Silberbilder werden herausgebleicht, so daß in jeder Schicht nur noch Farbstoffbilder enthalten sind.
Siehe Beispiele auf den Seiten 122 bis 123.

1942 von der Firma Ansco in den USA angekündigt. Die Ansco hatte vor dem Krieg zur Agfa gehört; ihr neues Verfahren wurde zunächst nur für militärische Verwendungszwecke ausgeübt, und trotz gelegentlicher Demonstrationen vor der Öffentlichkeit waren vor dem Ende des Krieges keine Materialien für die Allgemeinheit erhältlich. Die Ansco entwickelte während des Krieges auch ein Umkehr-Kopierverfahren auf der Grundlage eines Tripacks auf weißer Plastikunterlage unter dem Namen Ansco Printon, wovon während des Krieges aber nur sehr begrenzte Mengen erhältlich waren.

Als Antwort auf die Forderung des amerikanischen Militärs nach einem an der Front einfach zu entwickeln-

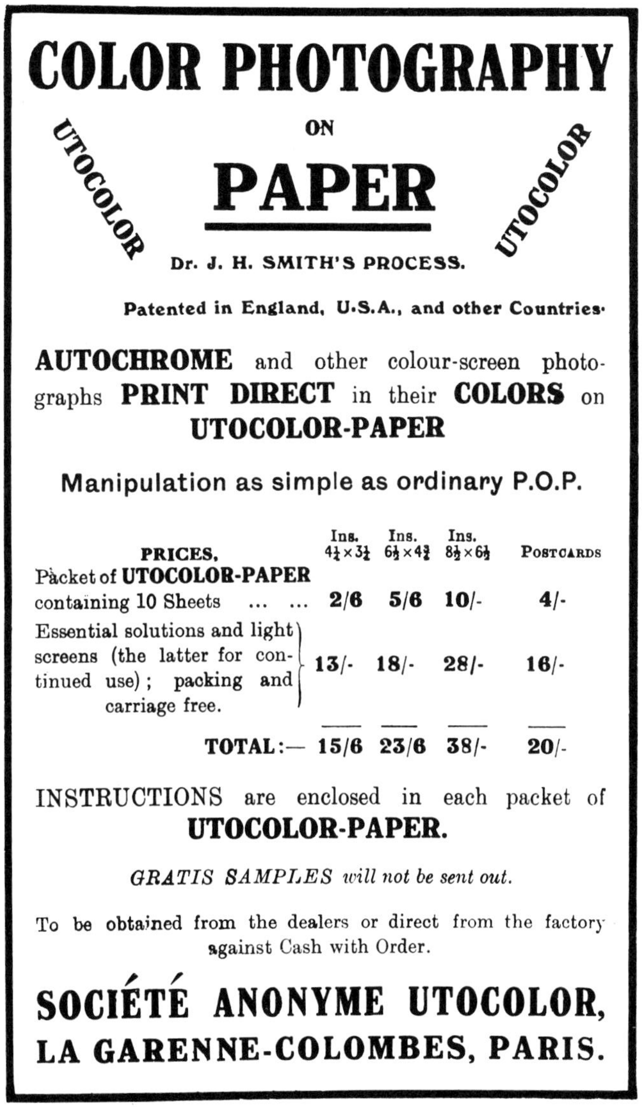

Eine Anzeige für das verbesserte Utocolor Papier von Dr. Smith (1911), mit dem Farbbilder nach farbigen Diapositiven mit dem Ausbleichverfahren hergestellt wurden.

den Farbmaterial arbeitete die Eastman Kodak Company 1940 eine neue Version des von Fischer erfundenen integralen Tripacks aus. Sie löste das Probelm der Kuppler-Abwanderung, indem diese durch Lösungsmittel aufgelöst und dann in Form winziger Öltröpfchen in der Emulsion dispergiert wurden. Der Schichtaufbau des Films war der bereits bekannte dreischichtige mit einer Gelbfilterzwischenschicht, die Verarbeitung geschah mit einem Farbentwickler. Die Farbstoffe wurden in allen drei Schichten gleichzeitig erzeugt, indem die Entwickleroxydationsprodukte die mit dem Bildsilber verbundenen Öltröpfchen erreichten, sie durchdrangen und mit den darin befindlichen Farbkupplern reagierte.

Die ersten Produkte auf der Grundlage dieser neuen Technik waren Farbfilme für die militärische Luftbildphotographie. Aber 1942 wurde dann der Kodacolor Film auf den amerikanischen Markt gebracht. Der belichtete Film ließ sich in einem einzigen Farbentwicklungsvorgang zu einem komplementärfarbigen Negativ entwickeln. Dieses konnte auf ein Papier, beschichtet mit drei Emulsionsschichten, kopiert und dann zum Farbpositiv entwickelt werden. Kodacolor war der erste moderne Negativ/Positiv-Prozeß der die Öffentlichkeit erreichte; der Film ist heute noch erhältlich, obwohl er viele wesentliche Verbesserungen erfahren hat. Die beachtlichste Verbesserung beruhte auf einer Entdeckung von Dr. W. T. Hanson, der durch die Einführung farbiger Kuppler die Schwächen der Negativ-Farbstoffe ausglich. Soweit diese farbigen Kuppler während des Entwicklungsprozesses nicht in die gewünschten Bildfarbstoffe umgewandelt wurden, blieben sie im Film und erzeugten die sogenannten Masken, die nun weitestgehend die Fehlabsorbtionen im Kopierprozeß ausglichen. Der verbesserte Kodacolor Film mit Maskenfarbkupplern wurde 1949 eingeführt; heutzutage sind praktisch alle Farbnegativfilme maskiert. Der frühere Luftbild-Farbfilm kam 1946 als Ektachrome Diafilm in Planfilmformaten für die Berufsphotographie heraus. Er ist heute noch in verschiedenen Typen auf dem Markt.

1941 führte die Eastman Kodak Company in den USA einen Kopierservice zur Herstellung von Papierbildern nach Kodachrome-Dias ein. Das neue Material bestand aus drei Emulsionsschichten, die denen des Kodachrome-Films sehr ähnlich waren, aber sich auf einer weißen undurchsichtigen Filmunterlage befanden. Zwei Typen waren erhältlich: Von Amateur-Kleinbilddias wurden sogenannte Minicolor Kopien in den beiden Größen 6 x 9 cm und 12,7 x 9 cm angefertigt (der Name wurde 1946 in «Kodachrome Prints» geändert); von Kodachrome Professional Planfilmdias wurden «Kotavachrome» Vergrößerungen in den Formaten 20,3 x 25,4 cm bis zu 76,2 x 102 cm angefertigt.

Die bislang behandelten subtraktiven Farbverfahren erzeugten praktisch alle ein Farbbild durch den Aufbau von Farbstoffen während des Entwicklungsvorganges. Andererseits gibt es, wie wir gesehen haben, eine alternative Methode dazu, die vom Vorhandensein aller Farbstoffe in den Schichten ausgeht und diese dann insoweit zerstört, als sie zum Bildaufbau nicht benötigt werden, wie schon Schinzel vorgeschlagen hat. Die frühesten Versuche mit diesen sogenannten Ausbleich-Verfahren beruhen auf der sogenannten Grotthaus-Draper-Regel, die hinsichtlich der Farbstoffe besagt, daß ein Farbstoff ausbleicht, wenn er dem Licht seiner Gegenfarbe ausgesetzt wird. Zum Beispiel bleicht ein Gelbfarbstoff aus, wenn er blauer oder ultravioletter Beleuchtung ausgesetzt wird, deren Lichtstrahl er vollkommen absorbiert, wohingegen rotes Licht einen Blaugrünfarbstoff ausbleichen wird. Dr. J. H. Schmith schuf ein Verfahren, in dem nichthaltbare Farbstoffe in den subtraktiven Farben Blaugrün, Purpur und Gelb gemischt wurden, um in einer Gelatineschicht auf Papier aufgetragen zu werden. Diese Schicht enthielt auch einen Sensibilisator, der die Lichteinwirkung noch beschleunigte. Bei der Belichtung unter einem transparenten Farbbild, wie es damals beliebt war, blichen die Farbstoffe im Verhältnis zu den darin enthaltenen Farben aus. Zum Beispiel bewirkte das vom Transparent kommende rote Licht ein Ausbleichen des Blaugrün-Farbstoffs, während Purpur und Gelb übrig blieben, um zusammen Rot zu ergeben. 1904 wurde das Uto-Papier von Smith eingeführt; in seiner ersten Ausführung mußte dieses Papier vor dem Kopieren mit Wasserstoffsuperoxyd behandelt werden. In einer verbesserten Ausführung, die gegen Ende des Jahres 1906 herauskam, war das Papier ohne eine solche Behandlung gebrauchsfähig. Das zunächst schwarz erscheinende Papier konnte bei Belichtung unter einem gemalten farbigen Transparentbild die Farben erstaunlich gut wiedergeben. Nach der Belichtung, die in vollem Sonnenschein 10 bis 15 Minuten dauerte, wurde die Farbempfindlichkeit des Papiers durch eine Benzollösung oder ein spezielles Uto-Bad reduziert, wenn auch nicht völlig beseitigt. Die Ergebnisse waren verhältnismäßig stabil und zeigten erst nach zehnstündigem Aussetzen gegenüber der Raumbeleuchtung ein leichtes Ausbleichen. 1911 verbesserte Smith sein Verfahren weiter und nannte das Papier nun Utocolor. Dieses in seiner Empfindlichkeit gesteigerte Papier war dazu gedacht, um von Autochrome und anderen Rasterdiapositiven Kopien herzustellen. Das Verfahren hatte nur einen begrenzten geschäftlichen Erfolg – die zur Kopie eines Autochrome-Dias erforderliche zweistündige oder noch längere Belichtung in vollem Sonnenschein blich nämlich nicht nur das Papier, sondern auch das Diapositiv aus! Das Papier ergab kein reines Weiß, und die eingelagerten Sensibilisatoren gaben ihm einen seltsamen, sogar sehr unangenehmen Geruch. Auch sorgfältiges Fixieren reichte nicht aus, so daß die Papierbilder nur im Album aufbewahrt werden konnten.

Das Utocolor-Papier war natürlich noch nicht nach dem Tripack-Prinzip hergestellt, aber, wie wir gesehen haben, hatte Schinzel einen solchen Mehrschichtenfilm für das Farbstoffausbleichverfahren vorgeschlagen. Diese Grundidee wurde von dem ungarischen Chemiker Dr. Bela Gaspa in den frühen 30er Jahren wieder aufgegriffen. 1933 wurde Gaspcolor als Kopiermaterial für den farbigen Kinofilm angekündigt, wobei nach Farbauszugspositiven kopiert werden mußte. Der Film besaß zwei Schichten auf der einen Seite und eine Einzelschicht auf der anderen Seite des Schichtträgers. Die beiden zusammenliegenden Schichten wurden purpur und blaugrün eingefärbt und die einzelne gelb. Während der Entwicklung wurden die Farbstoffe entsprechend der Belichtung im Kopierprozeß ausgeblichen, so daß ein gesättigtes Farbstoffpositiv übrig blieb. 1933 wurde eine Variante dieses Verfahrens zur Herstellung von Diapositiven und eine modifizierte Form zur Herstellung von farbigen Papierbildern angekündigt, ohne aber eine große praktische Bedeutung zu erlangen, obwohl die Kinofilmausführung des Verfahrens sich in der Filmindustrie eines gewissen Einsatzes, insbesondere für Zeichentrickfilme, erfreute. Eine andere Version von Gaspacolor sah vor, daß die drei farbstoffhaltigen Schichten auf einer weißen undurchsichtigen Filmunterlage angeordnet waren, um diese als Kopiermaterial für Diapositive zu benutzen. Diese Ausführung wurde von der amerikanischen Armee während des 2. Weltkriegs benutzt, kam aber erst in den späteren Nachkriegsjahren auf den Markt, als sie die Grundlage für den Cibachrome-Kopierprozeß bildete, der das Silberfarbstoff-Bleichverfahren benutzt.

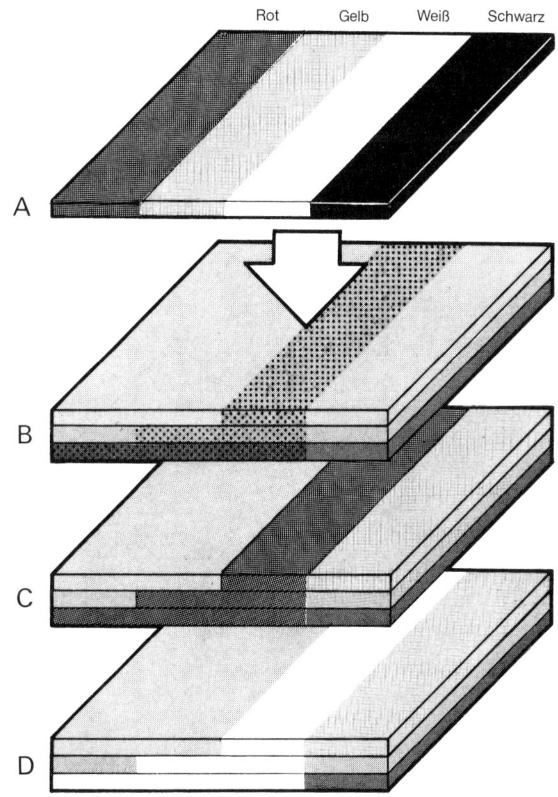

Das Silberfarbstoff-Bleichverfahren:
A Das Aufnahmeobjekt mit roten, gelben, weißen und schwarzen Streifen.
B Das belichtete Material enthält bereits gelben, purpurnen und blaugrünen Farbstoff in seinen drei Schichten.
C Die Schwarzweiß-Entwicklung erzeugt ein negatives Silberbild in jeder Schicht.
D Die Silberbilder werden ausgeblcicht, wobei der Farbstoff bildmäßig abgebaut wird, so daß schließlich positive Farbstoffbilder in jeder Schicht übrig bleiben.
Gasparcolor war das erste erfolgreiche Silberfarbstoff-Bleichverfahren. Ein Beispiel dafür ist auf Seite 122 wiedergegeben.

Nachwort

Der 1946 eingeführte Ektachrome Film von Eastman Kodak benutzte das Verfahren wasserunlöslicher, ölgeschützter Farbkuppler, die in die Emulsionsschichten dispergiert wurden. Er ist in verschiedenen Ausführungen, einschließlich des 1959 herausgebrachten High Speed Ektachrome Films als Planfilm, Rollfilm und 35 mm Kleinbildfilm auf dem Markt geblieben. Zu den anderen Fabrikaten, die das Ektachrome-Verfahren benutzten, gehören die seit 1961 erhältlichen Fujichrome und Fujicolor Filme. Außer diesen Umkehrmaterialien haben die meisten Herstellerfirmen auch eigene Negativ/Positiv-Materialien nach den von ihnen benutzten Verfahren herausgebracht. Nachdem 1949 bei dem verbesserten Kodacolor Film die automatische Maskierung mittels farbiger Kuppler eingeführt worden war, haben in den letzten Jahren auch weitere Hersteller dieses oder ähnliche Verfahren zur Maskierung ihrer Negativfilme aufgegriffen. Die meisten heutigen Farbnegativfilme und Colorpapiere sind untereinander austauschbar und benutzen denselben Entwicklungsprozeß.

Das in den 30er Jahren von Dr. Bela Gaspar eingeführte Silberfarbstoff-Bleichverfahren wurde ebenfalls von verschiedenen Herstellerfirmen aufgegriffen. Der 1940 von Eastman Kodak vorgestellte Azochrome-Prozeß wurde nicht im kommerziellen Maßstab benutzt. 1953 führte Ilford seinen Ilford Colour Print Service zur Herstellung von farbigen Aufsichtsbildern auf einer weißen undurchsichtigen Filmunterlage ein. Dieses von Farbdiapositiven ausgehende Kopierverfahren wurde 1960 in Ilfachrome Print umbenannt. Das heute weit verbreitete Schweizer Cibachrome-Print Farbmaterial, das das Silberfarbstoff-Bleichverfahren benutzt, wurde erstmals 1963 eingeführt und war vorübergehend unter dem Namen Cilchrome-Print bekannt. Agfa-Gevaert benutzte das Silberfarbstoff-Bleichverfahren für sein Agfachrome CU 410 Farbkopiermaterial von 1970 bis 1976.

Zwar beruhen die Nachkriegs-Farbmaterialien kaum auf irgendwelchen fundamentalen neuen Prinzipien, doch ist ihre Qualität und Vielseitigkeit ganz wesentlich verbessert worden. Das gilt vor allen Dingen für den Farbnegativ-Kopierprozeß. Die neueste Entwicklung ist hier die Einführung der höchstempfindlichen Farbnegativfilme (mit ASA 400/27 DIN) von Kodak, Fuji, Sakura, 3M und Agfa-Gevaert. Diese neuen Materialien sind über zweitausendmal empfindlicher als die Autochrome-Platten aus dem Jahre 1907. Die stark verbesserten Negativ/Positiv-Farbmaterialien haben jetzt weitgehend die handwerklichen Kopierverfahren, wie z. B. Kodak Dye Transfer, auch bei den Berufsphotographen ersetzt.

Die auf den ersten Blick von den bislang betrachteten konventionellen Farbmaterialien unterschiedlichen Farbverfahren sind die Sofortbild-Systeme. Jedoch basieren auch sie noch auf dem subtraktiven Dreifarben-Prinzip. Das erste dieser Materialien war der 1963 eingeführte Polacolor-Film der Polaroid Corporation. Das belichtete Mehrschichtennegativ wurde aus der Polaroid Land Kamera in engem Kontakt mit einer positiven Bildempfangsschicht herausgezogen. Dadurch wurde zwischen beide Schichteinheiten ein viskoser Entwickler versprüht; dadurch, daß er die drei Negativfilmschichten durchdrang und entwickelte, wurden subtraktiv eingefärbte Farbstoffmoleküle im umgekehrten Verhältnis zu dem bei der Belichtung empfangenen Bildeindruck freigesetzt. Diese Farbstoffe wanderten durch den Entwickler in eine klare Gelatineschicht im Bildempfangsteil, um dort das Farbbild zusammenzusetzen. Das spätere SX–70–Sofortbildverfahren, das Polaroid 1972 einführte, verbindet die Negativ- und Positiv-Materialien in einer einzigen Bildeinheit aus 14 Schichten. Die Belichtung des Negativs wird dabei durch eine durchsichtige Bildempfangsschicht ausgeführt, in deren Nachbarschaft sich die blau-, grün- und rotempfindlichen Schichten befinden, denen jeweils eine zugehörige Schicht mit gelben, purpurnen und blaugrünen metallischen Farbstoffen, kombiniert mit Entwicklersubstanzen, zugeordnet ist. Wenn die belichtete Filmeinheit durch Walzen aus der Kamera hervortritt, wird eine aus tiefschwarzem Farbstoff und weißem Titaniumdioxyd zusammengesetzte Lösung zwischen die Empfangsschicht und die Negativschichten verteilt.

Die schwarze Farbstoffschicht hält das Licht ab und gestattet so die Entwicklung der Negativschichten ohne eine Verschleierung. Bei der Entwicklung bewirkt jede Schicht die Freigabe von Farbstoff aus der zugehörigen Schicht in jeweils umgekehrtem Verhältnis zu dem bei der Belichtung empfangenen Bildeindruck; die Farbstoffe wandern durch die Entwicklermasse in die Auffangschicht. Am Schluß dieses Vorgangs wird der schwarze Farbstoff ernfernt, so daß das vollständige Farbbild gegen die weiße Titanium-Dioxid-Schicht sichtbar wird. Das Bild ist zwar eigentlich seitenverkehrt, aber ein in die Kamera eingebauter Spiegel gleicht das beim Belichtungsvorgang wieder aus. Der 1976 von Eastman Kodak herausgebrachte PR–10 Instant Print Film besitzt 19 Schichten in einer einzigen versiegelten Bildeinheit. Wenn diese durch die Kamerawalzen nach der Aufnahme heraustritt, wird eine undurchsichtige schwarze Aktivator-Lösung über die belichteten drei Farbauszugs-Schichten an der Oberseite der Einheit verteilt und entwickelt in einem einzigen Umkehrprozeß ein Positivbild in subtraktiven Farbstoffen, die durch eine lichtundurchlässige Schwarzschicht hindurchwandern und dann durch eine weiße «Rückschicht» in eine durchsichtige Empfangsschicht gelangen. Obwohl diese modernen Sofortbild-Materialien einen komplizierteren Aufbau besitzen und eine von den konventionellen Farbmaterialien etwas unterschiedliche Chemie benutzen, beruhen sie doch auf den gleichen Grundprinzipien.

Wenn auch seit dem Ende des 2. Weltkriegs sehr viele Farbverfahren herausgekommen sind, basieren sie doch alle überwiegend auf den in den 30er und 40er Jahren ausgearbeiteten Grundlagen. Der Sakura Natural Color Film, der von der japanischen Firma Konishiroku 1940 auf den Markt gebracht wurde, benutzte das Verfahren mit Farbkupplern im Entwickler, das zuerst bei dem verbesserten Kodachrome Film von 1938 eingesetzt worden war. Er blieb nur für eine kurze Zeit auf dem Markt, wurde aber 1947 als Sakura Color Film wieder eingeführt. Nach 1960 ging Sakuracolor zum Agfacolor-Verfahren über, indem in den Schichten eingelagerte Farbkuppler verwendet wurden. 1972 wurde das Verfahren zugunsten des bei Ektachrome benutzten Prinzips gewechselt. Der 1948 in Japan eingeführte Fujicolor Film benutzte ebenfalls ein mit Kodachrome verwandtes Verfahren mit Farbkuppler im Entwickler und blieb bis 1963 in dieser Form auf dem Markt. In den USA beruhte der ab 1949 hergestellte Dynacolor Film ebenfalls auf diesem Prinzip; er war – ab 1959 in Dynachrome umbenannt – bis 1970 erhältlich. Die englische Firma Ilford Ltd. stellte nach dem Vorbild von Kodachrome einen Umkehrfilm unter dem Namen Colour von 1948 bis 1960 her. Der Film wurde dann Ilfochrome genannt (1960 bis 1962) und hieß dann von 1962 bis 1965 Ilfochrome. Schließlich wurde er 1965 in Ilford Colorslide Film umbenannt und blieb bis 1968 auf dem Markt. Heutzutage ist der Kodachrome Film, nachdem er verschiedene Verbesserungen erfahren hat, der einzige noch existierende Film für Stehbildaufnahmen, in welchem die Farbkuppler in den Entwicklerlösungen enthalten sind – eine Methode, die einen schwierigen Verarbeitungsgang erfordert, aber Dias höchster Auflösung und von gleichbleibender Qualität erzeugt.

Als 1945, nach dem 2. Weltkrieg, die Herstellungsmethoden und patentierten Verfahren der Agfa allgemein bekanntgemacht wurden, übernahmen einige Hersteller das Prinzip der diffusionsfesten wasserlöslichen Farbkuppler, die in den Schichten eingelagert sind. Wir haben schon den 1942 angekündigten Ansco Color Film erwähnt; dieser wurde nach dem Krieg für die amerikanische Öffentlichkeit freigegeben und 1955 in Anscochrome umbenannt. Er erschien in verschiedenen Versionen auf dem Markt, einschließlich eines 1957 in den Handel gelangenden hochempfindlichen Typs namens Super Anscochrome. Die italienische Firma Ferrania brachte 1942 vorübergehend einen Farbfilm vom Typ Agfacolor heraus; er wurde 1947 wieder eingeführt, war aber vor 1951 nicht allgemein erhältlich. Dieser Farraniacolor Film wurde 1969 zum 3M Color Slide Film. Die belgische Firma Gevaert begann 1947 mit der Herstellung ihrer Version des Agfacolor-Verfahrens; der Gevacolor Diafilm blieb auf dem Markt, bis die Firma 1964 mit der Agfa fusionierte. Andere Filme, die das Agfacolor-Verfahren benutzten, sind in der DDR (Orwocolor, seit 1964), in der Sowjetunion (CO-Umkehrfilm, seit 1949) und in Japan (Sakuracolor, seit 1960) hergestellt worden. Die Agfa hat natürlich die selbständige Weiterentwicklung und Verbesserung ihrer Agfacolor Filme fortgesetzt.

Chronik

1810 Seebeck versucht, ein Spektrum auf nasser Silberchloridschicht aufzunehmen.
1839 Veröffentlichung von Daguerre und Talbot über ihre ersten praktischen photographischen Verfahren. Ponton entdeckt die Lichteinwirkung auf Bichromat-Papier.
1840 Herschel bestätigt Seebecks Experimente und erweitert sie.
1848 Becquerel nimmt ein Spektrum mit silberchloridbeschichteten Silberplatten auf.
1851 Der «Hillotype»-Prozeß wird als direktes Farbverfahren angekündigt; er erweist sich später als Betrug.
1852 Talbot erhält ein Patent auf ein Verfahren mit Bichromatgelatine.
1855 Clerk Maxwell veröffentlicht die Theorie der Dreifarbenphotographie. Poitevin veröffentlicht das Carbon Kopierverfahren basierend auf Bichromatgelatine.
1861 Clerk Maxwell zeigt die erste Farbaufnahme in Dreifarbenprojektion.
1862 Ducos du Hauron beschreibt verschiedene farbphotographische Verfahren.
1864 J. W. Swan veröffentlicht ein verbessertes praktisches Carbon Kopierverfahren.
1865 Poitevin nimmt farbige Bildeindrücke auf Silberchlorid-Papier auf.
1868 Zenker entwirft die Theorie «stehender Lichtwellen». Du Hauron patentiert verschiedene Farbverfahren.
1869 Du Hauron veröffentlicht Einzelheiten additiver und subtraktiver Farbverfahren.
C. Cros veröffentlicht die theoretischen Grundlagen verschiedener Farbprozesse.
1873 Dr. Heinrich Vogel entdeckt die Farbsensibilisierung photographischer Materialien für grünes Licht. Edwards beschreibt das Prinzip des Absaugeverfahrens.
1880 Cros beschreibt die «Hydrotypie» (Absaugeverfahren).
1881 Die ersten orthochromatischen Platten kommen in den Handel.
1884 Vogel entdeckt Farbstoffe, mit denen sich Photoplatten sowohl für Orange als auch für Grün und Blau sensibilisieren lassen.
1888 Ives führt sein Farbverfahren vor.
1889 Wiener bestätigt Zenkers Theorie der «stehenden Lichtwellen».
1891 Lippmann führt das auf Zenkers Theorie beruhende Interferenz-Farbverfahren vor.
1892 McDonough erhält ein Patent auf ein Herstellungsverfahren für farbige Mosaikraster durch Zerstäuben pulverisierter Farben.
1892/1893 Ives führt verschiedene additive Betrachtungs- und Projektions-Geräte vor.
1894 Joly patentiert ein Verfahren zur Herstellung von farbigen Linienrastern.
1895 Der Joly Natural Colour Process wird auf den Markt gebracht.
Du Hauron patentiert seinen «polyfoliumchromodialytique» Tripack.
Die Gebrüder Lumière patentieren ihr subtraktives «Chromleim»-Verfahren.
Lanchester erhält ein Patent auf seinen Microdispersionsprozeß.
Ives führt verbesserte Kromskop-Betrachter vor.
1896 McDonough patentiert ein Linienrasterverfahren.
1897 Die McDonough-Rasterplatte kommt auf den Markt.
J. W. Benetto patentiert eine Farbkamera.
E. T. Butler patentiert eine Farbkamera.
1899 Das additive Kromaz-Betrachtungsgerät wird patentgeschützt.
Sanger-Shepherd's Farbkopierverfahren wird eingeführt.
1900 Die Lumières zeigen Chromleim-Farbbilder.
1902 Die Sanger-Shepherd Farbkamera kommt heraus.
1903 Didier patentiert das Pinatypie-Verfahren.

1904 Krayn erhält ein Patent auf ein Herstellungsverfahren für Linienraster, bei dem aufeinander geschichtete farbige Zelluloidschichten durchgeschnitten werden.
Smith's Uto-Papier kommt in den Handel.
Die Gebrüder Lumière kündigen die Entwicklung eines Kornrasterverfahrens an.
1905 Butler patentiert eine verbesserte Farbkamera.
Powrie läßt ein Linienraster-Verfahren schützen.
Schinzel schlägt den integralen Tripack vor.
Manly veröffentlicht das Ozobrome-Kopierverfahren.
Das Pinatypie-Verfahren wird eingeführt.
1906 Wratten and Wainwright verkaufen die ersten panchromatischen Fotoplatten.
Clare L. Finlay läßt ein Verfahren mit regelmäßigem Farbraster patentieren.
Sanger-Shepherd führt einen Kopierprozeß nach dem Absaugeverfahren ein.
Das verbesserte Uto-Papier wird verkauft.
1907 Die Autochrome-Platten von Lumière kommen heraus.
Das Warner-Powrie Linienraster-Verfahren wird angekündigt.
Der Krayn-Linienrasterfilm wird vorgeführt.
Die regelmäßige Omnicolore-Rasterplatte von Du Hauron und de Bercegol wird eingeführt.
Sanger-Shepherd bringt eine Stereo-Farbkamera heraus.
Der Donisthorpe-Kopierprozeß nach dem Absaugeverfahren wird eingeführt.
1908 Die Thames Rasterplatten werden verkauft.
Die Dufay Diopticolor-Platte wird angekündigt.
J. H. Christensen patentiert eine unregelmäßige Rasterplatte.
1909 Die Thames Rasterplatten mit festem Raster («combined») kommen in den Handel.
Die Dufay Dioptichrome-Platten werden angekündigt.
Fenske bringt die Aurora-Platten heraus.
Die Veracolor-Platten werden eingeführt.
R. Berthon patentiert das Linsenraster-Verfahren.
1910 Die Tripack-Kamera von Ives wird angekündigt.
Die Dufay Dioptichrome Platten mit festem Raster werden eingeführt.
1911 Die Neue Photographische Gesellschaft (NPG) führt das Negativ/Positiv-Raster-Verfahren nach Krayn ein.
Das Polychromide-Kopierverfahren wird in London ausgeübt.
Das Utocolor Papier wird eingeführt.
1912 Die Agfa führt experimentelle Rasterplatten, die auf Christensens Patent beruhen, vor.
Verbesserte Dufay Dioptichrome-Platten kommen heraus.
G. S. Whitfiled führt sein regelmäßiges Rasterverfahren und Raster-Papierbilder vor.
R. Fischer patentiert ein Mehrschichtenmaterial mit eingelagerten Farbkupplern.
1913 Die Paget Colour-Platten werden verkauft.
Das Raydex-Kopierverfahren wird eingeführt.
Die Leto-Farbplatten kommen heraus.
1914 Die Hicro Universal-Farbkamera kommt auf den Markt.
Whitfield zeigt seinen verbesserten Paget-Kopierprozeß.
Das Kodachrome-Zweifarbenverfahren für Portraitaufnahmen wird eingeführt.
Workman kunstruiert eine Dreifach-Farbkamera.
Das Hicro-Kopierverfahren von Ives wird eingeführt.
1916 Die Agfa Farbenplatten erscheinen in Deutschland. Ives bringt sein «Hiblok» Tripack-Negativverfahren heraus.
1917 Die Dufay Versicolor-Platten ersetzen Dioptichrome.
1923 Der Linsenraster-Kinofilm von Keller-Dorian und Berthon wird vorgeführt.
1924 Die Jos-Pe Kamera und ein zugehöriger Kopierprozeß nach dem Absaugeverfahren werden patentiert.
Mannes und Godowsky patentieren ein Zweifarbenverfahren.
1925 Die Jos-Pe Kamera kommt auf den Markt.
1926 Die Baker Duplex Farbrasterplatte wird verkauft.
Der Lignose Naturfarbenfilm wird eingeführt.
1928 Der Kodacolor Linsenrasterschmalfilm 16 mm kommt heraus.
Leitz bringt einen Projektor für 35 mm Linsenraster-Filmstreifen auf den Markt.
1929 Die Finlay Colour-Platte kommt heraus.
Das Duxochrom-Verfahren wird vorgestellt.
Der Colorsnap-Prozeß wird in Großbritannien auf den Markt gebracht und das ähnliche Colorol-Verfahren von Agfa-Ansco in den USA.
1930 Die Hillman-Farbkamera wird patentiert und von Adam Hilger auf den Markt gebracht.
Der automatische Wechselschlitten von Oliver wird patentiert.
Mannes und Godowsky treten in das Kodak Forschungslabor ein.
1931 Das additive Farbkopierverfahren von Piller wird auf den Markt gebracht.
Die Finlaychrome Platten mit festem Raster sind im Handel.
Die Filmcolor Rasterfilme von Lumière werden herausgebracht. (Wahrscheinlich schon 1929.
Das Vivex Kopierverfahren wird vervollkommnet.
1932 Der Amira Tripack-Film wird eingeführt.
Agfacolor-Rasterfilme kommen in den Handel.

Ives führt seinen zweifarbigen Polychrome-Prozeß ein.
Die Spicer-Dufay Linienraster-Kinofilme kommen heraus.

1933 Gasparcolor wird eingeführt.
Der Agfacolor Kleinbild-Linsenrasterfilm kommt heraus.

1934 Der Agfacolor-Ultra Kornrasterfilm wird verkauft.

1935 Kodachrome erscheint zunächst als 16 mm Schmalfilm.
Dufaycolor Roll- und Planfilme kommen heraus.
Das Defender Chromatone Kopierverfahren kommt auf den Markt.
Der Eastman Wash-off Relief-Prozeß wird eingeführt.

1936 Kodachrome kommt auch als Schmalfilm 8 mm, Kleinbildfilm 35 mm und Bantam-Film 828 auf den Markt.
Der Agfacolor-Neu Mehrschichtenfilm erscheint als Kleinbildfilm 35 mm und Schmalfilm 16 mm.

1937 Die Coloretta Kleinbild-Farbkamera wird patentiert.

1938 Kodachrome-Dias werden in Papprähmchen gerahmt geliefert.
Das Kodachrome-Entwicklungsverfahren wird verbessert.
Der Kodachrome Professional-Planfilm kommt auf den Markt.

1939 Das Agfacolor Negativ/Positiv-Kinofilmverfahren wird entwickelt.

1940 Das Flexichrome-Handkolorierverfahren wird eingeführt.
Eastman Kodak entwickelt Luftbild-Farbfilme für militärische Zwecke.
In Japan wird der Sakura Natural Color Film hergestellt.

1941 Minicolor und Kotavachrome-Vergrößerungen sind von Kodachrome-Dias erhältlich.

1942 Der Ansco Color Film wird für militärische Zwecke hergestellt.
Agfacolor-Papier wird in kleinen Mengen hergestellt. In den USA werden Kodacolor-Film und -Papier eingeführt.

Fachausdrücke

Absaugeverfahren (engl. imbibition). Ein Prozeß, bei dem ein Farbstoffbild von einem Gelatinerelief oder einer teilweise gehärteten Gelatineschicht auf eine mit einer Empfangsschicht, die üblicherweise aus Gelatine besteht, beschichteten Papier- oder Filmunterlage übertragen wird.

Additive Farbverfahren Drei nach Farbauszugsnegativen (vgl. dort) hergestellte Positivbilder werden mit farbigem Licht oder Farbfiltern «eingefärbt» und mit optischen Mitteln vereinigt. Sie können mit drei Projektoren deckungsgleich projiziert oder in Betrachtungsgeräten mit teildurchlässigen Spiegeln oder Prismen kombiniert werden oder sie liegen auf einer einzigen Platte mit winzigen Farbfilterelementen (Rastern) nebeneinander und vermischen sich für das Auge des Betrachters aus einer gewissen Entfernung zu einem farbigen Bild.

Albumin-Papier Von Blanquart-Evrard 1850 eingeführt. Durch Beschichtung eines Papiers mit Eiweiß, bevor es nach einer Methode ähnlich der beim Salzpapier (vgl. dort) benutzten sensibilisiert wird, wird eine weichere, leicht glänzendere Oberfläche erzeugt, die feinere Details wiedergeben kann. Das Papier wurde bis in die 90er Jahre des vorigen Jahrhunderts benutzt und dann für die meisten Anwendungsgebiete durch Gelatinepapiere (vgl. dort) ersetzt.

Amalgan Eine Mischung von zwei oder mehr Metallen; das photographische Bild der Daguerreotypie (vgl. dort) besteht aus Quecksilber vermischt mit Silber.

Anilinfarbstoff Ein von Anilin oder anderen Teerprodukten abstammender synthetischer Farbstoff.

Bipack Ein Paar von Negativ-Platten oder -Filmen, die Emulsion an Emulsion aufeinanderliegen, jede für einen anderen Spektralbereich sensibilisiert ist, und von denen die eine Schicht durch die andere hindurch belichtet wird.

Cabinet-Photographie Eine beliebte Ausführungsform für Photographien auf Karton im Format von ungefähr 10 x 13 cm, die von 1866 bis zum Anfang dieses Jahrhunderts allgemein üblich war.

Calotypie Das von William Henry Fox Talbot 1840 entdeckte Verfahren, bei dem ein unsichtbares, also latentes Bild, das durch Belichtung eines sensibilisierten Papiers erzeugt wurde, durch einen Entwicklungsprozeß sichtbar gemacht wurde. Das Papiernegativ wurde auf Salzpapier (vgl. dort) kopiert.

Carbon-Folien Eine mit Kaliumbichromat sensibilisierte pigmentierte Gelatineschicht, die sich auf einem Zwischenübertragungspapier befand, von dem die Schicht nach der Belichtung abgezogen werden konnte.

Carte de Visite-Aufnahmen Kleine eingerahmte Photographien im Format etwa 10 x 6 cm, die in der Mitte des 19. Jahrhunderts eingeführt wurden und bis in die frühen Jahre dieses Jahrhunderts beliebt waren.

Cyanotypie Ein von Sir John Herschel 1842 entdeckter Prozeß. Papier wird durch Bestreichen mit einer Lösung aus Eisensalz und Kaliumferricyanid sensibilisiert. Unter Einwirkung von Licht nimmt das Papier eine blaue Farbe an und das Bild kann durch einfaches Wässern fixiert werden, so daß ein blaugrünes Bild auf weißem Untergrund übrigbleibt. Dieses Verfahren wurde zur Herstellung von Blaukopien und in einigen Farbverfahren benutzt.

Daguerreotypie Bezeichnung für den 1837 von L. J. M. Daguerre erfundenen und 1839 angekündigten photographischen Prozeß. Das Bild wurde auf der versilberten Oberfläche einer Kupferplatte, die mit Joddämpfen lichtempfindlich gemacht worden war, gebildet und mit Quecksilberdämpfen entwickelt. Das Verfahren wurde vornehmlich für Portraitaufnahmen benutzt und kam nach 1850 wieder aus dem Gebrauch.

Dichroitische Farbe Ein Farbstoff, dessen Farbeindruck mit seiner Konzentration wechselt.

Empfindlichkeit Das erste umfassende System zur Bestimmung der Empfindlichkeit photographischer Materialien wurde in den 80er Jahren des vorigen Jahrhunderts von Ferdinand Hurter und Vero Driffield ausgearbeitet. Nach dieser Methode erhielt jeder Plattentyp eine «H+D»-Zahl, nach der die erforderliche Belichtung berechnet werden konnte. Diese Methode war bis zum 2. Weltkrieg im Ausland sehr verbreitet. Daneben sind andere Empfindlichkeitssysteme verwendet worden. Heute wird die Filmempfindlichkeit zumeist entweder nach der amerikanischen ASA-Norm oder nach der deutschen DIN-Norm angegeben.

Emulsion Die Auflösung (Suspension) winziger Tropfen einer öligen oder anderen wasserunlöslichen Flüssigkeit in Wasser. In der Photographie wird der Begriff auch benutzt, um die Vermischung lichtempfindlicher Chemikalien mit einer Substanz, wie z. B. Gelatine, zu beschreiben.

Entwicklung Darunter versteht man in der Photographie einen Prozeß, bei dem durch chemische Behandlung ein unsichtbares, d. h. latentes Bild sichtbar gemacht wird. Bei den Carbon-Verfahren wurde die Entwicklung mit warmem Wasser ausgeführt, das die ungehärteten, unbelichteten Partien der Gelatineschicht herauslöste.

Farbauszugsnegative Ein Satz durch Rot- Grün- und Blau-Filter belichteter Negative, durch den ein Aufnahmemotiv in die Anteile seiner drei Grundfarben (vgl. dort) zerlegt wird.

Filmpack Ein von J. E. Thornton erfundenes und 1903 eingeführtes Hilfsmittel, um eine Anzahl von Planfilmen in eine Kamera einzulegen. Jeder Planfilm ist an einer langen Papierlasche befestigt und wird nach der Belichtung durch Ziehen an dieser Lasche vom vorderen zum hinteren Teil des Filmpacks gebracht.

Filter Ein lichtdurchlässiges Material, normalerweise eingefärbte Gelatine oder Glas, das selektiv gewisse Farben verschluckt (absorbiert). Filter, die ein Drittel des sichtbaren Spektrums (vgl. dort), nämlich rotes, grünes oder blaues Licht, hindurchlassen, wurden in der Farbphotographie zur Aufnahme von Farbauszugsnegativen (vgl. dort) benutzt.

Fixieren Photographischer Prozeß zur Entfernung der nicht verwendeten lichtempfindlichen Silbersalze aus belichteten und entwickelten photographischen Materialien.

Gelatinepapiere Mit einer Gelatineschicht, die lichtempfindliche Salze enthält, bedeckte Papiere Gelatinepapiere kamen nach 1880 in den Gebrauch und hatten um 1900 weitgehend die früheren Albumin-Papiere (vgl. dort) ersetzt.

Gerbprozeß Eine Variante des nassen Kollodium-Verfahrens (vgl. dort), bei der die lichtempfindliche Platte mit einer Gerblösung behandelt wurde, um die Empfindlichkeit der Platte länger als sonst zu erhalten.

Grundfarben In der additiven Farbmischung die Farben Rot, Grün und Blau. Licht in diesen drei Farben kann, wenn es in verschiedenen Anteilen gemischt wird, alle anderen Farben erzeugen. Die Grundfarben des Malers, Rot, Blau und Gelb, sind in Wirklichkeit die Komplementärfarben (vgl. dort) Purpur, Blaugrün und Gelb (sogenannte subtraktive Farbmischung).

Hydrotypie Siehe Absaugeverfahren.

Isochromatische Materialien siehe orthochromatische Materialien.

Kollodium Eine Lösung von Schießbaumwolle in Äther oder in Alkohol und Äther. Die Schießbaumwolle wurde durch Auflösung von Baumwolle in einer Mischung von Salpeter- und Schwefelsäure erzeugt. Es wurde 1847 entdeckt und zuerst als durchlässiger Verbandstoff in der Medizin benutzt. Fredric Scott Archer benutzte es für sein nasses Kollodium-Verfahren (vgl. dort). Kollodium-Schichten wurden auch für die Herstellung vieler Rasterplatten und anderer Verfahren benutzt.

Komplementärfarben Zwei Lichtfarben, die in der Mischung den Eindruck von weißem Licht ergeben. Blaugrün (Cyan) ist komplementär zu Rot, Purpur (Magenta) zu Grün und Gelb zu Blau.

Kuppler Eine Substanz, die mit dem Entwickleroxidationsprodukt im Umfang des dabei reduzierten Silbers zur Bildung von Farbstoffen reagiert.

Lichtstärke Die Fähigkeit eines Objektivs, Lichteindrücke zu empfangen. Die Zahl wird durch Division des Durchmessers der Objektivöffnung durch die Brennweite des Objektivs ermittelt. Je größer die Objektivöffnung ist, desto kleiner ist die Zahl der Lichtstärkenangabe.

Linsenrasterfilm Film mit in den durchsichtigen Schichtträger eingeprägten kleinen zylinderförmigen oder sphärischen Linsen.

Maskierung In der Schwarzweiß-Photographie versteht man darunter eine Methode zur Herabsetzung des Negativkontrasts, indem beim Kopierprozeß das Negativ mit einem davon im Wege der Kontaktkopie gewonnenen schwachen Positiv kombiniert wird. In der Farbphotographie wurden positive Masken im Zusammenhang mit Farbauszugsnegativen (vgl. dort) benutzt, um die Fehler der zur Herstellung der Farbbilder benutzten Farbstoffe zu korrigieren. Moderne Farbnegativfilme arbeiten zumeist mit automatischer Farbmaskierung.

Nasses Kollodiumverfahren Eine 1851 von Frederic Scott Archer eingeführte photographische Methode. Eine Glasplatte wurde mit einer Schicht aus Kollodium (vgl. dort) begossen, die geeignete Salze enthielt und unmittelbar vor dem Gebrauch mit Silbernitrat lichtempfindlich gemacht wurde, wurde im nassen Zustand belichtet. Nach der Einführung der Gelatine-Trockenplatten nach 1870 wurde dieser Prozeß wieder verlassen.

Negativ Das nach der Belichtung und Entwicklung erzeugte Bild. Die Bildtöne im Negativ sind umgekehrt, die hellen Stellen des Motivs werden dunkel und die dunklen Stellen hell wiedergegeben.

Orthochromatische Materialien Photographische Materialien, die für blaue, grüne und gelbe Lichtanteile empfindlich sind. Um die erhöhte Blauempfindlichkeit auszugleichen, werden solche Materialien üblicherweise durch ein Gelbfilter belichtet. Sie sind auch unter der Bezeichnung isochromatische Materialien bekannt.

Panchromatische Materialien Photographische Materialien, die gleichmäßig für alle Farben empfindlich sind.

Photogramm (engl. photogenic drawing) Ein 1834 von W. H. F. Talbot ausgearbeiteter und 1839 angekündigter Prozeß. Papier wurde mit einer Lösung von Kochsalz und Silbernitrat behandelt, wodurch lichtempfindliches Silberchlorid entstand. Länger dem Licht ausgesetzt wurde das Papier im Verhältnis zur Intensität des auffallenden Lichts geschwärzt.

Positiv Eine von einem Negativ (vgl. dort) hergestellte Kopie oder Vergrößerung, in der die Bildtöne des Originals wieder gestellt sind.

Prisma Ein dreieckig geformter Glasblock. Ein hindurchfallender Lichtstrahl wird in seine Farbbestandteile zerlegt und erzeugt so ein Spektrum (vgl dort).

Quecksilber Ein bei Raumtemperaturen flüssiges Metall. Quecksilberdämpfe wurden zur Entwicklung der Daguerreotypien (vgl. dort) benutzt und bei dem Lippmann-Farbverfahren verwendet, um eine reflektierende Oberfläche hinter der Aufnahmeplatte zu ergeben.

Relief Darunter versteht man in der Photographie ein aus einem bestimmten Material (üblicherweise Gelatine) bestehendes Bild, bei dem die verschiedenen Halbtöne durch unterschiedliche Dicke der Schicht dargestellt werden. Lichter sind hierbei dünne Schichtpartien, Schatten dickere.

Rollenquetscher Eine Vorrichtung, die normalerweise aus einer Gummirolle besteht und dazu dient, zwei Papiere oder Filme in engen Kontakt zu bringen.

Salzpapier Ursprünglich von W. H. F. Talbot für seine Photogramme (photogenic drawing; vgl. dort) benutztes lichtempfindliches Papier, das später als Kopiermaterial für Calotypie (vgl. dort) Negative diente. Es wurde nach 1850 durch das Albumin-Papier (vgl. dort) ersetzt.

Sensibilisierungsfarbstoff Ein Farbstoff, der nach Beifügung zu einer photographischen Emulsion deren Empfindlichkeit auf weitere Farben als Blau erweitert. Allgemein ist der Sensibilisierungsfarbstoff komplementär zu der Farbe, für die er die Emulsion empfindlich macht.

Spektrum Ein Streifen aus reinen Farben, erzeugt durch das durch ein Prisma (vgl. dort) fallende weiße Licht, Die im Spektrum zu sehenden Hauptfarbanteile sind Violett, Indigo, Blau, Grün, Gelb, Orange und Rot. Der Regenbogen ist ein natürliches Spektrum, das durch die Zerstreuung des Sonnenlichts in den Regentropfen erzeugt wird.

Stereoskopische Bilder Wenn das Gehirn die etwas unterschiedlichen Teilbilder, die mit beiden Augen gesehen werden und in ihrer Achse einige Millimeter auseinanderliegen, miteinander vereinigt, erscheint ein plastisches, in die Tiefe gehendes (stereoskopisches) Bild. Wenn zwei photographische Aufnahmen von ähnlich unterschiedlichen Standpunkten aus gemacht werden und in einem sogenannten Stereoskop – einem Gerät, in dem das linke Auge nur das linke Teilbild und das rechte Auge nur das rechte Teilbild sehen kann – betrachtet werden, erscheint ein Bild mit sichtbarer Tiefenwirkung.

Tonung Die Umwandlung des photographischen Silberbildes in Farbstoff oder seine Ersetzung durch eine gefärbte Substanz mit chemischen Mitteln.

Tripack Drei in einer Art Filmpack (vgl. dort) kombinierte Filme oder Platten bzw. drei auf einen Film gegossene Emulsionsschichten (sogenanntes integrales Tripack), wodurch die drei Farbauszugsnegative (vgl. dort) in einem einzigen Belichtungsvorgang erzeugt werden.

Überblendprojektion Eine Projektionstechnik mit zwei Laterna magica-Projektoren. Ein Bild konnte langsam in das andere übergehen, indem die Lichtquelle des einen Projektors gedämpft und die des anderen gleichzeitg verstärkt wurde.

Ultraviolett Unsichtbare Strahlung neben dem noch sichtbaren Violettbereich des Spektrums (vgl. dort), für die die meisten photographischen Materialien empfindlich sind.

Umkehrentwicklung Ein Prozeß, bei dem nach der Negativentwicklung das Bild ausgeblichen wird und die restlichen (unbelichteten) Siblerhalogenide zu einem positiven Bild entwickelt werden.

Verschluß Eine mechanische Vorrichtung, die sich vor, in oder hinter dem Objektiv befindet, und für eine festgelegte Zeitdauer geöffnet und wieder geschlossen werden kann, um eine bestimmte Belichtung einer Platte oder eines Films zu ermöglichen.

Wechselschlitten Ein Zubehörteil zur Kamera, durch das der Kassettenhalter nach der Belichtung weiterbewegt werden kann, um ein weiteres Negativ entsprechend dem ersten auf derselben oder einer weiteren Platte aufzunehmen. Mit Wechselschlitten wurden die drei für eine Reihe von Farbverfahren erforderlichen Belichtungen (vgl. Farbauszugsnegative) aufgenommen.

Literatur

Über die Geschichte der Farbphotographie:

Friedman, J. S., *History of Color Photography,* American Photographic, Boston, 1944; Focal Press, London and New York, 1968

Koshofer, G., *Colour Photography, its principles and processes,* British Journal of Photography, London, 1976 (Lexikon in 16 Folgen;) deutsche Originalfassung: *Farbverfahren und -Materialien von A–Z,* MFM – Moderne Phototechnik, Ludwigsburg, Hefte 1/1973 – 4/1975.

Wall, E. J., *The History of Three-Color Photography,* American Photographic, Boston, 1925; Nachdruck: Focal Press, London and New York, 1970

Sipley, L. W., *A Half Century of Color,* Macmillan, New York, 1951

Über alte Farbverfahren:

Spencer, D. A., *Colour Photography in Practice,* Pitman/Grennwood, London, 1938

Mees, C. E. K., *From Dry Plates to Ektachrome Film,* Ziff-Davis, New York, 1961

Dëribéré, M. (Hrsg.), *Encyclopaedia of Colour Photography,* Fountain Press, Watford, 1962

Cornwell-Clyne, A., *Colour Cinematography,* Chapman & Hall, London, 1951

Über die Grundlagen der Farbphotographie:

Hunt, R. W. G., *The Reproduction of Colour,* Fountain Press, Watford, 1975

Evans, R. M., Hanson, W. T. und Brewer, W. L., *Principles of Colour Photography* John Wiley, New York, 1953; Chapman & Hall, London, 1953

Über die allgemeine Geschichte der Photographie:

Coe, Brian, *The Birth of Photography,* Ash & Grant, London, 1976; deutsche Ausgabe. *Das erste Jahrhundert der Photographie,* Verlag Laterna magica, München, 1979

Coe, Brian und Gates, Paul. *Schnappschuß-Photographie,* Verlag Laterna magica, München, 1979

Gernsheim, H. und A., *The History of Photography,* Thames & Hudson, London, 1969

Newhall, Beaumont, *The History of Photography,* Museum of Modern Art, New York, und New York Graphic Society, Boston, 1972; Secker & Warburg, London, 1973

Register

Fettgedruckte Ziffern beziehen sich auf die Abbildungen.

A

B

C

D

E

F

G

H

I

J

K

L

M

N

O

P

Q

R

S

T

U

V

W

Y

Z